教育文化研究丛书

丁钢 主编

国家出版基金项目

中国县域学校分布与空间探析

司洪昌 著

教育科学出版社
·北京·

总　　序

我们为什么开展教育？这首先是一个文化的问题。教育活动作为文化传递与创造的核心，本质上呈现为一种文化现象，影响着民族的思想、道德、风俗、艺术乃至每一世代的认知图式，扎根于民族的文化处境与经验之中。教育文化研究建立在每个个体发展的基础之上，存在于对社会文化情境的理解之中，是对人们所处的教育生活予以倾听、理解和响应，并对日常教育行为和意义实践活动，以及历史与现实之间的教育文化实践的发生与变化做出反应的知识活动。

从这种认识出发，教育文化研究力图突破把文化分为器物、制度和理念三个层面的思维方式，基于不同的视域及语境去考察与探寻教育文化现象的发生发展，从关注宏观转向考察更广泛的基层社会生活与教育变迁，将研究视野下移至更加细致多元的教育文化生活，深入更为细致而多元的活生生的教育生活本身，书写更丰富的细节和实践经验，从而使一个更为广泛或更具整体性的教育文化理解建立在更为多元和更为丰富的经验分析基础上，并使之得到勾勒与呈现。没有细致的、实证性的和个案的深入研究，阐释只能流于空泛。而教育文化研究也致力于打破专精化的学科知识及传统，以更开放的、不断自我反思的精神面对社会问题进行现实意义的寻求。

由此，教育文化研究者在探索、发现教育文化是如何再现、表现和形塑人们的社会生活、身份意识、道德与情感、观念与行动，以及揭示这些教育文化现象在学校教育、公共领域、日常生活和物质文化等方面的实际作用与意义的过程中，运用跨学科的前沿理论视野和多学科的研究方法，形成解释教育文化现象及存在方式的思想、观念和方法的知识生产活动，拓展教育研究的新领域、新方向与新路径。

"教育文化研究丛书"作为一套别具一格的致力于学术开拓的研究丛书，秉承以上研究宗旨，特别呈现了中国教育文化实践的多元形态与丰富内涵。丛书作为教育研究的一项文化行动，基于丰富的历史与现实的实践经验，以强烈的文化关切与强调文化路向的阐释方式，不仅体现了一种文化主体的自觉，还呈现了在理解与尊重本土教育的文化价值的基础上，对如何更为适宜地塑造新的自我的深度思考。

呈现在读者面前的这套"教育文化研究丛书"由九部著作构成。

丁钢所著的《可视的教育：一个图像教化传统》，以跨学科的视野和研究方法，透过对历史变迁中日常教育生活与艺术媒介形式之间关系的探究，将中国历史中的教化图像作为研究对象，通过村童与塾师的生活寓言、讲学方式与空间组构、屏风空间及叙事意向、男耕女织与社会道德契约和嵌入生活的对相杂字等研究议题，呈现了一个独具特色而源远流长的中国图像教化传统。教育图像渗透于生活各方面，给人以视觉感受。当它们反映日常生活、文化、思想和情感世界时，成为一种公共性的对话空间及嵌入生活的独具特色的教育方式。本研究为教育文化研究提供了别样的图像诠释与知识生产路径。

周勇所著的《小说与电影中的教育研究》，从对个体及社会影响很大的非学校教育领域的小说与电影入手，从教育文化研究等角度解读鲁迅、沈从文的经典小说，以及侯孝贤、王家卫、陈凯歌的著名电影作品，揭示其中蕴含的现实社会文化背景乃至日常生活中的教育问题，并为教育文化研究和教育社会学等理论研究贴近生活世界提供经验事实基础，拓展与更新教育理论界既有的刻画学校教育的小说与电影研究，为丰富教育文化研究等理论研究的视野与议题提供新的探索路径和范式参照，同时彰显了将电影及小说引入教育研究的学术价值。

葛孝亿所著的《学业：一个中国家族的教育生活史》，基于人类学田野工作和历史研究，主要运用历史文献、口述史与生活史等研究方法，收集了大量与毛氏家族有关的家族文献、地方史料与口述史料（尤其是教育方面的史料），在历史文献与口述史料交叉互证的基础上，讲述了中国南方内陆省份江西省吉安市郊区的一个家族性村落江头毛家村毛氏家族的历史故事，涉及家族的迁徙史、村落的日常生活、家族的教育观念和教育活动，以及经由教育带来的家族成员的职业变化、社会地位的升降等，并基于对这些事件的叙述，讨论了教育作为重要的文化动力机制，对家族成员的社会流动及个体生命的影响，以及这种流动对于家族结构特别是社会结构所产生的影响。

司洪昌所著的《中国县域学校分布与空间探析》，从空间视角描述中国基层学校的分布，将其放置于县域之中来描述与解释，尝试重述近代以来学校的空间分布趋向、学校分布内在的微观运行机制，通过具体而微地分析学校与人类聚落之间的关系，从理论上描述了胡焕庸线两侧的县域空间类型及其与学校空间布局的文化关联，也从现实出发，描述了特殊类型县域之海岛、飞地、乡镇、村落之中的学校空间分布，并基于具体情境分析影响学校分布的社会与文化因素，理解学校的空间分布，为教育研究提供一种新的空间视野以及政策制定研究的"空间维度"。

吴旻瑜所著的《安身立命：中国传统营造匠人的学习生活研究》，从教育文化研究的视角，以近世营造匠人为样本，切入"工匠"这个在传统中国数量庞大、地位重要但又往往为人所忽视的群体。作者走访苏州香山，拜访香山帮匠人后代，搜寻"样式雷"家族的遗迹，结合碑刻、史志、家谱、族规、实录等史料，并对比明清之际的中国士大夫和文艺复兴时期的欧洲知识分子对营造和建筑的不同参与方式，试图用一种"类型学"的方式进入营造匠艺内部，考察营造匠艺的范畴类型，还原中国近世匠人的学习生活。

王独慎所著的《身体、伦理与文化转型：清末民初修身教育的历史图景》，聚焦于清末民初（1904—1922年）新式学校开设的"修身科"，力图透过修身教育的变迁呈现中国近代社会文化演变的内在脉络和历史图景。作者对"修身养性"和"修齐治平"的修身传统进行了理论梳理,继而在教育场域内部考察修身科与现代教育学科的建立、教学文化的转型之间的关系,揭示现代教育的特性;从修身教科书编撰者群体的特征、教科书中伦理谱系的变迁、身体操练与现代性身体的生成等侧面考察修身教育与社会文化的互动。这些不同面向不仅呈现了修身教育的演变历程,同时揭示了"修身"这一文化大传统是如何参与到中国现代文化建构中的。

毛毅静、王纡然所著的《隐约有光:近代上海城市、社会性别与女性职业教育》,将近代女性置于时代和社会嬗变的大背景下,研究新兴的城市公共空间中一群中间阶层女性的求学、就职的心路历程,以"非定向的记传式采访"的口述内容和原始档案还原部分真实历史,并从接受教育和从事职业的女性的主体视角描述女性的受教育过程和职业生涯,以及女性在教育中获得的社会认同和自我实现。同时,该书从妇女史学、文化研究的视野,考察迂回彷徨在闺门与职场内外的一代女性的生存位置与教育立场,为理解教育与女性的职业发展和自我实现之间的关系提供了可能。

陶阳所著的《生活濡化与知识演进:近代学人的早年学习生活图景》,运用个案深描和群体画像的历史叙事方式,呈现了一代知识分子早年的学习生活,探讨了早年所继承的文化遗产对个体文化生产的影响,涉及家宅和自然空间中的新旧知识和情感、学堂小社会中的师生交往、民间社会的礼仪和风俗,以及日常生活中的物件和身体感觉。这些异质性的文化符号和因素构成了个体早年学习生活五彩斑斓的景观,而从中所吸收的认知模式、情感结构、交往方式、文化心理与具身观念,则为个体的学术研究、文艺创作、社会行动、观念形塑等文化生产提供了重要的滋养。

樊洁所著的《性别图景与家庭想象:家政教育文化的近现代转型》,追溯了前现代中国的家政知识生产实践与性别职能的关系,分别从经济话语、媒介展演、知识体系与家庭观念重塑等多重维度,考察与呈现了近现代家政教育文化的转型过程,以及伴随这一过程的20世纪初中国性别图景与家庭想象的话语建构,阐明了家政教育何以嵌入知识分子寻求现代家国关系与性别职能的全新阐释途径中。本书认为，家政新知识通过为家庭性别角色提供现代性阐释方式实现了对女性职能的重构，家政教育文化的近现代转型与女性在家庭中获得新知识并形成"现代性自我"的过程密不可分，女性也由此成为促进中国社会文化现代嬗变的重要角色。

  本丛书的出版得到了国家出版基金的资助以及教育科学出版社的鼎力支持，在此深表感谢。作为我国第一套教育文化研究丛书，其中的著作选题独特、方法新颖、理论前瞻，而且可读性强，反映了教育文化研究的最新成果，也体现了作者们对于教育文化研究的执著与不懈努力。然而，学无止境，探索依然在路上，诚邀更多志同道合的同人，共同推进教育文化的研究与繁荣。

丁钢
2023年2月于沪上闲云斋

目　　录
CONTENTS

绪论 ··· 1
　　第一节　缘起 ·· 5
　　第二节　学校空间变迁的宏观趋势 ······················ 13
　　第三节　研究进展 ·· 21
　　第四节　本书的分析视角 ··································· 36

第一章　学校分布的空间原理 ···································· 40
　　第一节　生源圈大幅扩张 ··································· 40
　　第二节　生源圈原理 ··· 51
　　第三节　寄宿制学校改变了生源圈 ······················ 54
　　第四节　生源圈的等时线现象：交通因素的影响 ···· 57

第二章　学校所处的县域空间 ···································· 59
　　第一节　县域是中国的基础空间单元 ··················· 59
　　第二节　县域之中的学校 ··································· 64
　　第三节　两种典型的县域空间类型 ······················ 68

第三章　西部县域的学校分布 ···································· 73
　　第一节　西部方形县域与县治的偏离 ··················· 73
　　第二节　西部巨型县域空间内的学校分布 ············· 74

　　　　第三节　一个西部标准县的学校分布 ································ 80
　　　　第四节　西部县域学校的空间特征 ···································· 87

第四章　一个中东部标准县的教育空间形态 ···························· 94
　　　　第一节　中东部平原县域的空间之维 ································ 94
　　　　第二节　中东部县域的学校分布 ······································ 100

第五章　几种偏态县域的学校分布 ·· 114
　　　　第一节　同心圆：市县同城模式 ······································ 114
　　　　第二节　偏心圆模式 ·· 117
　　　　第三节　条状模式 ·· 121

第六章　孤立的海岛学校 ··· 127
　　　　第一节　长海：远离大陆的小型县域 ································ 128
　　　　第二节　长岛：离散性海岛空间 ······································ 133
　　　　第三节　平潭：一个小型空间内的生源竞争与教育布局模型 ··· 143
　　　　第四节　岱山：主副岛的"双中心效应" ···························· 150

第七章　飞地的教育空间 ··· 168
　　　　第一节　隆德县温堡乡的学校分布 ··································· 168
　　　　第二节　汉沽管理区的学校分布 ······································ 173
　　　　第三节　天津铁厂的飞地学校 ·· 177
　　　　第四节　芦台经济技术开发区的学校分布 ·························· 179

第八章　学校分布的特殊类型 ··· 182
　　　　第一节　高原与荒漠上的县域 ·· 182
　　　　第二节　平原地带的小型农业县 ······································ 194
　　　　第三节　不规则的区域：畸形空间 ··································· 197

第四节　河流与谷地的县域 …………………………………… 198

　　第五节　山区之县域 …………………………………………… 217

第九章　乡镇与学校分布 ……………………………………………… 225

　　第一节　乡镇学校空间分布的历史一瞥 ……………………… 225

　　第二节　镇辖区与学校分布 …………………………………… 227

　　第三节　大乡镇学校分布 ……………………………………… 236

　　第四节　南方发达乡镇的学校分布 …………………………… 237

　　第五节　城区集结块状与乡镇点状分布 ……………………… 239

　　第六节　西部条状乡镇空间与学校的特殊性 ………………… 266

第十章　村庄与学校分布 ……………………………………………… 268

　　第一节　村庄的大小及空间范围 ……………………………… 268

　　第二节　学校辐射的村庄数量日渐增多 ……………………… 271

　　第三节　南北方人类聚落差异及学校分布 …………………… 272

　　第四节　散居与学校布局的关系 ……………………………… 278

　　第五节　南方散居的宗族村落 ………………………………… 279

　　第六节　南方的自然村与学校分布 …………………………… 281

　　第七节　北方团村与学校 ……………………………………… 284

　　第八节　路队：一个应运而生的本土概念 …………………… 288

结语 …………………………………………………………………… 294

参考文献 ……………………………………………………………… 299

绪论

本书意图从空间视角来描述中国基层学校的分布，将学校放置于县域之中来重新解释学校的空间分布状态，重新描述与审视近代以来学校在基层县域的空间分布趋向。近代以来，新式学校从外部"嵌入"基层社会与乡村聚落，其空间领地逐渐扩张，在达到顶峰之后便开始萎缩。这一历史变迁轨迹，是在复杂的社会、历史、文化脉络之下形成的，同时也是学校与人类聚落之间的一种互动适应的结果。在宏观的历史背景下，学校分布又具有其自身独特的、内在的微观运行机制，需要具体而微地分析影响学校分布的社会及文化因素，这样才能更好地理解学校空间分布。

社会科学具有追求突破时空限制的内在欲求，具有一种无视空间性的"基因"，旨在追求某种特定的规律。在理论建构方面，社会科学欲图超越一时一地的时空的藩篱，超越具体事件、局部性经验与地方性叙事的羁绊，希望借助于逻辑、抽象、演绎等思维工具，来建构一种普遍的、放之四海而皆准的社会理论，一种在无限时空之中进行延展的所谓科学理论。因此，有些学科压根就不关心行为的空间领域，甚至有意忽略或者模糊数据信息的空间性，假装它们从根本上就没有发生地（萨克，2010）[19]。通过对空间性因素的"无视"，一些理论看起来似乎覆盖了所有的领域，显得好像适用于所有的场景，但也因而超越了其"疗效"的范围，超越了其可解释的空间范围。

空间因素日益"显影"于教育研究之中，被人们所认知。近年来，在国内教育学领域出现了一种范式转换（paradigm shift），发生了"空间转向"（spatial turn）。一些学者，例如丁钢，开始聚焦于教育史研究之中的空间向度，认为教育空间有其文化意蕴与教育价值，如古代教育场景中的讲学方式与空间格局相关联，"中国古代历史上的讲学方式与空间格局作为一种教学关系，其不仅生产教学关系，同时也被教学关系所生产"（丁钢，2016），同时其研究了古代屏风空间与礼仪规制等教化问题（丁钢，2017）。这一转向在教育史与教育研究领域之中逐渐显示出扩张趋势，成为一种审视教育问题的新视野，如张彦聪考察了宋代太学之中"斋"与讲堂的空间矛盾（张彦聪，2018），笔者考察了学校空间分布与人类聚落的关系（司洪昌，2018）。

过去，在教育研究的王国之中，学科的时间意识一直比较浓厚，其标志之一便是教育史学与各分支学科史都在持续地生产新知识与开拓新的领地，在历时性维度上开疆拓土地进行追踪研究与知识生产。但教育研究的空间意识一向比较薄弱，或者可以说若有若无，教育理论的空间意识、学校分布及学校内部的微观空间领地还处在蛮荒状态，还是一片待开垦的处女之地。总体上，教育研究之中的空间维度是有缺失的，需要一种空间意识的觉醒。

空间维度在社会科学领域也往往是被忽略的，其重要性并没有被学界所完全觉知。地理学家认为，地理学对所有社会科学都有重要意义，但往往只有在知名学者将地理学纳入其分析诠释之中时，其重要性才得到承认……。社会经济活动是通过空间发生的，空间决定了其运作方式；无论如何，地理学家可以得到一些安慰，因为其他学科正在认识到人类社会的空间性（丹尼尔斯 等，2014）[11]。

描述学校的空间分布及其文化意蕴，需要借助于空间的维度，也需要考虑人类聚落分布的特点。人类聚落的空间大小不一，其尺度差异巨大，从大到小可以分为不同的层次，如都市、城市、县城、市镇、乡村……。在这些聚落空间之下，学校分布呈现出不同特点。同时，在不同文化与空间地域，人类的聚落形式往往会出现差异，如江南会出现沿河分布的小型自然聚落，而北方平原则出现了团村等大型聚落。这些文化空间的特点，会对学校分布产生持续而深远的影响。

学校的分布直接关系着儿童的空间行为与出行决策。儿童上学是一种"日常"的空间行为，它几乎日复一日地进行着，完全不同于偶发的非日常行为，因此其严格受制于一日可达性原理，受制于儿童的生理特征，更受到空间理性与经济理性的支配。历史上知名的地理学家，如杜能（J. Thünen）、克里斯塔勒（W. Christaller），都假定人类行为会遵循空间理性与经济理性，认为人类是一种具有空间理性的动物（戈列奇 等，2013）[32-36]，其居住、消费、社会交往等都会遵循空间距离的原理。学校的空间分布，将会对学校与村庄、学校与村民之间的关系产生直接影响。根据托布勒（W. R. Tobler）的地理学第一定律①，地方之间互动的强度与频率取决于其空间距离。当地方之间的距离变远时，根据距离衰减（distance decay）的原理，其联系频率与强度就会出现明显下降（格蒂斯 等，2013）[17]。对个体而言，其日常活动的范围具有空间的界限，一旦超出个人的临界距离（critical distance），出行意愿就会显著下降（格蒂斯 等，2013）[324-325]。因此，人在某一特定范围之内活动是符合经济理性的，而越过这一距离的边界，则不再符合空间与经济的原理。

在教育领域，学校布局最鲜明的特征就是空间性。研究学校分布，需要将其放置于一个特定的空间范围内进行分析与比较，这样才能透视其空间特点。从研究单元来看，县域是一个最基本的空间范围。理解与解读基层的教育问题，有不同的理论视角，如经济学、社会学、历史学、地理学等，不一而足；站在不同的观察角度，人们可能得到不一样的理论图景与理论解释。但学校分布无可避免地涉及空间维度，涉及儿童的行为地理

---

① 美国地理学家托布勒1977年提出，任何事物（在空间上）都相关，只是距离相近的事物比距离相远的事物关联更紧密（Everything is related to everything else, but near things are more related than distant things.）。这一观点后来被称为托布勒的地理学第一定律（TFL）。参见李小文，曹春香，常超一.地理学第一定律与时空邻近度[C].庆祝中国水利水电科学研究院组建五十周年——水利水电百家论坛，2008.

学,因此地理学往往是最直观与有效的观测视角。通过地理学的空间透视,可以重新聚焦、"看见"学校分布的文化与空间的向度。同样,理解基层的教育问题需要限定在特定的空间领域,如一国、一省、一市、一县、一乡、一村……。这些不同的空间范围,可能会为观察教育现象、理解教育问题带来不同的面向和视野,其中一个最重要的空间单位就是县域。

县级机构一应俱全,其组织机构复制了上层的"政府组织",与国家级、省市级机构最为相像,县域也是具有中国社会文化特征的代表性空间。因此,从县域这一"具体而微"的中国空间单元来透视学校的空间布局,可以直达研究问题的"内核"。

从空间角度出发,笔者试图描述"胡焕庸线"两侧县域的地理空间与类型,以及其与学校空间布局的文化关联。在东西部不同的生计模式之下,人类聚落分布的空间特点判然有别,差异极大,农业区与牧区的居民点呈现出显著差异。根据现实的数据,笔者抽象并建构出了两种县域空间类型:平原标准县和西部标准县。这是两种理想型的"标准县",是两种县域空间的理论类型,可作为中国县域的两种"空间典型"。在分析两种县域空间类型的基础上,笔者尝试分析县域的轮廓、面积、人口,以及县城位置等对县域学校布局的影响,从而为理解学校空间分布提供一种分析维度,为现实问题提供一种理论视角。

现实从来不是想象的乌托邦,它有自身顽固的历史惯性,有其自在的、隐而不显的历史逻辑,且总是溢出理论研究者所建构的理论"容器"。因此,理想的空间模型难免容纳不下或解释不了真实世界的芜杂与繁复,它与现实微观特殊的空间类型之间总是存在无可避免的逻辑与现实的冲突,存在难以一一解释的例外与偏离。为此,笔者同时将位于飞地、海岛、荒漠等特殊空间的县域作为理想型县域的对比形态与参照物,分析与描述这些特殊空间之中学校的微观分布样态,从而更加深刻地理解与解释县域空间之中的学校分布。

学校分布不仅是存在于理论之中的抽象概念,也是我们在真实世界之中面临的现实议题。学校在现实县域空间之中,在特殊类型县域之中,在海岛及飞地之中，在乡镇之中，在村落之中，在真实的自然情境之中，形成了不同的分布格局。笔者将现实的学校分布置于不同的空间之下，将教育地图作为基本的资料，分析其现实的走向与历史的脉络。在不同类型的空间框架下，描述学校空间分布的现实图像，希望能发掘学校分布的空间逻辑及其文化意蕴，拓展教育理论研究的空间维度，找寻被湮没的教育世界里的空间背景。

第一节 缘起

笔者所有的学术兴趣，似乎都来自一个遥远的过往事件或偶然经历，它隐藏于潜意识之中，并在一个"不期而遇"的时间点"被触发"了。

一、学术路途上的偶然一瞥

2005年的春夏之交，为了准备博士论文选题的研究，笔者在冀南平原上的一个村庄（仁村）及其村小——育才学校进行了将近四个月的田野调查。当时，笔者注意到一个现象：这所学校的生源分散在周边几个村落，不仅是仁村的孩子，周边村落的孩子也都慕名而来就学。后来，笔者根据田野调查的资料，对仁村村小的生源地进行了简单数量统计，本意在于看看这所学校的生源构成情况。为厘清村庄与学校的生源分布的关系，笔者制作了一幅描绘村庄与学校空间关系的示意图。示意图画完之后，意外地有了一个新发现——"生源地现象"。育才学校的生源数量与村庄和学校的距离之间呈现出一种直接关联，生源分布似乎形成了一种"圈状的空间结构"：随着村庄与学校间距离的增加，村庄就学的孩子数量呈递减趋势；随着距离的增加，学校的吸引力似乎减小了。这一发现是之前从未进入笔者的意识领域的新事物、一种新的知识信息，笔者当时将之归结为一种近似圆形的生源圈（见图0-1）。

这一发现令笔者印象至深。直觉告诉笔者，这是一种非常奇特的生源分布现象,是一种在学术界并没有引起关注的现象。但这一发现好像与博士论文研究的主题并没有太大的关联,是一种可有可无的"副现象"。笔者虽提出了生源圈的概念,从空间视角分析了这所乡村学校辐射的村落范围,描述了儿童的上学半径,并画出了所研究的学校——仁村育才学校的生源范围,但也就仅此而已,并无进一步的延伸与探讨。现在看来,笔者当时有意无意的现象描述与"浅表层"研究,早已为本书的研究埋下了一粒种子。

图 0-1 是笔者当年画下的一幅学校生源空间分布与村庄关系的示意图。这所学校的生源来自周边的村庄,这些村庄位于一种近似于圆形的地理范围之内,形成了一种近圆形的生源空间(司洪昌,2009)[351-352]。在这样一个空间范围之内,学生上学的时间距离在 10—20 分钟,家校之间形成了一种相对安全的时间距离与空间距离。在这样的时空半径之内,儿童出行相对安全——无论是地理的距离还是心理的距离,都在村民的期望值之内。这些村庄在历史上形成了一种稳定的通婚圈,是一个相对熟悉的小社会,村民之间有千丝万缕的亲缘关系及同学朋友关系。在这样的交通半径之内,村庄与村民可以守望相助,形成一种相对安全的地理区域与心理区域。

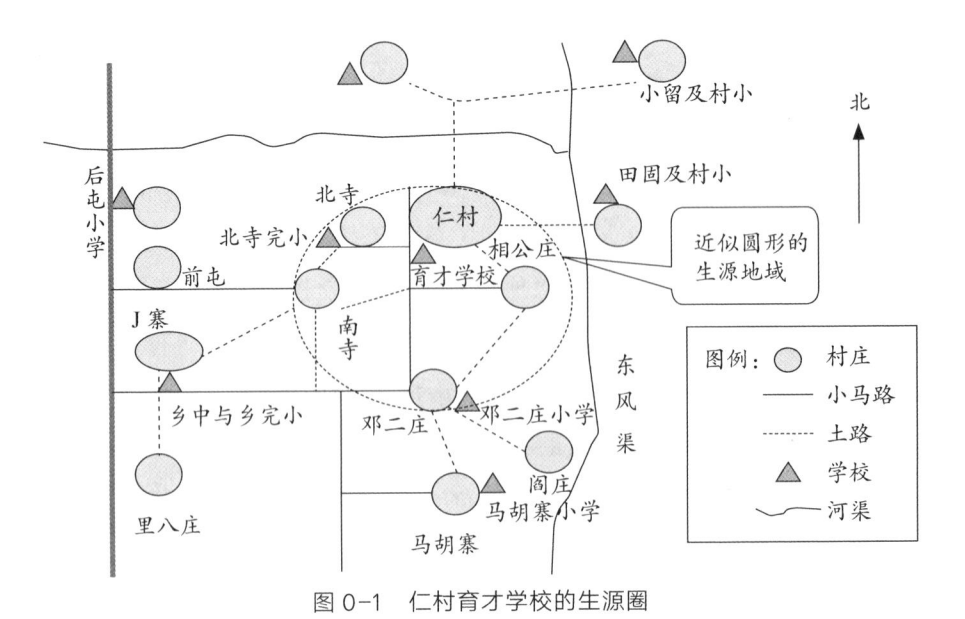

图 0-1 仁村育才学校的生源圈

对于当年萌生出的生源圈的概念，笔者曾经这样描述道：

> 在地理环境、距离和村庄分布格局下，育才学校的生源地形成了如图……所示的一个生源圈——一个近似圆形的地域，而育才学校正好位于生源圈的圆心一带。在这里，看似复杂的事件，实际上由一些基础性的因素在背后决定着，其中地理距离就是最重要的决定因素。生源市场的竞争中，地理因素竟然起到了非常决定性的影响，这是在教育质量、收费等大致相等的情况下发生的。（司洪昌，2009）[352]

笔者当时分析了上学路途之中"地理距离"与"社会距离"的不同含义及二者之间的关系，认为"地理和社会距离使得育才学校的辐射范围大大缩小，只能局限在守望可见、村与村之间没有任何村庄阻隔的一个圆形区域，形成了一个近似圆形的生源圈，而育才学校基本上位于圆心稍偏向仁村的地点"（司洪昌，2009）[353]。

这样一个生源圈形成了育才学校的生源走读的半径范围。学校距离周边几个守望相助的村落都比较近，距离最远的邓二庄也没有超过 2 千米，与其他两个村庄——南寺与相公庄的距离为 1—2 千米，而北寺与育才学校的距离不足 0.5 千米。对于徒步或者骑自行车的儿童而言，1—2 千米的距离不构成出行的困难。这样的距离，对于中小学阶段的儿童而言，几乎可以视为地理学上所谓的"无摩擦距离"（格蒂斯 等，2013）[32]。

小型乡土社区的上学的距离，不仅意味着单一的空间上的远近，还涉及人们的空间认知，涉及人们所感知到的距离——这往往会受到上学路途上的"偏僻"与"寥梢"[①]等心理上的感觉的影响。在这样一个守望相助的熟人社会与村际空间之中，无论是交通上的空间距离，还是个体心理上的"感知距离"（perceptual distance），都不会严重影响儿童上学出

[①] 冀南一带的方言，指村落边缘与外围的房舍、场所的荒僻，通常用于形容位置偏僻、临近野外的农田、荒地等。

行的现实决策。对仁村及其周边的村庄而言，熟悉的宗族血缘关系、亲缘关系、朋友关系、同学关系等，塑造了一个具有千丝万缕人际联系的感知区（perceptual region），一个熟悉的地方（place），一种具有意义及情感联结的社会、心理的安全区域。在这个区域之中，存在着历史与社会的丰富联系和人与人之间面对面的繁密的社会交往与交流。这片区域是地理空间，也是一种社会空间，它包含历史的维度，是一方具有历史与社会记忆的空间。在时间的历程之中，它自然而然地成了村民与儿童的安全的空间区域，人们对此区域之中的每一个地点与方位都具有深切的日常经验与体验。在成长过程中，他们在这个空间区域内无数次穿行，拥有独特的日常的空间经验。在这片区域之中，村民与儿童拥有真实的、安全的、熟悉的个体空间体验，进而具备了所谓的心像地图（mental map）（格蒂斯 等，2013）[325]。在熟悉的地方性空间之中，儿童出行的临界距离可能比在一个陌生的环境中要大得多。在一个相对熟悉的空间之中，儿童出行的空间范围会呈现伸张的现象，而在一个陌生与异样的环境之中，其上学的半径与心理预期的范围将会有所收缩。儿童上学的半径是一种具有相对性的空间范围，它受到社会的、心理的与地形等各种因素的影响。儿童的无摩擦距离问题，受制于儿童的生理特征以及交通环境等诸多因素，之后再进行详细考察。

这样一个多年前的老问题，时常还会在笔者眼前映现，但后面多年由于庶务缠身而无暇顾及，缺乏追踪研究，而学界似乎也并无类似的研究。众多研究学校布局的文献都将这一主题略过了，似乎微观层面的上学距离问题并没有引起人们足够的重视。2017年，在笔者研究农村学校空心化及县城学校大型化问题时，这一熟悉的主题重新从潜意识的水面之下浮上来，重新浮现或"显影"于笔者的视野之中。

这样来看，一个研究者的知识视野与社会记忆，似乎总会在其需要时出现，在无形之中进行导航，发挥着一种潜在的功能。

二、工作之余的偶遇

这些年来在国家教育行政学院的工作，也为笔者的研究提供了许多无形的资源与资料收集的便利。这些便利有些并非刻意取得的，但确实为研究学校空间分布带来了非预期后果（unintended consequences）。

一是挂职的经历。在皖北一个县的挂职经历，使笔者对县域基层教育及其运作有了深入的理解，对学校布局的问题有了真切的空间体验。

2010年末到2011年6月，受单位委派，笔者在皖北的一个县挂职做教育局副局长。按照当时的行政惯例，笔者本应该到当地地市教育局挂职做副局长，或者到县里挂职做分管教育的副县长，但当时笔者认为地市教育局或县政府更像一个"小机关"，它距离基层过于遥远，很难有接触一线学校的机会。理论上，地市或者县里的处级干部，都是待在机关里的办公室干部，是县域社会里的"高层干部"，他们被各种会议所包围，并不经常与一线的教育世界尤其是一线的学校建立直接的联系。当时，笔者倾向于深入一线的基层单位，要求到达最基层的县域、最真实的贫困县域去体验一线的现实教育世界，深入实地去体验与观察一个真实的县域内部教育运行的法则。承蒙所在单位的支持，笔者通过官方的渠道与所在地的省委教育工委联系，经过一系列沟通协调，因缘际会来到了皖北的一个人口大县、一个当时的国家级贫困县，挂职做县教育局的副局长。

初入基层，并不意味着一帆风顺地真正进入了"研究的现场"——置身其中，笔者耳之所闻与目之所及都是一众陌生之物，面对的是一片混沌的信息谜团。笔者不一定"看到了"或"听到了"所有真实的信息，甚至大部分的信息并不真实，它被一层层自我过滤系统所遮蔽，被一层层"背景知识"所掩盖。在当地挂职的第一个月，笔者接触到的全部都是"良好"的信息，是被层层设防与过滤的教育世界的"声音"，是被小心塑造的"人造现实"。人在田野，但并不一定就深入了解了这个世界真实的一面。研究者只有在与"在地的人"建立起良好的关系之后，与周边的同事建立起起码的人际信任之后，才能真实地进入研究的"现场"与"田野"。

一个月之后，当人们逐渐接纳你，并将你看作"他们"之中的一员之时，圈内人与圈外人的社会界限日渐消解之后，你才真正或有限度地"进入了"现实中的教育世界。这时，你才能了解到教育的真相与现实，如"老民师"问题、上访问题、学生意外死亡等诸多现实的困境。

在挂职工作之余，笔者走遍了当地所有乡镇，走访了许多乡村中小学校，结识了许多当地教育界人士。这一经历对笔者个人而言具有特别的意义：它使笔者从书斋之中的理论世界，走入了一个真实的县域社会的教育世界，并了解了其内部的运作逻辑及机理。现实的教育世界总是充满了无限的复杂性，充满了不可预测性和随机性：教育事件是偶发的，它从来没有一个事先拟定好的剧本，总是充满了棘手的难题，充斥着地方性的逻辑，每一个事件背后都存在一个因人而异的特殊背景及浮动的处置事件的空间范围。真实的教育，在现实之中自然而然地按照自身在地的逻辑展开，它并不依赖于理论的想象而存在，也不被理论所操控与辐射，它似乎处于理论的光谱范围之外，被诸多现实矛盾、冲突与问题所缠绕、裹挟，在各种现实因素的纠葛之中行进与迂回。

深入走访与调研了更多的县域之后，笔者逐渐明白一个道理：现实之中的教育世界，向来缺失想象或理论之中的完美的一面，也不存在一个完美的标准县域的教育样本，可以供其他县域来模仿、学习与移植其经验和做法。现实的教育世界总是不完美的，它距离文字宣传材料之中写就的典型经验总是遥远的，而典型的经验案例，或许也经不起一个研究者的深入考查与对每一个细节考据般的详细审视。现实的教育经验，总是此时此地的经验，带有天时地利人和的因素限制，具有地域与社会性限制，因此经不起细查与近距离的审视，需要从大处着眼，远观其轮廓与梗概，而他者模仿时需要进行创造性的转化与因地制宜的改良。现实世界的人们，作为利益相关者，总是在进行"印象控制"，他们的讲述总是倾向于过滤掉现实之中难堪琐碎的细节，过滤掉偶然性因素，试图形成一个完整的叙事逻辑，建构起一个相对完美的典型的县域样本。但在这个现实的世界之中，每个县域的教育世界总有一本"难念的经"，只有身在其中，才能真正体会到那些艰辛与困惑、蹒跚与踟蹰。

但当时笔者并没有意识到这一点。现实中教育与社会的复杂、多元和艰难带给笔者的更多是内心世界的冲击,同时又有一种难以理解与接受的无奈,因而留下了许多无所适从的对各种教育事件的价值判断,以及在现实之中的研究伦理的挣扎。如今,鲜明的记忆依然留存于脑海之中,但历经多年的沉淀,许多往事愈发具有别样的意义:它们大大拓展了笔者的教育知识领域,成为笔者个人的教育常识,并提供了现实的教育样本,使得笔者谨慎地对待、评判与反思各种教育的典型经验和各类宣扬得近乎完美的县域教育典型样本。这样一种经历,使得笔者获得了一种来自真实教育世界的经验,一种所谓的不脱离真实社会情境的常识感。这些经验与常识感历经沉淀之后,转而成为个人理解区域教育的一种理论之上的"实在感",一种"现实之中的参照物",使得笔者不再对完美的理论产生眩晕感,也不会再轻易附和那些似乎没有缺憾的典型经验。这些经验与常识感,逐渐成为笔者观察教育世界的一个预设的窗口,类似于照相机镜头之中的构图器。

当年,这个县域正处于生源开始下降的状态之中,刚刚经过一轮学校布局调整。在这个人口与地域空间意义上的大县,在2000年之时,学校数量还一度达到500—600所,但随着学校的撤并,2010年只剩下300所。当时,多数农村小学都是联村办学,一所小学辐射周边5—6个村庄,而学校大致处于周边村庄的中间地带,坐落于荒野之中,"前不着村,后不着店",孤立于周边村落与农家之外。这样一种景象令笔者印象深刻,至今不忘。笔者曾深入探访当地23个乡镇的许多中小学,与校长、当地的教育干部、县里的教育领导等有诸多交流与对话。这样一种特殊经历,减少了一个理论研究者对于基层教育的距离感,降低了一种隔岸观火的"现实疏离感"——或者说是一种入戏不深的"隔膜感"。作为研究者与挂职的干部,笔者曾被深度卷入当地的教育之中,体验了教育工作的现实感。

笔者不仅了解了一个县域的教育真实世界,在当地挂职的周末,还将皖北的几个县域一一跑遍，在似乎漫无目的的游历之中观察与体验县域的世界。这些并无明确目的的观察，让笔者获取了皖北县域方方面面的信息。它们复杂且充满了歧异性和原始性，也涵盖了教育方面的庞杂信息。笔者还到县里的档案馆查阅了许多资料，涉及周边的涡阳、凤台等县。特别是在涡阳县档案馆，笔者找到了当地1957—1958年各个乡镇的教育地图与教育志。这些手绘的教育地图，标注了各个村小的空间位置与班级数、在校生总人数。有些鲜红的手绘地图的标注，直到现在还让笔者惊奇不已。一个研究者与出乎意料的资料的相遇，需要特殊的学术上的缘分。现实的体验及档案资料，使笔者对一个县域的学校空间有了非常深刻的了解与感受。

二是多年收集的教育地图。在单位工作期间，笔者花了好些年的时间与精力，收集了几百幅各地县域的教育地图。

由于工作的关系，笔者参与了全国县域教育局局长的培训与研究。研究教育史的人，往往具有收集一手资料的癖好。承蒙这上千名教育局局长的支持与配合，笔者收集了几百幅各式各样的县域教育地图。这些教育地图千姿百态、样式不一，都是内部资料，它们鲜活、丰富，充满了真实的数据和信息。从平原到山区，从牧区到农业区，从大陆到海岛，从高原到盆地，从山区到荒漠……，这些鲜活的资料几乎涵盖了所有类型的空间。这些丰富的一手资料，给笔者带来了极大的研究便利。

各地的教育地图彰显了现实的多元性，使得教育布局的研究不再局限于一个平原的个案县域，局限于一个县域的"点"，而具有了广阔的"空间性"。现实的复杂性、多元性及超大规模国家社会发展的繁复性，在这些教育地图之中显露无遗。这些丰富的县域教育地图，让笔者发现了在高度统一化的中国县域之中学校空间布局的多元性与个性，也让笔者能够将研究建立在"坚固"的现实基础之上，而非仅仅是进行理论上的逻辑推演，或展示立场与情怀，或为了证明先入为主的见地。

第二节　学校空间变迁的宏观趋势

基层县域学校的空间布局是一个重大的现实问题。中国的基层学校空间布局的变化从 20 世纪末开始逐渐显现，近二十年一直受到学界、政策界的广泛关注。

但从历史变迁的视角来看，新式学校自近代进入中国基层社会以来，一直在进行空间的扩张，试图挤占私塾和中国旧式学校的地位。新式学校从被移植而来到填满中国的聚落空间的每一个角落，经历了半个世纪以上的时间。

一、学校空间消长的历史变奏曲

新式教育传入中国之后，同中国传统教育形式（如私塾与书院等）展开了激烈的生存竞争，涉及价值观、社会群体的利益和政治上的合法性等一系列争论。经过清末、民国和新中国三个阶段此消彼长的生存空间的竞争，新式教育逐渐占据了所有的空间领域。

第一波是清末的移植阶段，首先是废科举、兴学堂。这一时期，西式的洋学堂在政治上获得了合法性，名正言顺地借助国家的力量、士绅社会的力量第一次进入乡村社会，虽然经历了很大波折，如各地产生了一系列抗拒洋学堂甚至毁学的风潮（徐阳 等，2009）——这是洋学堂深入村落后与村民产生了文化与社会冲突的结果，也反映了村民对学捐税的抗拒，但新式学堂依然在清末进入了村庄社区，扎下了根。其带来了新的教育模式及知识视野，引发了教育范式的转型。历史学家蒋廷黻就经历了这样一种教育经验的剧变，见证了这样一种教育范式的转换。在五年之间经历了三个私塾的启蒙之后，1906 年春，蒋廷黻从湖南邵阳的乡下被带到了省城长沙的明德学校，他回忆道："明德与邓家学堂和赵家学堂之不同，有如老虎与猫。小学部约有四百人，建筑现代化，木板铺地，还有玻璃窗，我那班有三十多名学生。我们着制服，进教室、宿舍须先排成像士兵的行列。我们有体操课。"（蒋廷黻，2017）[34]虽然在明德学校只学了一年，之后就被转入了湘潭的一所教会学校，但这一年的学习依然对蒋廷黻产生了深刻影响，他自认为"长沙和明德使我进入一个新世界"（蒋廷黻，2017）[35]。

新式的学堂与传统产生了隔阂与冲突。它必然会侵犯私塾的文化与教育精神空间，会遭遇诸多问题：传统旧学，如私塾，是传统礼仪的修习所，也是与社区观念一致的教化之地，新式教育必然会与之产生竞争关系。对于这些冲突的情景过程，我们可以在1928年李景汉对华北的一个县域——定县的调查之中觅得一些线索和踪迹：

> 光绪三十年知县吴国栋提倡借庙办学；但因当时人民顽固不化，私塾既不能废除，学堂也难能成立。那年翟城村米春明先生被举为郡学绅，创办初等小学堂一处于翟城，为全县之倡。起初借用民房，第二年又在村东的大寺地址建筑学舍，后来又在村西关帝庙立农暇识字会。这是定县毁庙兴学的起头。……直到民国三年，孙发绪先生到定县做县长，就主张毁庙兴学，常骑小驴亲赴各村讲演毁庙兴学，发展教育的利益。于是有许多村庄，都把庙宇中神像拆毁，改为学校，相继提倡起来。按调查所得民国三年定县毁庙有200处之多（详见宗教章），由此可知当时的情况了。（李景汉，2005）[182]

第二波是民国时期大量移植而全面确立正统地位。新式学堂借助新兴的国家政权，借助西方文化力量勃兴的社会空间，基本上对私塾、书院等旧学形成了致命冲击。这从上文定县的调查之中可以得到印证：私塾从与新式学校的对垒之中败下阵来，逐渐退缩到封闭的、边缘的乡村之中。在通商大邑和交通便利之地，新式学校已经占据了绝对的优势。经过几十年的推广，新式学校在乡村社区中逐渐具有了优势。当年，李景汉先生参与了乡村建设及平民教育运动，在定县进行了翔实的社会调查，写就了一本皇皇巨著《定县社会概况调查》，该著作记述了作为模范县的定县的社会及教育的现实状况。在新式教育发达的定县，学校分布情况如表 0-1 所示。

表 0-1 定县 62 个村 63 所小学的创办情况

学校创办年份	男子学校数（所）	女子学校数（所）	男女合校学校数（所）	学校总数（所）
1902—1906 年	6	—	—	6
1907—1911 年	9	1	2	12
1912—1916 年	23	7	—	30
1917—1921 年	7	5	—	12
1922—1926 年	1	1	—	2
1927—1933 年	—	1	—	1
总计	46	15	2	63

数据来源：李景汉.定县社会概况调查[M].北京：中华平民教育促进会，1933：196.

但即使是在定县这样一个当时所谓的"模范县"，1928 年 63 所村庄小学也只有教员 78 人、学生 2016 人，校均学生数只有 32 人，基本上类似于"一师一校"的小规模学校（李景汉，1933）[197-198, 210]。从现在的视角来看，这些学校还处于来自西方的新式学校与传统的私塾之间的转型与过渡状态——无论是班额、教学形态还是生师比等，与私塾的组织形态相去并不遥远。此外，当时的学校还是一种性别隔离的教育组织，男女独立成校，男校占据多数，而性别混合的学校只有 2 所。这从侧面印证了它们似乎距离私塾的组织形态并不遥远，或者说它们更像私塾，而非现代意义上的新式学校。

第三波是 1949 年之后，新式学校与国家政权一起深入乡村社会，学校被作为一种开展政治活动、宣传的组织大规模建立起来（司洪昌，2009）[176-179]，几年之间，私塾存在的社会空间已被完全消灭了。这是学校同国家力量的结盟，学校借助国家力量逐渐实现了普及。1949—1979 年，小学数量急剧增长，如图 0-2 所示。

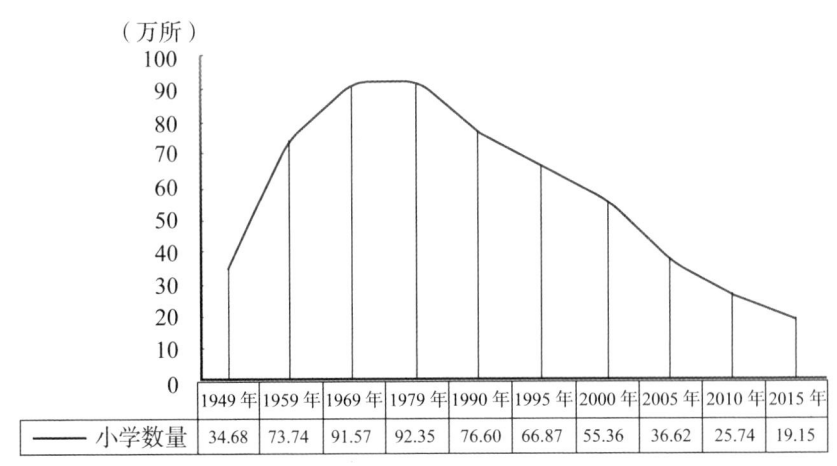

（万所）	1949年	1959年	1969年	1979年	1990年	1995年	2000年	2005年	2010年	2015年
小学数量	34.68	73.74	91.57	92.35	76.60	66.87	55.36	36.62	25.74	19.15

图 0-2　1949—2015 年小学数量的变迁

数据来源：历年《中国教育年鉴》《中国教育统计年鉴》。

1949—1979 年，小学一直处于普及与推广阶段，学校空间一直处在扩张的状态之中，学校不断占领村落的教育空间，但 20 世纪 80 年代之后出现了逆转趋势，学校开始进入空间萎缩时期。学校开始逐渐退出乡村，这与国家力量从村落之中逐渐撤退如出一辙（徐勇，2007），只是作为正规组织的学校，其退出村落的时间要迟于国家机构，如供销社等。在国家力量退出之后，学校所担负的教化功能也出现了衰减，村落便处在一种被市场、社会等多元力量所笼罩的环境之中，原本由学校承担的社会功能被其他力量所取代，如电视、报纸、网络……。学校日渐退出村落空间，宣教的标语口号与其一同消失了，如同村落社区之中村委会的高音喇叭一样，其声音日渐消失了（宋小伟 等，2004）。

从历史长时段来看，学校空间分布与基层的城市、地域空间和聚落高度相关。在新式学堂设立之时，光绪皇帝在 1898 年 7 月 10 日发布上谕，"至于学校阶级，自应以省会之大书院为高等学，郡城之书院为中等学，州县之书院为小学"（转引自朱有瓛，1986）[442]。清末，基本上县城才设立小学，中等城市才有中学，而所谓的大学堂只能在省城举办。民国期间，初中开始下沉到县，小学开始在村落空间布点，高中还位于地级城市和中心城市，大学分布在少数全国性城市和沿海大城市。但经过清末到民国的努力，新式教育已大大扩张了。1949 年之后，小学开始在每一个村落布点，初中逐渐深入一个个乡镇，但高中基本上在 20 世纪 50 年代中后期才开始在县城逐渐普及。随着学校级别攀升，其规模在变大，办学成本逐渐提高。学校需要国家与城市的公共资源，需要较大的生源范围，才能获得社会规模效益。

二、当代学校空间萎缩的动因

学校空间与数量从历史上一致的增长态势，演变到近二十年的急转直下，受制于各方面的条件。从根本上而言，计划生育政策所导致的学龄人口的下降是一个直接的原因；社会变迁也是一个原因，如城市化与市镇膨胀。计划生育是一项史无前例的社会实验，大规模的社会干预使得出生率与生育率大幅下降，短短十年，新生儿从每年 3000 万名降低到不足 2000 万名，生源面临着持续数年不断的萎缩，小学生规模一直处于不断缩小的境地。

逻辑与理论上，在校生规模似乎与学校质量之间并不存在任何直接的关联，教师工资、待遇与学校规模也无关联。但中国在 2000 年之后逐步推行一费制[①]与生均公用经费[②]的改革，这使学生的规模与学校的日常办公费用产生了直接的关联，其直接后果就是学校的校额、班额事关学校的规模效益，也关系到学校的日常运营经费。当一所学校的规模与经费直接关联时，无论是教师还是校长，都会倾向于增加校额与班额，提升学校的规模效益，从经济学角度更好地运营学校。

同时，一项新的政策——农村义务教育"以县为主"出台，从根本上触发了县区政府调整学校布局的利益冲动。经过 20 世纪 80—90 年代教

[①] 参见《教育部国家发展改革委财政部关于在全国义务教育阶段学校推行"一费制"收费办法的意见》。
[②] 参见《财政部、教育部关于做好农村中小学公用经费标准定额核定工作确保学校正常运转有关问题的通知》。从 2004 年开始，大部分省份制定了生均公用经费标准，从而导致学校规模与学校经费之间产生了直接关联。

师队伍的整顿与转型，终于在2000年之前实现了全国性民办教师向公办教师转变的结构性大调整①。在此基础上，从2001年开始，农村义务教育从"以乡为主"转变为"以县为主"②，教师工资待遇由县级财政统筹负担。在县级，教师人数一般占当地公职人员的40%—60%，因此教师工资成为县级财政的沉重负担。在地方政府看来，小规模学校存在"规模不经济"问题，存在教师超编等教育资源利用效率低的问题，而其他学校又存在数量超编与结构性缺编现象，但增加编制又会使县财政雪上加霜。在地方决策者眼中，一旦一所学校的生师比低于国家生师比编制的标准，理论上就会出现效率损失与投入"浪费"现象，以及"冗员"与人浮于事现象。因此，一旦出现超编，地方就会推动学校布局的调整，直接后果将会是学校被撤并或者合并，或者变为一个没有独立完整学校建制的教学点。这影响了基层学校的分布。

因此，新生儿大幅减少、城市化导致的乡村学龄儿童向城市流动等因素只会直接导致乡村学校生源枯竭，并不会直接导致学校被撤并。学校被撤并的直接原因是农村义务教育"以县为主"与生均公用经费政策的实施，一所学校的财力取决于学校规模，学校的规模与学校在经济方面的活跃程度直接关联。对校长而言，在所有条件相似的情况下，其办学资金取决于学校的学生规模。大的学校整体的运营经费比较充足，可集中财力在学校基本设施维护、办公经费及教师福利甚至迎来送往的接待方面，这提供了一种"规模上的效益"的便利，也直接导致了学校因"小"而失去经费与资源，同时也导致了地方政府"投入效率"的大幅降低，直接后果就是中国基层学校大规模撤并与减少，而对此问题的实地研究远远跟不上现实演进。

中国学校布局大规模调整，是近四十年中国基层教育发生的一种大规

---

① 参见《国家教育委员会关于中、小学教师队伍调整整顿和加强管理的意见》《教育部关于加强中小学教师队伍管理工作的意见》。
② 参见《国务院关于基础教育改革与发展的决定》。

模变迁：中国义务教育阶段学校数量从 1979 年的超过 102 万所[1]迅速减少到 2017 年的 21.89 万所[2]，这一数字已远低于 1949 年之水平——当年中小学有 34.88 万所。实际上，学校数量回落到新中国刚刚成立时的水平是在 2009 年，当时中小学的数量已下降到 33.65 万所，经过数十年的发展从高位回落到出发的原点——新中国成立之初的水平。这一大规模的学校式微现象，在世界教育史上是前所未有的，是一个巨大的变化。这一教育转变，带来了中国教育背景的全方位转换。

中国基层学校大规模缩减、撤并和荒废，主要肇因于地方教育局"主动而为"的教育政策，也几乎成了一个全国教育布局大调整的主要表现。学界对这一重大教育现象的解释与反思虽然众多，但缺失宏观的空间视角，也缺乏从县域内部进行研究的空间视角。对于学校布局调整，学界弥漫着一种带有人文立场的批评性论调，人文的情怀与立场似乎占据了上风，而对现实问题却缺乏深度描述和真正的研究。

学校空间布局的大规模变迁，带来了教育世界的整体性变化，某种意义上也带来了中国教育的"城乡大分流"[3]：我们从一个以乡村教育为主的国度，迅速演变为一个以城市教育为主的国度。中国教育的背景发生了转换，如 2014 年小学生的城乡分布就已经呈现出了"三分天下"的局面，见表 0-2。

表 0-2　2014 年城乡小学生分布状况

	乡村学校	城区学校	镇区学校	总计
在校生数（万人）	3049.86	2943.24	3457.96	9451.06

---

[1] 1979 年，中国义务教育阶段中小学数量为初中 103944 所、小学 923532 所，两者合计 1027476 所。
[2] 参见《2017 年全国教育事业发展统计公报》。
[3] 城乡教育大分流是笔者提出的一个概念，指的是近十年来中国基础教育阶段生源分布的大规模演变，即从以乡村为主迅速转变为以城镇为主，实现了城镇、乡村教育在校生"倒置"现象，城区出现了大班额现象，而乡村学校微型化和空心化。

续表

	乡村学校	城区学校	镇区学校	总计
占在校生总数的百分比（%）	32.27	31.14	36.59	100.00
	32.27（乡村）	67.73（城镇）		100.00

数据来源：《中国教育统计年鉴2014》。

从以上数据可以看出，城区学校、镇区学校和乡村学校在校生已经实现了"三分天下"的局面，其中城区学校指的是城市（包括县级市）的学校，而镇区学校主要指的是县城和镇的学校。城镇学校的在校生占在校生总数的67.73%，也就是说，已经有超过三分之二的生源集中在城镇学校了。

同样在2014年，中国初中学校生源分布基本上向城镇集中，乡村初中在校生规模已大幅缩减了，如表0-3所示。

表0-3 2014年城乡初中生分布状况

	乡村初中	城区初中	镇区初中	总计
在校生数（万人）	748.45	1468.70	2167.48	4384.63
占在校生总数的百分比（%）	17.07	33.50	49.43	100.00
	17.07（乡村）	82.93（城镇）		100.00

数据来源：《中国教育统计年鉴2014》。

生源大规模向城市、县城和镇流动，带来了中国教育布局的巨大调整和乡村学校的大规模撤并，以及乡村生源的流失和教育的衰败。

近年来，虽然学校布局调整还在进行，但基本上已处在相对和缓或者接近停滞的状态。在许多地方，许多学校名义上撤并了，其实是转化为教学点，全国的整体数据表现为学校数量在缓慢减少，而教学点的数量却在缓慢增加。因此，学校布局大规模调整的时代已经过去，县城或城区的学校数量缓慢增加，农村学校的撤并已基本上告一段落。这时候再回过头来审视这一轮大规模的县域社会的学校布局变迁，更具有学术与历史的意义。

第三节 研究进展

近年来，国内教育学领域出现了一种新范式，发生了所谓"空间转向"。这种空间转向不仅在教育学术领域发生了，而且成了学界的一种潮流。艺术史研究者巫鸿认为，空间转向是人文社科领域的一种整体趋向，在艺术史领域也发生了。巫鸿将空间分析引入美术史之中，将之作为艺术史研究的一种方法论，探讨了建立一种美术史新研究范式之可能性（巫鸿，2018）[7-12]。在西方，空间转向更是一种时代的潮流与趋势，各个学科在20世纪末都不同程度地经历了空间范式的转型（杨有庆，2011），空间理论极一时之盛。

教育研究已经处在空间转向的地平线上。在空间视角之下，"一切坚固的东西都烟消云散了"[①]，过去被我们奉为圭臬的坚固的理论与规律，需要在空间的视野之下进行重构。这是一种新的知识视野，通过这一新的研究范式与理论透镜，人们将会"看见"新的知识领域和知识图景。

学校布局主要是指一个学校的空间分布问题，需要重新"显影"空间的价值。长期以来，空间（包括位置、地点、地方等一系列概念）作为教育研究的一种自然而然的背景或者"隐身"因素，并没有凸显出其意义与价值。探究学校空间分布问题需借助空间的知识领域，特别是地理学的研究。地理学是一门空间的科学，它研究空间分布的现象、区域的空间范围、人类的空间行为、地方的空间关系，以及这些行为和关系背后的空间过程（格蒂斯 等，2013）[10]。这样的空间视野，在学校空间分布的研究之中具有特殊的价值与意义。

[①] 语出《共产党宣言》，后被社会理论界广泛引用，以说明过往被认为永恒不变的社会文化观念的变革。

一、研究单元：一个"具体而微"的中观区域

研究学校布局问题，可将其放置于一个无差别、无个性的"中国"空间之中，也可以放置于省域或市域之内，或者放置于村落、乡镇或县域之中，但过大的区域空间往往会因脱离研究者的经验而使研究偏向于抽象的理论，而过于微小的空间——村落或者乡镇，往往会使研究者陷于一隅而不见研究的整体，且容易将微观的细节无限放大，往往难于脱离现实的情境与特殊地域的限制，因此需要一个中观的空间领域来观察学校分布，以观一而知整体。研究者倾向于将研究主题放置在一个合理的空间区域之中来讨论，而在中国比较合理的空间就是县域——一个"具体而微"的行政单元，一个"五脏俱全"而历史悠久的中观区域，也是一个行政组织和结构与高层政府结构最为相像的"微观中国"。研究学校布局问题，基本上可以将其放置在县域这一涵盖城乡社会的最小区域之内，县域是一个理想的、中观的经验研究区域。

在学界，对研究单元问题存在一系列争论，对村庄是否可以作为一个独立的研究单元也存在诸多争论。有些人将村庄作为一个独立的实体，如日本学者重视对中国村落层次的探讨，将村落视为研究的单位，这被历史学家黄宗智称为实体主义的倾向，即认为村落共同体已经成为一个重要概念，村庄是国家与地方之间的交接点（兰林友，2002）。有些学者将村庄所在的社区的基层市场作为一个研究单元，注重超越村庄的区域体系分析，从社会经济层级的空间结构来理解中国基层社会，如施坚雅（G. W. Skinner）。施坚雅对成都平原上的村庄进行了研究，逐渐认识到村庄并非一个完整的社会单元，而是社会经济体系之中的一个部分。他对人类学著作只重视村庄的研究倾向提出了批评，认为这些著作"都歪曲了农村社会结构的实际"，它们忽略了村庄与外界的联系。他认为，"如果可以说农民是生活在一个自给自足的社会中，那么这个社会不是村庄而是基层市场社区。我要论证的是，农民的实际社会区域的边界不是由他所住村庄的狭窄的范围决定，而是由他的基层市场区域的边界决定"（施坚雅，1998）[40]。

因此，中国基层社会的单位不是以村庄而是以集镇为中心的社区，形成了一个"基层市场共同体"（standard market community）。

这样的区域体系分析之研究，被黄宗智称为形式主义的研究。黄宗智认为，这些形式主义的研究，试图纠正人类学主流学派存在的只注重小社团研究的实体主义倾向，因为这些实体主义者忽略了村庄与外界的联系（黄宗智，2000）[22]。黄宗智在此不过重申了施坚雅所持的观点。施坚雅曾在另外一本著作中再次解释了他为何抛弃村庄研究转而走向区域体系分析的原因，其如是写道："我在四川所看到的，大型村庄很少，大都是由集市联系在一起的小村落。我于是放弃了调查一个百来户的村庄的预定计划，转而重点考察一个包括2500来户既分散又有联系的从属于集市的经济区域。这项研究拓展了我的视野，使我超越孤立地研究个体村庄的局限，而注重于探索一个范围更大的地域内部社会经济结构的性质。"（施坚雅，2000）[中文版序言9]因此，在之后的研究中，施坚雅充分运用了区域体系分析的方法。他认为小农的生活世界不是一个自给自足的村庄内的世界，而是一个基层市场共同体。一个典型的基层集市是一个约有18个村庄和1500个农户的核心地点，其范围相当于50平方千米的六边形地区。在这个市场范围之内，一个农夫与其中的每一个成人都有点头之交（Skinner，1964）。它是小农社会生活的圈子。在一个农夫50岁时，他已经赶集3000次，与基层市场区域内的其他男子碰面1000次，在集日里聚在茶馆里消磨时间，与远处村庄的农夫朋友进行社会往来，因此，基层市场就是中国基层社会的最基本单位（黄宗智，2000）[22-23]。施坚雅研究的本意是要矫正人类学家只着眼于小型社区的村庄研究的封闭倾向，但其研究的影响力太大，几乎完全消灭了对立的观点，以至于美国的历史学界在整个20世纪70年代都以为村庄已经被整合进外部的市场体系之中了（黄宗智，2000）[22-25]。

这种形式主义的研究可能与具有地域性特征的聚落分布状态相关联。成都平原的聚落分布具有自身的特点，其居住的分散性和多姓村落的现实，使得村庄的内聚力减小了，从而使得更大范围内的基层集市转而成为一种地方社会的纽带，一种超越松散的村落的社会空间。即便到了今天，四川省基层市镇之上的茶馆、小饭馆等，依然承担了这样一种社会联系功能，置身其中依然能感受到浓浓的市井烟火之社会氛围[①]，人们依旧在市镇之中寻求与维持着传统的社会联系与人际交往。

黄宗智在对华北平原村庄的研究之中，提出需要将形式主义与实体主义结合起来，而非偏重于任何一隅。他认为，村庄既是一个紧密内聚的整体，是一个由街坊组成的社区，同时也是一个与外界市场联系的、具有明确生产与消费界限的单位，也是一个有社会分化缩影的小型社区；虽然村庄的个体差异是存在的，但其依然可被视为一个相对独立的研究单元。（黄宗智，2000）[21-22] 在研究农村问题时，微观的社区研究重视内部互动，将村落社会内部的复杂文化和社会机制描述得更加清晰可见，而宏观的基层市场视角，则更加重视村庄与外部环境的联系，将村庄视为被置于国家、社会、市场之中的一个研究单元，二者各有所长，具有各自的便利性，似乎将二者相结合也是一个不错的现实研究路向。

这些关于研究单元的观点，有助于启发对农村学校的问题的研究。农村学校的辐射范围可以是一个小型的农村社区，也可以在一个基层市场的范围之内，甚至可以被整合进一个较大单元的县域社会——其中存在千丝万缕的经济、文化和历史的联系，它也是教育政策实施的一个范围。

研究农村学校的问题，似乎也面临着两难的现实选择：一种是微观的个案研究，将农村学校置于一个小型的社区或者区域之内，采取人类学的田野研究范式；另一种是将研究对象置于一个辽阔无际的宏观"中国"之中，缺乏明确的区域边界和限制性，往往容易使概括变成宏大叙事，变成一种似是而非的不着边际的描述，类似于一种形而上的思辨，不断受到经验的考验和实地的质疑。因此，在实践中，县域社会似乎是一种将微观与

---

① 笔者2017年1月在四川荣县的乡镇进行观察，依然发现聚落之中有散村存在，基层的乡镇成为集市所之处，农民在集市上购买日常用品，并在茶馆里开展社交生活。由于道路起伏蜿蜒，短距离出行主要依赖步行等方式，因此这些地方的集市的范围较小，也加强了人与人之间的联系。

宏观相联结的社会研究单元、一种中观的研究单元，这也符合县域农村社会实际空间分布的格局。研究农村教育问题可以从宏观入手，也可以从微观入手，但在实际的问题情境之中，不存在一个连绵的、无边界的、宏观的农村区域，也不存在一个无边界的城市区域，现实之中的城与乡是一个在地理上、空间上都混杂的区域，如图 0-3 所示。

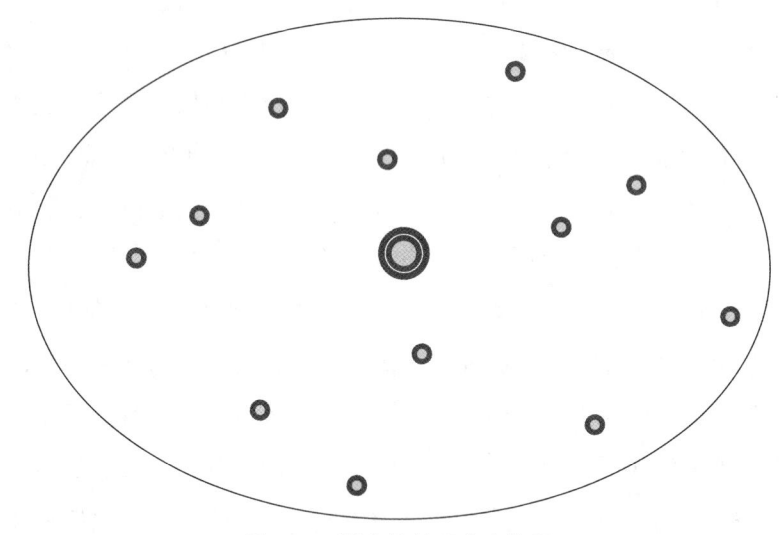

图 0-3 城乡的地理分布格局

从图 0-3 可看出，城市与乡村的关系更接近点与面的关系——城市像处在乡村"海洋"之中的社会之岛，而乡村更像一种城市外围的连绵的社会存在。在实际的社会图景之中，城与乡之别就构成了一个县域社会内部的空间分野，展现出由社会孤岛般的城市与成片的乡村聚落组成的空间景象。在地理空间的图景之中，城与乡的空间类型更加趋向于二元对立，二者呈现出严格的空间区隔；但在社会文化的空间中，人们认为二者并非完全是隔离的，并不具有严格的僵硬的社会边界，而是充满了社会互动的联系与纽带。（丁月牙，2016）[5-7] 这样一个县域基本上就成为一个研究城乡社会的典型区域，一个涵盖城市和乡村的完整的社会文化区域，一个理想的社会文化单元。因此，研究城乡社会的理想的验证区域就是具有城乡社会格局的最小的一个行政区域，也就是县域。

县域不仅是一个理想的空间单元和思考问题的单元,更是一个历史文化空间区域,是理解中国社会和历史的关键。它成为学界研究基层社会和中国传统社会的交汇点,是政治学、历史学和社会学等领域的学者关注的焦点区域,对于理解中国历史的连续性、稳定性和延续性以及所谓"郡县国家"有重要意义(曹锦清,2017;曹正汉,2017)。教育研究也不例外,县域也是研究乡村教育问题的最小的"宏观"行政单元之一。

作为一个基层治理区域,县域历史悠久而相对稳定,是一个非常重要的文化区域,是中国大一统的制度基础。自古以来高层政区不断变更,而县级政区起伏最小(周振鹤,2010)[81]。在学界,人们有一个共识:"两千多年来,县制在中国行政区划体系中占据着非常特殊的地位。在数不清的朝代更迭与循环中,县的建制基本稳定,总数一直保持在一千多个,而不管在它上面的郡、州、府、路、道、省是如何变动不定。"(华伟,2001)古代的学者如柳宗元、顾炎武和清季的学者都将封建和郡县制相对,柳宗元在《封建论》中提出"封建非圣人意也","势也","秦有天下。裂都会而为之郡邑。废侯卫而为之守宰。据天下之雄图。都六合之上游。摄制四海运于掌握之内。此其所以为得也"(柳宗元,2008)[44-45]。顾炎武在《郡县论》中认为封建的风险在于地方不受控制,郡县制则致使中央过于专制而地方无自治之权限,"封建之失,其专在下;郡县之失,其专在上",帝制国家中央"尽四海之内为我郡县犹不足也",因此需要"寓封建之意于郡县之中"。(顾炎武,1983)[12]近代如梁启超、章太炎都持如是观点,梁启超认为郡县制代替封建成为中国相对于欧洲的一大文明特色(华伟,2001)。20世纪90年代之后,学界针对封建进行了追本溯源的研究,对于封建的原始含义和秦汉之前的制度本意,学界在概念上走向了统一并达成了共识(冯天瑜,2007)[10-59]。

近年来,在挣脱了外部植入的、非本土的话语体系与逻辑之后,学界承续了本土古典时代的观点和视角,倾向于将中国社会发展放在一个连续体之中,将周秦时期的"废封建"和"兴郡县"视为一种国家治理方式根本性的转型和制度革命,其后一直保持了两千多年的制度稳定(李若晖,

2011），最终造就了一个巨型国家和大一统的历史传统。

从以上研究可以看出，郡县制是从帝制时代一直延续到如今的国家治理的基础制度设计，成为国家稳定的基石。而县域空间作为郡县制度最基本的行政区域，一直是中国郡县制治理的基础性空间领域，其规模一直稳定在1500个左右，并保持了稳定的空间领域与领土范围（周振鹤，2019）[48-52]。

县域空间范围虽小，但其拥有的宏观性却毋庸置疑，主要表现在其辖区内村庄众多，拥有历史与人文的丰富性，辖区幅员相对宽广，故有"百里之县"的传统（周振鹤，1998）[58-59]。古人的百里之县，若县治所在县域空间的几何中心，其与周边的距离在50里，则起早贪黑的话可以当天徒步往返，这对于官员下乡劝课农桑、农民进城缴纳租税都是比较合宜的（周振鹤，1998）[59]。在一县之内，虽然村落可以作为个案区域，但以宏观的城乡行政区域为参照，才可能更加清晰地审视城乡社会与教育的关系。县域是一种现实的经验研究的区域，是一个"具体而微"的中国标准研究区域。因此，农村教育研究都有一个不证自明的或者无意识的"区域假定"：在县域之内，农村教育具有相对于城区教育的明显身份标识，县域成为农村置身其中的一个最小的"宏观区域"。虽然宏观研究可以超越县域的范围，但其所研究的问题的数据、经验还是处在这样一个小的区域范围之内，所有宏观研究都难以离开县域这个经验区域。

二、学校布局的空间性

人类的行为受制于时间、空间的因素。空间成为人类行为前置的、先验的背景，并在无形之中影响着世界的运行，它与时间一样，都是这个世界之中的"隐身者"。

学校分布是一个空间议题，需要引入空间的概念。但空间概念存在于不同的学科领域，往往呈现出众声喧哗、莫衷一是的面目，从物理空间到数学空间，从绝对空间到相对空间，从相对空间之中又衍生出社会空间等纯粹的人文、社会科学式的概念，这样，空间概念充满了丰富的科学、人文底蕴，与多种社会文化的意蕴纠缠在一起，在不同的维度上使用便具有不同的含义，由此也成了游移不定的概念。这些泛化而游移不定的社会空间概念，往往给研究带来了多维度解释的空间，但也易使研究陷入概念上的不确定性。

本书更多地将重心放在地理意义的空间概念上，放在人地关系之中，来考察学校的空间分布。空间乃是地理学的核心议题，但即便是地理学者也不善于给予其一个明确的定义，霍尔（E. Hall）曾把空间类比为性一样的社会禁忌，并指出它就在那里，但我们并不谈论它（霍洛韦 等，2008）[87]。历史上，人文地理学者与自然地理学者对空间的概念的界定出现了理论上的分野。自然地理学者主要关注的是绝对空间的概念，它是由欧氏几何学定义的空间、米制的空间，但20世纪70年代之后的人文主义地理学者赋予了空间以文化意义，在空间分析之中，他们更发明了一系列新的概念，如时间距离、经济距离、认知距离、社会距离等（霍洛韦 等，2008）[88]。这些新的概念，构成了"相对空间"的概念谱系，它从相对空间的家族之中分离出来，并与绝对空间含义迥异，为空间概念上涂上了社会、心理与文化的色彩，将空间分析带入一个新时期，赋予了空间新的意义。

人类具有空间理性，并受制于空间理性的原则，在空间之中进行社会生活，并深刻地将空间的原则运用于生活之中。人们制造与控制现实的空间，同时又被空间所宰制。美国社会学家怀特（W. H. Whyte）研究了城市街头巷尾的社会生活。他用了十年的时间，采用直接观察的方式来描述纽约城市街区中小型空间内的社会生活，旨在鼓励人们创造一种更加人性化的小型公共空间（怀特，2016）[1-10, 译后记]。当英国议会大厦因在"二战"期间被轰炸而需要进行修缮之时，丘吉尔曾有一个知名的空间论断，他说："假如议事大厅大到能够容纳所有的议员，有九成的辩论都得在几乎半空或全空的房间内，在令人无力的气氛之中进行……为此目的，小一点的议事厅和亲密感是不可或缺的……"（罗杰斯 等，2017）[17]此后，丘吉尔又总结道："起先是我们塑造了建筑，之后是建筑塑造了我们。"（罗杰斯 等，2017）[17]雅各布斯也采用了直接观察的方式，以极具天赋的洞察力描述了城市原始的多样性与无序的自然生长,以及这种历史自然积淀的无序性空间对于城市和人们日常生活的重要性。她指出,城市街道空间是社会交往的空间,需要保护传统城市街头巷尾充满活力的社会生活(雅各布斯,2006)[1-14]。

空间的视角,在社会科学的研究领域及在审视学校布局空间关系时具有重要意义。空间分析将给予其他学科新的认识世界的维度:人类社会具有空间性,所有的社会经济行为都是通过空间发生的,空间决定了它们的运作方式(丹尼尔斯 等,2014)[11]。在历史学领域,我国学者杨庆堃在1931年就提出了集市理论,认为任何集市都有一定的范围,集市分为基本集与辅助集,基本集只有一个覆盖区域,辅助集涵盖了基本集。集市在平原地区多为圆形和方形。当自然阻力较大时,集市形状会由此发生改变(转引自吴晓燕,2007)。后来,施坚雅从区域体系分析的视角出发,提出了基层市场理论,并认为它是一种超越一时一地的普遍化的理论,大体适用于所有的农业社会(施坚雅,2000)[中文版前言]。施坚雅的灵感来自地理学领域的中心地理论(central place theory),他对中国四川盆地进行了调查,提出村庄并非一个完整的社会交往的空间单元,基层市场在社会之中充任了更大的社会空间单元。基层市场是一个六边形的区域,集镇位于中央,整个六边形分为两个环,即由六个村庄构成的内环和由十二个村庄组成的外环,从集镇辐射出的六条道路将集镇与各个村庄联系起来(施坚雅,1998)[23]。

地理学研究提出中心地理论的时间远远早于社会科学研究。中心地理论最初于1933年由德国地理学家克里斯塔勒(W. Christaller)提出,并在1954年由廖什(A. Lösch)进一步完善(戈列奇 等,2013)[35-37]。此理论跨越了地理学的研究领域,被人类学和历史学不断借鉴与效仿,产生了广泛影响。中心地理论首先假定所有的市场背景都是均等的,处于一种均质的地表空间,没有河流、道路或运河隔断,每一个地点与其他任何一个地点的通达性只与距离成正比,不管方向如何都没有影响(诺克斯 等,2009)[75];其人口的分布也是均匀的,区域中的人类生活于一个完全竞争的市场体系之中，每个人都是理性的消费者（萨克，2010）[83]。后来，施坚雅将这些观点引入自己的理论，他假设基层村庄都处于同一纬度，地处平原地带，没有江河阻隔，各种资源平均分布；所有的村庄均匀地散落在这片区域；那么，基于任一市场与周边市场之间的等距离原则的正六边形区域就是基层市场的空间范围。每一个标准的市场区域本该是圆形的，但当大量的圆形互相挤压之后，相互挤压的整体就成了蜂窝状[①]。研究者将研究主题限定在几种前提之下的固定边界之内，然后对问题进行简化、抽象和概念推演，并通过几何模型或图式对研究问题进行描述——这正是杜能采取的一种研究范式。杜能曾经提出一个孤立国的农业环概念，被后人称为杜能环，其前提假设是：一个巨大的城市，坐落在沃野平原的中央，那里没有通航的水道（包括人工河），且这一平原土地肥力均等，各处都适宜耕作，离城市最远的是未经开垦的荒野并与世隔绝，从而形成了一个孤立国（杜能，1986）[19]。这既是对人类社会研究的理论状态的抽象描述，是一种理想型（ideal type）的社会研究理论预设，也是一种便于化繁为简、分析复杂社会现实的简洁而有力的解释模型。

探索学校空间分布的问题、思考学校空间布局需要重构学校的空间理性，需要人文地理学的空间理论与视角，同时需要审视人类聚落的分布方式，特别是县域之内的村落分布的方式。城市是一种人为制造的大规模的聚落，人口密集，其中学校的空间布局主要根据的是居民区的规划与分布，较少受到地理环境等自然因素的影响。人类的聚落是人类社会的一种空间本质的特征，是人群的一种居住格局和分布方式，在当代主要表现为城市、乡村两种主要类型。聚落的分布会受到历史、文化、气候、生产方式等社会与自然因素的影响。聚落呈现着人类最基本的生活状态，有些延

---

① 施坚雅使用这一模型来分析四川、浙江等地的农村社会，发现大部分市场都覆盖了17—21个村落。基于同样的均匀分割原则，每个正六边形必须包含相同整数个数的村庄。这样，从几何分割上看，就只有6个、18个和36个等有限的分割方法。施坚雅计算了19世纪90年代全广东的村庄与市场之比，发现这一比值为19.6，由此提出了"18个村庄围绕1个基层市场"的模式。

续了千年仍然能适应人类的生活方式。聚落体现着人类在解决生存问题时的一种生存智慧，体现着人与人之间的关系（王昀，2012）[28-29]。在人类聚落的形态方面，学者原广司的研究从个案的角度描述与呈现了世界聚落分布的现实形态，是观察村落分布的一种参照（原广司，2003）[219-235]。虽然前述两位学者的研究更着眼于从建筑视角来审视聚落与人的关系，但从中可以看到人类聚落分布与地理环境之间的一种紧密联系，一种长远的自然、历史的传统。

聚落作为一种人类居住模式，其分布、结构和形状等在地理学中被广泛关注，形成了聚落地理学。其中，法国人德芒戎（A. Demangeon）在"二战"之前对此进行了开拓性的研究，其著作《人文地理学问题》系统地论证了农村居住形式、法国农村聚落类型等问题。他认为在平原地带容易形成具有集体主义的聚集型村落，而在水田、山区等存在个人主义倾向的地方会形成孤立的居民点等（德芒戎，2011）[136-224]。这是一部关于人类聚落分布的经典研究著作，对后世产生了很大影响。

要探究行政区的幅员变迁和制约因素，历史地理学方面的考察必不可少，其中历史地理学者周振鹤关于中国历代行政区划的研究尤其具有参考价值。他认为，中国从战国时期就开始出现郡县，秦建立了制度性体系并形成了郡县制，从此开启了行政区划的历史，封建的地方分权制逐渐过渡为中央集权的郡县体制。周振鹤考证，秦汉时期县的幅员一般在百里，即"县大率方百里，其民稠则减，稀则旷"，并认为这样的距离方便人们在一天之内徒步往返城乡之间，对官员的管理和官民的日常交流来说都是合宜的（周振鹤，2014）[58-59]。从秦汉到民国，甚至到现在，县的数量变化相对不大，保持了一种相对缓慢的变迁，基层行政区域相对稳定。同时，在另外一本著作中，周振鹤考察了历代行政区划之中"山川形便、犬牙交互"原则的变迁，认为这是中央集权国家加强地方控制的一种治理策略（周振鹤，2014）[226-249]，这种治理智慧一直延续到当代。曹锦清等也提出，地方行政区划是国家治理的一种空间格局制度安排，但面对流动的社会出现了不适应的问题（曹锦清 等，2016）。基层县域空间的变革对于学校布局影响深远，因此，本书试图考察历史上空间格局的变化与演进，以便审视县域空间格局的演变对学校布局、生源流动的社会影响，引起学术界对这方面研究的关注与重视。

县域学校的空间布局问题，主要受到历史条件的限制，对于村民及其子女而言，主要问题是地理学上的可达性，但也涉及学校空间的地方性，学校与村庄、村民和儿童自然的情感与温馨的回忆相连，是一个事关意义与成长的空间所在。当学校日益从地方村落空间之中退却或者远去之时，其与人民、地方和传统的习俗便更加疏远、产生隔膜，它与地方之间的关系渐行渐远，最终退化为一种毫无意义、毫无情感的联结，这让学校更加转变为一个完全的非地方（nonplace）或无地方（placeless）空间。地理学者会哀叹，那些前工业社会与手艺文化所代表的地方景观及其多样性与地方性在逐渐消失，世界正在被一种毫无意义的建筑所取代，环境中缺少了有意义的地方，这就是"无地方现象"。这种现象会带来深远的影响，可能导致失根、象征消失、齐一化取代多样性、概念的秩序取代经验的秩序等。而在最意味深长之处，这种现象会导致人类与地方普遍的疏离状态，这是不可逆转的（雷尔夫，2021）[79-80, 216-217]。学校从熟悉的地方性空间隐退之后，其与村庄、村民、村童的情感联系一步步减弱，演变为一种外在于儿童与村民的生活世界的场所。一所学校或者建筑，即便是外部植入的，但在经过一定的时间之后，其便融入了地方性文化与记忆之中，有了地方感与地方意义。这就是人文地理学者所谓的人类的地方意识，它受制于人类中心主义的意识，形成了一种以己为中心的世界观（world view）与宇宙图像，形成了人与地之间的情感纽带或"恋地情结"（topophilia）（段义孚，2018）[43-61]。

在空间可达性研究方面，王振波研究了县域空间的可达性，发现在1949年之后县域可达性空间日益扩张，平均最大可达距离从46千米增长到2008年的118千米；县域可达性呈现出反自然梯度的三大阶梯状态，可达性高值区向东部地区集中。（王振波，2009）国家区域范围内县域可达性与人口密度具有明显的相关性，2.5小时圈是目前中国可达性与人口集聚产生作用的最远距离;可达性越高,可达性对人口集聚产生的作用圈就越大。(王振波 等,2010)虽然儿童作为一个非独立和没有完全行为能力的个体,其活动的半径显然不同于成人,但这种可达性的分析框架对学校的布局具有启示意义。

三、教育学视野中的学校布局研究

在教育学领域,学校布局研究曾经是一个热点问题,它的"温度"伴随着中国学校在基层社会的大规模调整与日渐式微而逐渐上升,许多学者都进行了专门研究。石人炳介绍了国外关于学校布局调整的问题(石人炳,2004)。范先佐主要从教育经济学的视角来审视学校的布局调整,研究了中西部省份的教育布局问题,分析了布局调整的成效、原因和问题,并提出了政策性建议(范先佐,2006;范先佐 等,2009;中西部地区农村中小学合理布局结构研究课题组,2008)。邬志辉提出,近年来的学校布局调整出现了偏差,造成了教育的"过度城镇化"和一系列布局问题,其关键在于学校布局的标准缺失,因此提出了"底线+弹性"的农村学校布局调整标准设计模型(邬志辉 等,2011;邬志辉,2010)。雷万鹏等基于经济学的视角,分析了布局调整中上学距离扩大造成的校车安全问题,提出在校生数量变化是影响学校布局的最主要因素,可以说,"自然型调整"是2000年之前布局调整的导因;但2001年之后,"政策型调整"日益凸显,因此需要从人口、城镇化等角度重新审视学校布局调整政策。(雷万鹏 等,2011)胡俊生等分析了县域布局调整的两种典型——平原模式与柯城模式(胡俊生 等,2009),并进一步提出了促进初中进县城的观点(胡俊生,2010),这也许在小型平原县域具有合理性,而对西部巨型县域的学生来说则上学距离过于遥远。此外,叶敬忠分析了农村中小学布局调整的宏观背景因素,认为布局调整存在三个阶段的明显划分,他基于社会背景论证了教育布局缩减过快导致的教育的过度城镇化等一系列负面问题,并指出这主要是盲目的发展主义所导致的(叶敬忠,2012)。

此外,叶敬忠等认为,学校布局调整导致学校从村落退出,造成了学校隐形功能的丧失，使得原来村落社会之中学校、家庭和社区三位一体的教育模式与传统消失了，学校教育模式单一化了（叶敬忠 等，2010）。秦玉友认为农村学校布局调整是一个不可逆的过程，需要在认知、利益与情感之间进行取舍与平衡，它不仅是一个空间调整的过程，还是一个教育资源的再分配过程（秦玉友，2010）。

关于农村中小学布局调整的文献繁多，对县域个案分析具有启示意义。如于杨研究了河北省一个山区县的教育布局，分析了个案县域教育布局调整的动因和结果（于杨，2012）。贾勇宏等分析了学校布局之中的几种模式，如完全合并式、兼并式、交叉式和集中分散式，并认为这是当前我国农村中小学布局调整的主要模式（贾勇宏 等，2008）。徐璐以一个平原县域——湖北省监利县为例，研究了中小学布局调整之后的校车问题，对家校距离（物理距离、时间距离）、上学方式等进行了调查分析，对校车的运行模式和发展农村校车提出了建议（徐璐，2012）。赵丹分析了广东省新丰县的学校布局调整的必要性，认为布局调整有利于教育资源的集中与均衡，但这也会带来儿童上学路途遥远的问题，需要综合考虑布局调整之后的资源配给问题（赵丹，2012）。其他文献在此不再赘述。

学校的布局调整一开始就充满了争议，人们在价值与事实、理想与实际、理论与立场之间产生了分歧，各种观点莫衷一是，回荡在复杂的现实空间之中。中国西北地区的大县更是如此。有学者批评了撤点并校的风潮，认为这一以集中办学和建寄宿制学校为特点的政策与20世纪80年代网点下伸、多种形式办学的普及教育思路恰为对比，体现了效率优先的价值理念。万明钢与白亮认为，一些地方过度追求规模效益，产生了许多巨型学校，引发了规模不经济问题，因此需要在布局调整之中确立"适度规模"的原则（万明钢 等，2010）；教育布局需要在经济理性与价值公平之间进行权衡，在理性与价值博弈的过程中趋利避害，解决好公平与效率之间的矛盾，做出合理的现实取舍（白亮 等，2011）。

学校布局调整中的空间可达性也是一个重要的研究视角，人文地理学对此有一系列研究。余双燕研究了江西省南昌市基础教育资源配置，认为城区学校空间可达性较好,平均时间在 7 分 48 秒,但老城区的情况好于新城区(余双燕,2011)。韩艳红等分析了一所高中的上学距离与辐射的生源范围(韩艳红 等,2012)。孔云峰等利用地理信息系统分析了一个县级市的初中学校空间布局,研究了学校布局与人口分布、交通条件限制等的关系(孔云峰 等,2008)。胡思琪等从时间距离角度研究了江苏省淮安新城的学校均衡布局问题(胡思琪 等,2012)。张京祥等研究了江苏省常州市幼儿园和中小学的分布,从公共设施布局均等化的角度对幼儿园、中小学空间布局进行审视(张京祥 等,2012)。任若菡等分析了重庆市黔江区的学校空间布局,认为总体上学校的可达性较差,建议以跑教制等方式来解决这一问题(任若菡 等,2014)。此外,吕毅和侯明辉分别研究了湖南省长沙市雨花区和北京市宣武区小学的教育均衡问题(吕毅,2005;侯明辉,2008)。吉云松从宏观上论述了地理信息系统在学校布局中的应用(吉云松,2006)。

学校可达性研究实际上重点关注的是"日可达性"的概念(克里斯塔勒,2010)[157-159],特别是绝大多数中小学生需要走读,一天之内在家校之间穿梭往返,影响其上学体验的主要是一日往返的时间距离或者主观距离,而非单纯的数学距离——单纯的数学距离则因人、因地、因交通工具而异(克里斯塔勒,2010)[159]。在日可达性方面,小学生和幼儿的特殊身体条件、步行的速度和耐力等都是要考虑的因素,往返时间占在校时间的比例需要稳定在合理的水平,使他们不必将过多时间浪费在上学的途中。这些从空间角度对学校布局问题所做的研究,是基于地理学视角对学校空间布局、上学半径、学校辐射的生源范围等的一种学术审视。但前文所述的研究都是基于个案的,而且对学校分布、人口与聚落特点等并无深入分析,也缺乏从儿童本身出发对上学距离的深入透视与分析,基本上是一种外在于儿童的空间视角。

关注一所学校所辐射的空间范围及其生源,就是对这所学校服务半径及其生源区域的研究。笔者早在 2006 年就描述过这种现象。后来,有学者对一所高中的生源分布区域进行了研究,从空间角度提出了生源区概念

（卢晓旭 等，2010）。其思路与笔者大体上是一致的，也是一种对基层学校辐射的空间范围的分析。在农村地区，生源圈与相对自然状态下家长的社会选择行为有关，是家长用脚投票的结果。这反映了一所学校的办学声誉与质量，对于乡村学校的布局具有重要的意义。

第四节 本书的分析视角

在本书中，笔者试图将教育研究与社会研究融为一体，从一个新的视角来审视县域学校的空间分布。

一、宏观视野与微观经验相结合

现实之中并不存在一种统一的学校分布模式，区域不同，学校的空间布局也不同。

在宏观研究方面，笔者立足于现实问题，发掘并充分利用宏观数据。目前，教育学界对各种统计年鉴的使用不充分，局限于局部和个案，缺乏对宏观数据的分析。

笔者自身具有县域调查的经验与切身体会。微观的个案研究特别结合了不同地形区的田野调查数据，分析了研究问题的适切性和地域特点。宏观的数据分析有其优势，但是它侧重于整体性，缺乏对局部数据的关注，因此需要通过关注局部来审视地域差别。为此，笔者利用田野调查的数据，结合宏观数据，使对问题的研究得以深入。研究不仅是对宏观历史数据的审视，笔者亦利用自身的社会关系，在安徽省利辛县挂职锻炼时进行了深入的田野调查，在四川省荣县、江西省弋阳县、福建省惠安县、海南省定安县、湖北省沙洋县、陕西省延安市安塞区、湖南省临湘市、河南省通许县等地，进行了快速"穿越与浏览"式的实地调查，对微观地域个案进行了比较研究和实地考察，对宏观历史数据进行了审慎核对。

二、时空视角：将问题置于时空框架之中

时空框架是社会理论的潜在边界，但在社会理论之中被隐藏得太久了，使得知识界似乎忘记了它的存在。所有的人类活动都同时发生在时间和空间之中，空间中两个事物的分离可以用它们之间的距离来描述，而时间中两个事物的分离可以用它们的时间间隔来描述，地理学的时空是一个便利的观察世界的方法（转引自戈列奇 等，2013）[229]。将历史的维度引入现实问题的研究之中，可以发现时间的延续性。在具有人类学、社会学取向的研究中引入时间的维度，将会使平面化的社区研究具有深邃的时间向度，社区不再是一个单一的空间单元，而成了一个具有记忆与传统的历时性社区，具有了文化意义上的继承性与延续性（司洪昌，2009）[37]。这一点首先在人类学研究中得以实现，并被具有人类学旨趣的其他学科的田野调查文本所吸收，从而使得社区研究具有了时间的历时性维度。时空的坐标在一个研究文本之中得到了完美的呈现和展示，这也从根本上改变了区域或者社区研究之中时间意识缺席的状况。

在教育学或者社会科学领域，空间观念的淡漠与社会空间或者文化空间理论的入侵并存。历史学（杨念群，2001）[131-201]、人类学①、批判理论（列斐伏尔，2021）[中译本序言]、文学等领域都在推进社会空间的概念研究及应用。吉尔兹曾认为，即便处于普遍主义最兴盛的时期，文化人类学依然保持了深切的地方意识，"从什么位置看"以及"用什么东西看"这两种因素决定了人类学者所看到的一切（吉尔兹，2004）[5]。教育人类学研究具有较浓厚的"地点"（李书磊，1999）[5-9]与地域的意识（李小敏，2003）[1-53]。有研究者认为，学校空间经历了从分散到同一，从在场到"脱域"的空间演变过程，成为现代社会空间的重要组成部分之一（石艳，2010）。有些研究者从社会空间概念出发，分析微观村落与宏观世界的互

---

① 人类学自诞生以来就带有异域文化、前现代文化等特质，其地点与地域的意识比较突出，虽然这样的地方意识不完全等同于空间意识，但它基于田野地点所获取的经验与信息，具有浓重的地域"空间"含义。

动,试图突破城乡二元框架（丁月牙,2016）[2-7]。这种做法将微观的小型社区研究置于宏观的国家背景之下,对小地方的社会空间进行了延展,拒绝将社区视为一个孤立的、与外界没有沟通的世外桃源。就像有的学者所认为的,社区具有纵深的历史与共时性的社会联系,在共时性的社会空间之内,其被国家权力所渗透,被大社会所投影（赵旭东,1997）。但社会空间是一个晚近的概念,它被视为从绝对空间概念离散出来的相对空间概念再分裂而成的一个子概念,"社会空间可被视为在绝对空间内存在的一个纯粹的相对空间；社会空间的相对性是由在一个既定社会里获得的特定社会关系决定的"（史密斯,2021）[136]。这种社会空间并不和一个独立的、外在的第一自然相关,而是同人造的第二自然相关（史密斯,2021）[135-136]。社会与文化空间的分析,更多着眼于地方与文化意识,并非严格的地理意义上的空间意识,其在人类学之中被表述为"社区""在地"等文化概念。在本书中,笔者主要关注自然及人文地理维度而非社会文化维度的空间分析。

三、理论图式：一种分析问题的视角

研究学校分布问题,需要借助具有空间视野的学科。上学是一种日常行为,放在县域空间之中检视需要理论图式与空间关系的分析,正如地理学家会借助地图这一独特的空间分析工具以探究事物之间空间关系的全貌,几何学研究者会利用"虚拟的、理论上的"图形（圆形、正方形、三角形等）来规划现实事物的轮廓和空间位置。

笔者尝试将动态研究与静态研究相结合,将县域放在一个静态的理论图式之中进行分析,类似于韦伯（M. Weber）的理想型（ideal type）概念或者杜能提出的"孤立国"与"农业环"的分析路径（杜能,1986）[19-221],即将实际的研究放在一个抽象而又具有现实逻辑的框架之内。这样的分析框架在某种意义上也类似于克里斯塔勒在分析经济的空间性时所用的"中心地理论"（克里斯塔勒,2010）[39-113]。为了便于分析,笔者尝试提出了一

个中国标准县①的理论图式，来对现实之中的生源流动现象进行空间性截图式分析。这样一个分析框架，将生源流动放在社会文化、交通、人口和区域空间等视域下进行分析，有助于发现新的知识视野与知识领域。

同样，在历史或理论研究之中，空间维度往往也被隐匿了。历史或理论研究在传统上都忽略了空间维度、忽视了区域的观念，将研究的空间假设为一个无边界的"地理中国""文化中国""社会中国"区域，甚至是全球性的空间，而这不可避免地会遭遇在地的、本土的文化适应性问题。笔者曾经试图将空间的概念引入历时性研究，在教育史研究之中将社区空间作为研究单元，反映一个地点、村庄的教育变化，描述小型社区、小地方学校的特殊性与差异性（司洪昌，2009）[9-20]。历史学者王笛在其对成都的系列研究著作中，都展现出了明确的空间意识和视野，他作为一个历史学家，在研究取向方面更像一个人类学者，对一个地区孜孜不倦地进行长期田野考察，描述了一个城市的微观社会生活（王笛，2010）[中文版序2]，其研究更具有人类学的民族志的内在精神与风格。这种空间的自觉意识，往往会让历史或理论研究呈现出一个新的理论图式与知识地图。在学校布局的研究之中，空间意识需要贯穿于各个层面，成为一个最基本的分析维度，以透视学校的空间状态。

在理论中引入空间的概念，可以发现被隐藏在社会理论背后的空间维度。空间维度的觉醒，可以揭示以往被理论忽略的"现实"，也可以拉开现实与理论背后的社会空间的帷幕。本书引入了地理学的空间概念，结合历史文献与空间的角度来审视学校分布。这是以往教育研究没有涉及的一个新的研究视角，笔者由此出发，发现了县域社会之中学校布局调整影响因素的多元性。许多因素在日常教育学视角下并没有引起任何关注。

---

① 中国标准县是笔者提出的一个理想型概念。假设一个处于中国中东部平原地带的基层县域，其面积一般会在600—700平方千米，人口在40万—45万人，这个县域可以被视为中国平原地区的一个最具代表性的"常模县"或"平均县"或"常数县"。这可以作为一种理论上的中国平原地区县域的代表，作为一种普遍的个案。

第一章
学校分布的空间原理

学校的空间扩张，在经过了一个世纪学校布点的大幅增加之后，稳定了十数年，最近二十余年急剧减缓。这其中几经历史的回环往复。但在这些不断的反复变化之中，基层中小学辐射的半径大幅增加，其生源地呈现出随着时间不断扩张的趋势，笔者称之为"生源圈"扩张（school sprawl）现象。这种扩张，是如同城市空间蔓延现象的空间扩张（杜安尼 等，2016）[16-19]。生源圈是笔者尝试提出的一个描述学校生源地范围与辐射地范围的概念，指的是学校辐射的空间范围。在学校质量相对均衡的状态下，在空间上，生源圈一般随着距离的近远而增减；在时间上，生源圈随着交通改善、上学所用时间变短而出现了扩张趋势。

生源圈的扩张现象与学校空间布点的缩减同时出现，呈现出了一种宏观与微观的空间分异现象，联合上演了对立与统一的学校空间演变的变奏曲。

第一节 生源圈大幅扩张

每一所学校都有一个生源地区域与辐射的空间范围，从幼儿园到大学莫不如是，可以称之为生源圈。这一圈层的范围受制于儿童的年龄特点，也受制于交通方式，其核心问题在于家校之间的时间距离。

在政策语言之中，一所学校的生源圈被称为施教区或者学区，或者由走读半径、辐射半径等术语来指代，大致都指生源地的分布范围。但政策术语之中的学区具有明确的空间边界及刚性的社会性边界，涉及户籍、房产、居住地等外在限制，同时也试图兼顾就近入学与学校质量的平衡，是近二十年来义务教育"就近入学"政策下人为划定的学校招生范围。在本书中，生源圈主要指的是一种自然情境下形成的生源地范围及其接近圆形的圈层，笔者暂不关注其他社会性的限制因素。生源地在城乡之间呈现出不同的形态，理论上的生源地接近于一个圆形的空间区域，因此可以称之为生源圈。

一、出生率下降造成的学校布局萎缩

随着计划生育政策的推行及城市化的加速，中国的人口出生率及生育率都在下降，其直接后果是新生儿数量大幅减少。这影响了小学及幼儿园的在校（在园）生规模。随着学龄儿童不断减少，在校生人数不断下降，学校规模也在不断萎缩，学校的规模效益出现了危机。最先受到威胁的是各地的农村中小学：大量的小规模学校出现了，村小教师超编与城区学校教师缺编的结构性矛盾在各地层出不穷，村小的空心化与城区学校的大校额成为两种极端的现实学校样态。这就造成了中小学布局的萎缩，引发了中国基层所谓的"撤点并校"现象。

"撤点并校"导致乡村学校大量消亡、被合并或者被废弃，其与晚清开始的"废庙兴学"相隔近一个世纪，有着各自的背景。前者表现为基层学校的撤并或荒废，许多学校成了养殖场、菜园；后者则是打破民间信仰，将书院寺庙等改为新式学堂。从清末开始，"废庙兴学"延续了几十年，而最早提出这一倡议的可能是康有为。康有为于1898年7月3日上书光绪皇帝，请求改各省书院淫祠为学堂："奏为请改直省书院为中学堂，乡邑淫祠为小学堂，令小民六岁皆入学，以广教育，以成人才……"（转引自朱有瓛，1986）[438] 他认为"查中国民俗，惑于鬼神，淫祠遍于天下，以臣广东论之，乡必有数庙，庙必有公产"，一旦改庙为学堂之后，就可"人人知学，学堂遍地"（转引自朱有瓛，1986）[440]。康有为的精英态度和当时民众的日常生活格格不入，对民众而言，破坏祠庙无疑是忤逆行为，严重冲击了他们的信仰和生活。所以，光绪皇帝于1898年7月10日发布上谕，虽然同意了康有为的建议，但也许是考虑到民间的激烈反对声音和可能引发的社会冲突乃至民变，又提出了变通措施。光绪皇帝要求地方官晓谕民间，只能将民间祠庙中的"不在祀典者"一律改为学堂（转引自朱有瓛，1986）[442]，其他祠庙则不准毁庙办学。晚清的"废庙兴学"致力于学校空间的扩张，如今的"撤点并校"旨在收缩学校的布点。时隔百年，两种时空下相反的发展方向，完全相异的学校空间布点行为，都是特定历史背景下的理性选择。古人云"世异则事变，时移则俗易"，学校空间调整便是一个例子。此一时彼一时出现的"世异则事变"的人类行为，在教育空间布局之中鲜明地体现出来，相距百年的历史行为相映成趣，令人掩卷遐思。

20世纪80年代以来学校布局的大规模缩减主要是出生率下降造成的，同时也与城镇化带来的人口外流相关。如图1-1所示，自1990年来，出生率数据总体呈下降趋势，从1990年的21.06‰一路走低，1995年之后更是波动下滑，下降到2001年的13.38‰，2002—2010年，出生率大致稳定在12‰—13‰的区间，全国新出生人口停留于1600万—1700万人。将近十年的稳定的出生率意味着每年减少了400万—500万名学龄儿童。经过这段时间的下降，小学阶段学生减少了2000万—3000万名。若按一所单轨制的小学每班45人计算，其规模约为270人/校。学龄儿童减少，大体相当于减少了7万—11万所小学，如下所示：

2000万人÷270人/校≈74074校

3000万人÷270人/校≈111111校

因此，从规模角度而言，学龄儿童的大幅减少为学校空间布局调整提供了正当的理由，可以说是政策的触发点，并且促成了一种争相模仿的政策取向。在人口减少的同时，伴随着中国城镇化的快速推进，农村学校生源流失加剧，这又为学校的撤并提供了现实依据。

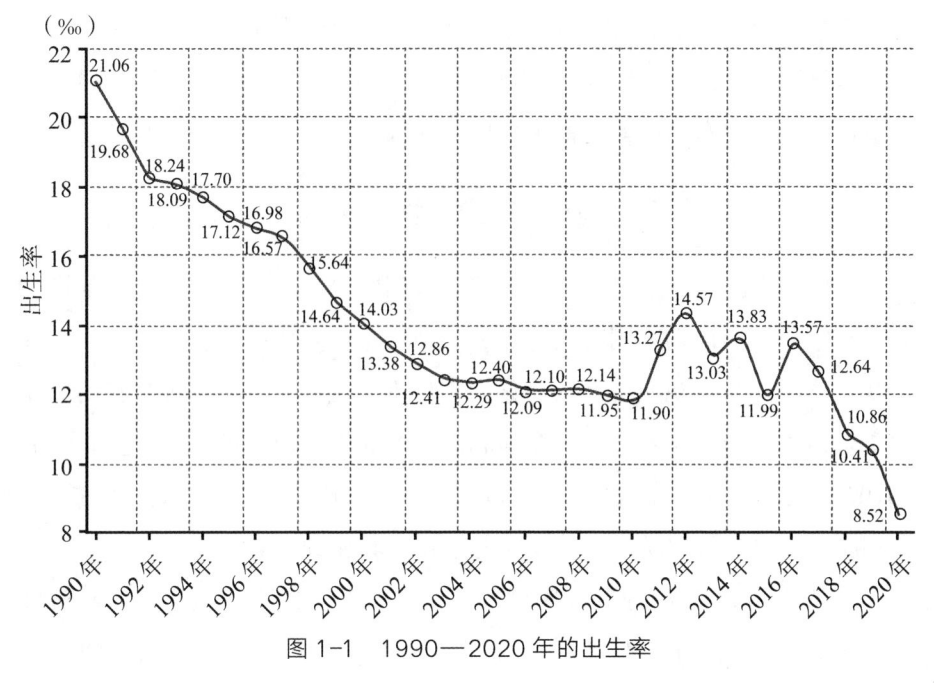

(‰)
图 1-1　1990—2020 年的出生率

数据来源:《中国统计年鉴 2021》。

虽然两孩政策实施后出现了小规模的出生人口的反弹,但根据第七次全国人口普查(简称"七普")之前的统计数据,出生人口从来没有超过 1800 万人,而且经过 2—3 年的时间,出生率又迅速回落到常规水平。2021 年"七普"之后,国家调整了人口的实际数据,"七普"数据显示,几次生育政策的调整显著影响了 2011—2014 年、2016—2017 年的出生人口数据,小幅提振了新生儿的数量,2012 年的新生儿数量甚至一度达到了 1973 万人,2014 年与 2018 年分别达到了 1897 万人与 1883 万人。[①] 生育政策的调整很快释放了长期的生育势能,但其后生育意愿迅速回落。从 2020—2022 年的数据看,新生儿出生率已经低于 10‰,新生儿数量在 2021 年降为 1200 万人。从远期来看,出生率很可能会大幅回落到常规水平之下,甚至远远低于生育政策调整之前十年的水平。新生儿数量大幅下

---

① 参见《中国统计年鉴 2021》。

降的趋势，使得未来的村小将依然面临规模不足的现实困境。

总体而言，2000年之后出生人口的变化趋势及城镇化的影响，是中国最近一轮学校布局调整的根源与现实动因。

二、时间距离缩短造成的生源圈扩张

与出生率的急剧下降相伴，学校的时间距离[①]不断缩减。克里斯塔勒在考察中心地的市场范围时认为，中心地的空间范围并不呈圆形，而是随客观经济距离与主观经济距离变化的，呈不规则的星形；这种星状的分布主要是由中心地性质及人口、交通和商品的属性等决定的。（克里斯塔勒，2010）[75] 现代的交通条件的发展造成了学校辐射半径（生源圈）的扩张，这加剧了乡村生源向城市流动及农村学校空心化的趋势。

一般而言，成人的步行速度为4—6千米/小时，儿童的步行速度为3—4千米/小时。不同年龄的人群形成了一个群体行动的空间范围与半径，即地理学上所谓的无摩擦距离的空间范围。这一空间范围受制于人群的生理特征，也受制于社会背景条件。这一地域范围就是所谓就近入学的空间范围。2011年版的中华人民共和国国家标准《中小学校设计规范》对城镇中小学提出的标准为："城镇完全小学的服务半径宜为500m，城镇初级中学的服务半径宜为1000m。"这一现行的国家标准规避了农村中小学空间距离的问题，也是对城乡家校距离巨大差异的妥协。

历史上，国家对城乡学校的走读距离是统一界定的，对中小学选址也有明确规定，学校辐射的空间范围远比现在的小。如1986年版的《中小学校建筑设计规范》对中小学的空间距离有明确的规范："中学服务半径不宜大于1000m；小学服务半径不宜大于500m。走读小学生不应跨过城镇干道、公路及铁路。有学生宿舍的学校，不受此限制。"这一规定提到

[①] 时间距离（time distance）是因时间成本而产生的经济距离，主要指花在路上的时间与费用，既有客观的距离，也有心理的距离。参见克里斯塔勒.德国南部中心地原理[M].常正文，王兴中，等译.北京：商务印书馆，2010：66-68.

的中小学辐射半径，适应当时城乡学校的现实，如小学的空间布局当时接近于一村一校，初中基本上在乡镇范围内布局1—3所不等。2000年之后，学校的空间布局大规模调整，中小学空间布点的数量大规模缩减。因此，新的国家标准大幅调整，从20世纪80年代统一的城乡学校服务半径到当前城乡分设的布局标准，反映出学校布局及就学方式的变迁。

在步行上学的时代，中小学生特别是低龄儿童的上学时间通常为20—30分钟，这样学校与居住地的距离应该为1—2千米。在2000年之前，一村一校的布局保证了基层县域的基本家校距离在1.5千米以内，而步行时代学生一日要往返2—3次（往返次数取决于学校的时间制度，20世纪90年代之前农村学校基本上是三晌制，后来改为同城市学校一样的上下午两晌制或者两段制度），一天最远走路距离为4—12千米。随着时间的推移，上学的交通方式、道路类型及上学距离有了变化，如表1-1所示。

表1-1 华北平原地区小学生上学情况的年代特征

时间	主要交通方式	主要道路类型	上学距离[①]
20世纪50—70年代	步行	土路	1.5千米以内
20世纪80—90年代	步行、自行车	土路	2.5千米以内
21世纪前10年	步行、自行车、电动自行车、摩托车	公路	5千米以内
21世纪10—20年代	步行、自行车、电动自行车、摩托车、汽车	公路	7.5千米以内

交通出行方式的变革带来了"时间与空间的湮灭"，这也是19世纪早期铁路旅行所造成的效应之一（希弗尔布施，2018）[56-57]。铁路在19世纪重塑了时空概念。"十九世纪初的世界，马车和水路旅行缓慢又奢侈，绝大部分人徒步最远也就到过他们村落之外或附近集镇。铁路要改变的，是一个低流动性的传统社会：人们依附于土地，日出而作，日入而息，婚配

---

① 表1-1中的上学距离只是一种大致估计，上学距离并不必然按照表格中的数字变化，学校布局还取决于人口分布等多种因素。

对象限于本村及附近,即使离丰收之地几百公里仍有可能遭受饥荒。"(钟准,2018)当年,英格兰的火车运行速度是每小时 20—30 英里,是以前公共马车速度的三倍,距离就好像缩短成了原来的三分之一。当时的人们用文学描述这样的"时空消失":迄今为止,空间和距离似乎都还在切割着全球不同的国家,不可改变,这空间与距离却在逐渐消失,几乎接近最后的灭绝(希弗尔布施,2018)[56-57]。

上学距离的消失也是逐步的,家庭与学校之间的时空距离在日渐缩小。自行车在农村社会逐渐普及大致是在 20 世纪 80 年代之后,当时,集体制农业生产方式走向销声匿迹,村民从集体社员变为包产到户的自耕农,大量的私有财产与家庭之间的经济分化出现,自行车、电视机、收音机等开始进入家庭。这意味着村落里的少年儿童可以借助自行车来缩减交通方面的时间成本,特别是小学高年级或者初中的孩子。但当时人们还处在自古以来一向如此的"土路时代"——在 20 世纪 90 年代末之前,中国南北大地上基本以泥土路为主,自行车通行速度受到路况和天气等因素的限制,一般成人在泥土路上骑行的速度为 8—12 千米/小时,取中间值为 10 千米/小时。但对于儿童而言,其骑行的速度远低于成人,且半小时基本上是时间距离的上限,这意味着最远家校距离在小学高年级与初中阶段也会小于 5 千米。即便如此,相对于步行而言,半小时骑行 5 千米意味着上学半径最远可以扩展至 5 千米。自行车带动了上学半径的扩展。

但考虑到上学是一种日常活动,教育是一种生活之"必需品",以及更多学生是步行上学的实际情况,上学半径,特别是 2000 年之前小学生的上学半径基本不会超过 2.5 千米。这一时期,上学的交通方式是混合型的:低年级学生主要是步行,一定距离范围内的高年级学生才会骑自行车上学。即便如此,在 20 世纪 90 年代,中学已经大规模出现了寄宿制,并被官方所倡导[①],这显示出上学距离已经开始超出了一日可达的时间距离。

---

① 2001 年,《国务院关于基础教育改革与发展的决定》提倡兴办寄宿制学校。2004 年教育部发布的《2003—2007 年教育振兴行动计划》强调"以实施'农村寄宿制学校建设工程'为突破口,加强西部农村初中、小学建设"。

2000年之后，乡村公路建设①开始全面提上日程。随着"村村通"工程实施，乡村公路逐渐普及，摩托车等交通工具也开始普及；2010年之后，汽车开始进入农村家庭，人们出行的半径大大扩展了。成人交通成本的下降带来了学生上学距离的缩短，这为学校辐射半径的扩展奠定了交通基础。电动自行车和汽车带来了上学半径的扩展，两者将上学半径分别扩展至5千米和7.5千米左右。

汽车的出现在东西方历史上都造成了人类聚落空间形态的极大改变。段义孚写道："在工业化时代之前的城市里，凡是街道，除去在居民区里的或是名胜古迹，全都挤满了人。从17世纪以后，路上的车辆越来越多。但是直到20世纪初，车辆才取代了步行成为最主要的通勤方式；街道上景象也有了很大改观，从乱糟糟的车来车往变成了有节律感的红绿灯控制。汽车改变了城市的面貌，也改变了人与城市之间的关系。"（段义孚，2018）[283]美国芝加哥学派的代表人物帕克（R. E. Park）也曾经观察了处于急剧城市化（都市化）进程之中的芝加哥市，他认为交通方式改变了城市运行的轨迹："近年来，城市交通与通讯方式的现代化——比如电气化铁路、汽车、电话与无线电——已经不动声色却又十分迅速地改变了现代城市的社会机制与工业机制。随着它们的出现，城市中的贸易开始集中到中心商业区，零售业的整体面貌发生了变化，郊外住宅区的面积开始急剧扩大，并出现了百货公司。工业机制与人口分布上的这些变化进一步促使城市人口在习惯、情感与个性上发生着相应的变化。"（帕克 等，2016）[31]交通方式的变化带来城市空间的大幅扩张，城市丧失了小地方的熟悉感，愈发转变为陌生人的聚落。当年帕克哀叹熟悉感的快速消退，他悲观地预言：那些源自小型社区的面对面的、亲密的具有地方感的初级关系，将会被一种毫无个人情感的、冷冰冰的次级关系所取代。

2010年前后，上学方式也转变了：由过去儿童独自步行上学或者骑车上

---

① 1998年1月1日开始实施的《中华人民共和国公路法》预示着乡村公路建设兴起。21世纪初，国家实施"村村通"工程，乡村公路开始建设，改善了道路通行条件。

学，转向在成人监护下上学（即便是乡村小学的学生也开始由监护人接送上下学）。这实际将儿童的出行变成了成人的出行，使儿童入学的临界距离大大增加了。这样，学校的辐射半径扩大了，理论上可以将儿童的上学距离转化为成人的时间距离——成人的活动半径外加借助交通工具，可以大大扩展儿童的活动空间。这是儿童借助外力来实现的自身能力的扩展，并非其自身的需要或者自然增长现象。如果一所学校过去的步行距离在1.5千米以内，那么，在目前乡村公路的条件下，改为骑自行车出行可将距离扩展至2.5千米，电动自行车接送可将距离扩展到5千米，汽车接送可将距离扩展到7.5千米。交通方式和上学方式的改变，都带来了学校生源圈的逐步扩张，如图1-2所示。

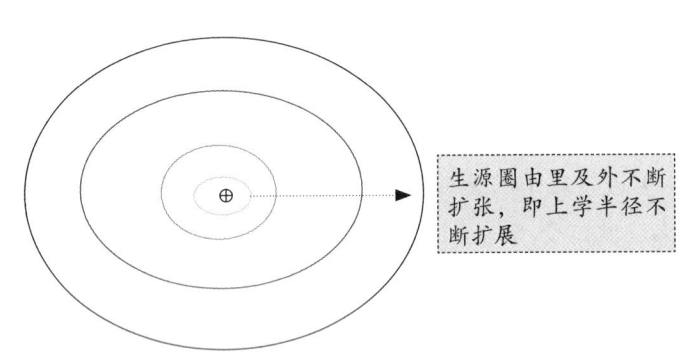

图1-2　随时间推移而不断扩张的生源圈

注：这里主要指非寄宿制学校的生源圈范围，寄宿制改变了出行的"一日可达"的现实制约，使背景发生了变化。

上述生源圈在现实之中就是一所学校能够辐射的最大的生源地范围，即一日往返的上学距离范围。它是基础教育阶段生源地的鲜明特点。

因此，汽车及其他交通方式的出现，不仅改变着学校的空间形态，同时也在极大地改变着传统的村落形态。早期的芝加哥学派的社会学家麦肯齐（R. D. McKenzie）曾经在20世纪20年代——那个美国城市化急剧推进的年代，预见到美国村落与小镇的命运将被交通方式的变革所改变。他写道："电车，以及稍后出现的小汽车仍在影响着人类社区的发展。他们的影响主要在于改变了一些小镇与村庄的命运，使其中的一些衰败，而另一些则得到突如其来的发展。这两种交通方式，特别是小汽车，已经成为美国当代史上影响人口再分配的最强有力因素，也是致使那些建立在马拉车类流动性（a horse-and-vehicle type of mobility）基础上的农村和小镇的社会机制不断解体的最主要原因。"（麦肯齐，2016）[83]

生源圈扩张的导因在于时间距离的缩减。因此，在生源圈的伸缩之中，时间因素逐渐渗透或者加入了空间的领地，从而从根本上改变了空间距离的概念与意义，出现了一种所谓的"时空收敛"现象。时空收敛这一概念源自地理学家贾内尔（D. Janelle），他于1969年提出了这一概念，本意是说明交通出行模式的改变使得世界与空间开始变小了。这一现象由来已久，它随着汽车、火车与飞机的普及而逐渐被人们所体验。随着交通方式的变革，人们在20世纪注意到跨越一定距离所需的时间在急剧减少，世界好像在一定程度上变小了。这种迅速缩小的世界，促发了人文主义地理学家对跨越城市的时间地图的绘制，从而创造了时空收敛（time-space convergence）的概念。贾内尔当时测量了从爱丁堡到伦敦的时间地图，精确计算出了1650—2000年大不列颠的两个城市之间的时空收敛情况（见图1-3）。

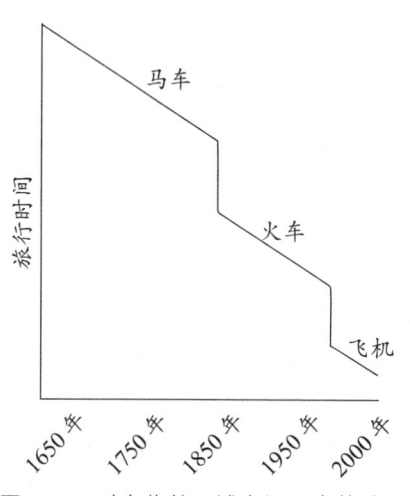

图1-3 时空收敛：城市间距离的缩短

资料来源：霍洛韦，赖斯，瓦伦丁. 当代地理学要义：概念、思维与方法[M]. 黄润华，孙颖，译. 北京：商务印书馆，2008：122-123.

生源圈的扩张与时空收敛类似，其基本原理在于地点之间的时间距离缩短了。在交通与路况变革的背景下，儿童上学的时间在逐渐缩短，突破了步行的空间限制，突破了人力徒步的无摩擦距离的范围，从而造成了家校时间距离的大幅缩短。

按照时空收敛的原理，家校时间距离具有类似的空间压缩效应，随着时间的推移，家校之间的时间距离一步步缩减，从而使得乘坐不同交通工具的儿童的上学半径不断延伸与扩展。在不同的时期，上学的时间地图如图 1-4 所示。

在不同的年代，学校的生源圈大小不一，学校的辐射范围不一，总体的趋势是在不断扩张的。从 20 世纪 90 年代开始，中小学渐渐突破了乡村的空间边界和范围，村小的服务范围开始扩大，转变为附近村庄联合举办、处于几个村庄中心地带的"中心小学（联村小学）"[①]，再后来，一个乡镇有三五所或只有一两所小学，而中心小学位于乡镇所在地，甚至变为实行寄宿制的乡镇中心小学。

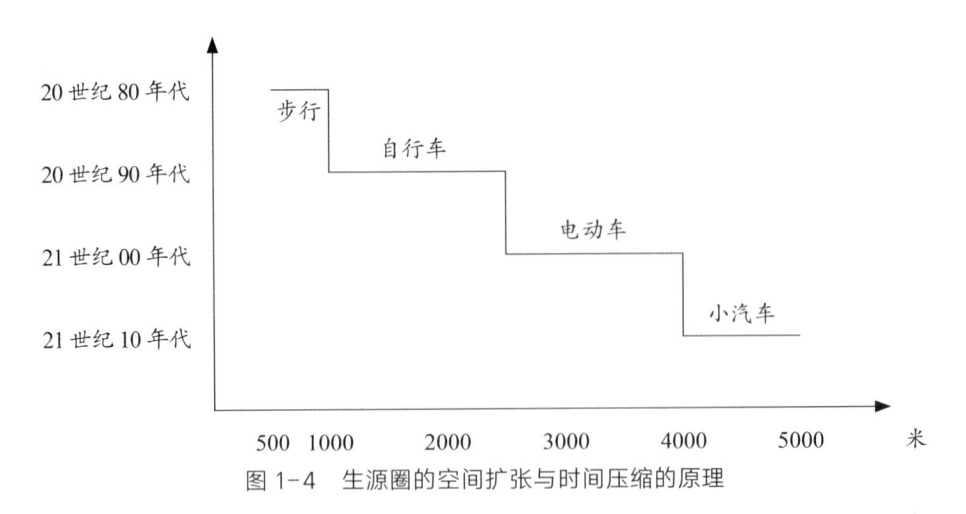

图 1-4　生源圈的空间扩张与时间压缩的原理

生源的圈层体现了学校的辐射半径。这些圈层随着年代的改变不断扩

[①] 村庄相持不下，都愿意保留自己的村小，南方宗族势力强大的村庄更是如此。这使得学校在撤并之时只好选新址重建，位于"前不着村、后不着店"的临近村落的空旷地带或者村庄接壤地带，使周边的村庄与学校的距离大致相当。

张,也是社会变化特别是交通条件改变后出现的一种新现象:在步行时代,生源圈最小;在汽车时代,生源圈最大;中间是一系列过渡的交通工具时代。

第二节 生源圈原理

一、生源圈受制于儿童的年龄特征

每一个时代的学校分布都受制于儿童的年龄特征。儿童具有特殊的生理柔弱性,这成为学校分布的天然限制,可谓是"学校空间分布的第一性原理"。随着儿童年龄的增长,其活动半径将会不断延伸,家校之间的距离将会不断增加;反之,年级或者学段越低,生源圈的范围也会相应越小(见图1-5)。

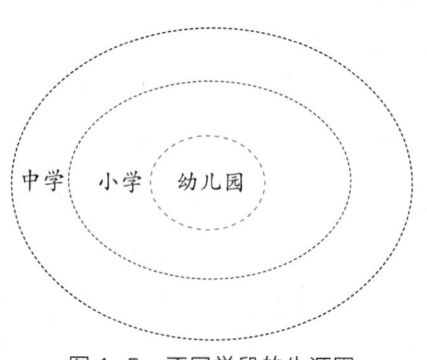

图1-5 不同学段的生源圈

在图1-5中,最里层是幼儿园。由于幼儿天然的生理限制,不适于长距离的交通出行,也不适于寄宿而与家庭隔离,因此其上学的时间距离是最短的。次外层是小学,最外层是中学。上学的时间距离在增加,生源圈也在扩张,造成了随着学段的上升生源圈不断扩张的现象。

二、出行方式改变了生源圈

除了受制于儿童的生理特征,生源圈也受到出行方式的影响。出行方式改变了上学的时间距离。

在大多数时代,步行是最基本的日常出行方式,即便在现代社会依然如此。前现代社会依靠马匹或人力车等改变了出行范围,直到工业革命之后才有了火车,更晚近的一二百年间才开始有自行车、汽车、摩托车等现代交通工具。这些现代交通工具丰富了人们日常出行的选择,扩展了其行动的半径。就一所当代的学校而言,其生源圈是混合的范式,学生上学的交通方式多种多样:步行、骑自行车、乘坐电动自行车、乘坐汽车等。其中离学校最近的就是步行上学的学生,最远的是乘坐汽车上学的学生。因此,从共时性的空间范围角度看,对每一所非寄宿制的县域之中的学校而言,其生源地存在两种距离:上限距离(最远的距离,理论上是7.5千米)和下限距离(最近的距离,理论上是1.5千米)。就学的半径犹如一个中心地必需商品的空间范围,如病人的就医范围。教育和医疗都是人类社会的最基本需求,因此诊所和学校都普遍存在于任何社会。克里斯塔勒在考察中心地商品的范围时,曾详细地考察了一家剧院的辐射范围,认为其下限距离就是确保这个剧院生存的最小的人口与地域范围,其上限就是理想上的最大盈利范围(克里斯塔勒,2010)[76-77]。因此,当代的一所县域学校的生源圈是涵盖了各种交通方式可达的距离的"混合区域"。从这个意义而言,上述生源地的历史演变图式,既是生源圈随着时间的流逝不断扩张的历史图景,也是一所学校生源地混合范式的写照。

如图1-6所示,某种意义上,步行的生源圈就是一所学校生存的下限范围,而乘坐汽车的生源圈就是上限范围。克里斯塔勒在考察中心地商品时说:"我们详细地探讨这种范围时,发现在空间上它并不呈线状,而是呈环绕中心地的环状。这种环有其外限(上限)和内限(下限)。"(克里斯塔勒,2010)[76]这种环状的分布,在某种意义上也是考察一个公共机构的效率、效益的重要标准,例如,我国中西部地区大部分县域的新华书店沦为教材教辅的集散地，剧院和电影院面临着衰败或消失的命运，因为公共资金并不能提供满足这些非基本需求的费用。教育是一种最基本的需求，学校远比书店和剧院更加难以被替代，但其生存受制于公共资金的供给，一旦被纳入"投入与产出"的管理标准，也会面临规模效益的问题，这就涉及生源圈的大小，因为一所学校辐射的半径决定了其在校生规模。

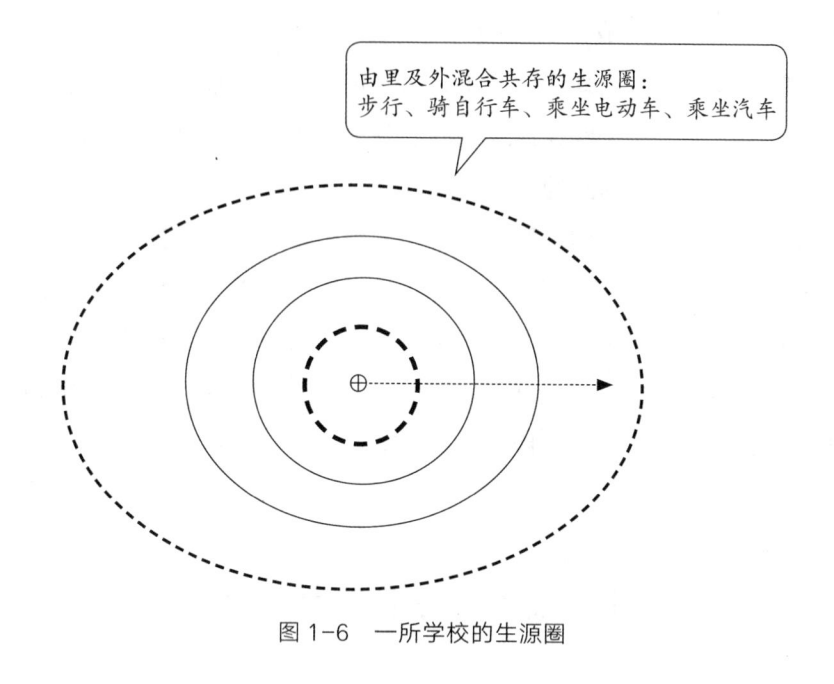

由里及外混合共存的生源圈：
步行、骑自行车、乘坐电动车、乘坐汽车

图 1-6　一所学校的生源圈

三、"一日可达"型生源圈

对学校而言，走读生生源的范围受制于"一日可达性"原理（甚或是"半日可达性"），受制于上学的时间占在校时间的比例。这也是经济距离原理决定的，关系到每一个儿童的时间效益。

儿童走读上学是一日往返或者半日往返的行为，上学的时间成本需要控制在合理的区间之内。在现代条件下，半小时左右（一日往返）或一刻钟左右（半日往返）的上学路途，一天一小时的上学时间成本，可能是儿童可以忍受的时间距离的上限。这是上学的效率问题，也与交通成本相关。而且，"上学"是一种日复一日的日常行为，它所能容忍的时间距离比赶集、购物等周期性行为更短，范围也更小。一小时的成本占据儿童在校时间（如六小时）的六分之一左右，它可以算是儿童上学的"通勤时间"；而这样的"通勤时间"最多占每天在校时间的六分之一至五分之一，应该是儿童走读上学时间距离的上限所在。

儿童上学的"通勤时间"占其在校时间的比例是影响学校空间分布的一个重要因素。这与成人的通勤时间具有某种相似性。在成人世界之中，通勤时间过长的问题出现在大都市，与房价、租金、收入等因素有关。而在儿童就学方面，学校路途遥远的问题基本发生在乡村及偏远地区，受到教育内在的经济逻辑的制约。

就教育学而言，人们更愿意从人文的视角来看待学校教育问题，常常忘却了其日常运作的深层逻辑，往往看见浮华的泡沫，而并不注重制度运行的内在逻辑，也很少从经济效率的角度来衡量教育行为和教育现象。但经济效益现象藏在教育"水域"的深层而发挥着巨大作用，是长期而稳定地隐藏在教育行为和教育机构中的底层逻辑。

第三节 寄宿制学校改变了生源圈

寄宿制学校对应另外一种衡量时间距离的方式，它可以重新定义生源圈概念并大大扩展家校距离。寄宿制改变了上学出行的频率和方式，将日常出行变为每周一次的出行，出行频率下降了，就学"一日可达"变成了"一周可达"，其所能容忍的时间距离大大增加了。实行寄宿制意味着每天出行改为一周（甚至两到四周）出行一次，上学的时间成本大大降低，学生由每天入学变为每周（甚至每两周）入学，时间距离或经济距离便呈5—10倍增长，如图1-7所示。

在我国西部地广人稀的牧区，寄宿制学校被大规模推广与普及，这造成了小型聚落的学校被大规模撤并。2014年农村小学在校生锐减，只占

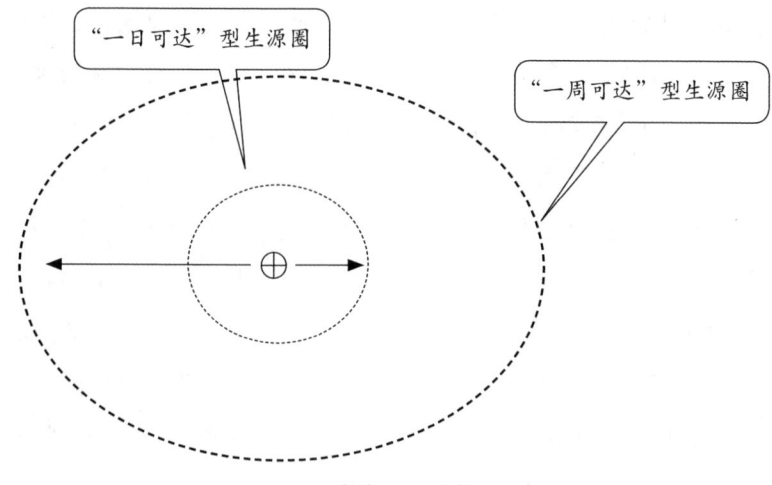

图 1-7 寄宿制学校的生源圈

整体在校生的 13.72%[①]。寄宿制小学曾经在 2000 年"普九"验收时被提倡与推广，它解决了上学距离过远造成的时间成本大幅上升的问题。在小学阶段，上学距离或者生源圈一般在 7.5 千米以内，但是一旦推行一周一往返的寄宿制模式，学生上学的最大时间距离（X）就变为：

X=7.5 千米 / 天 ×5 天 ×4 次[②] ÷2 次 / 周 =75 千米 / 周

如果是两周一往返，每次放假两天，上学的最大时间距离就变为：

X=7.5 千米 / 天 × 12 天 × 4 次 ÷ 2 次 / 两周 =180 千米 / 两周

依此类推，所谓三周或者四周一往返的模式，其上学半径可以扩大到更大，上学的最大时间距离分别可达三周 285 千米、四周 390 千米。因为往返家校的时间节奏被拉长为一周、两周、三周甚至四周，寄宿生花在路上的时间大大缩短，从而使得家校距离的上限扩展至数百千米。

这不仅解释了寄宿制学校的时间距离问题，也从侧面解释了部分高中生源跨地市流动的现象，如衡水第一中学在河北省所有地市"掐尖""挖学苗"，这既是一种时间距离缩短造成生源圈扩张的现实版本，也与该校处于平原地带、交通便利的空间特点紧密相关。

---

① 参见《中国教育统计年鉴 2014》。
② 每天接送 4 次。

衡水市位于河北省东南部人口稠密、交通便利的平原地带，周边主要是保定市、沧州市、邢台市、石家庄市、邯郸市与廊坊市。从衡水第一中学最基本的招生区域或者基本的生源圈可以看出，这些地方生源众多，但生源流失压力较大的是邢台市、沧州市、保定市、石家庄市等临近衡水市的地域，距离远近在其中依然发挥着基础性影响，距离较远且有北京市、天津市相隔的承德市、秦皇岛市等地所受波及较小。这印证了托布勒的地理学第一定律：地方之间相互作用的强度和频率随着它们之间的距离增大而减小（格蒂斯 等，2013）[17]。衡水第一中学的生源分布呈现出由近及远逐渐减少的趋势，其生源明显集中在河北省东南部的平原地带，随着距离的增加而逐渐减少，如来自张家口市、秦皇岛市、承德市等地的新生数远远低于临近衡水市的河北中南部平原地带的新生数，而来自省外的高一新生为零。详细数据如表1-2所示。

表1-2　衡水第一中学2019年生源分布情况

招生区域	新生数（人）
衡水市	900
石家庄市	262
保定市	230
沧州市	225
邢台市	182
邯郸市	195
唐山市	150
秦皇岛市	145
张家口市	135
承德市	86
省外	0

数据来源：《2019年衡水第一中学高一新生招生计划公示》。

在现实之中，学生会用脚投票，由于距离、交通、省级行政区划边界和所在地的高中质量等因素的综合影响，实际的生源圈会伸缩变形，并不会呈现标准的圆形。至于山东省、河南省、北京市、天津市等，虽然临近河北省，但因为高校分省定向的招生政策，并不会受到衡水第一中学招生区域的影响。

以上只是从时间距离来分析寄宿制带来的生源范围的大规模扩张，但考虑到心理距离或者主观距离、寄宿成本与探视便利性等因素，实际上的寄宿生源圈可能小于上述推定的范围。但不管如何，寄宿制确实成倍地扩展了学生上学的最远距离，使得学校的辐射范围变得更广，也使得更多的学校被撤并。一些县域兴起了"初中进县城运动"，乡村初中基本消失了。

第四节　生源圈的等时线现象：交通因素的影响

理论上的生源圈会呈现为圆形的区域，但实际上在交通条件的制约下，圆形区域内的人类聚落点与学校所在"圆心"位置的距离并不一样，儿童上学的时间距离实际上是由道路的状况决定的，特别是在机动车时代，道路的可达性决定了距离的远近。

这样，上学的时间距离并不是数学距离或者直线距离，而是一种与时间距离相关的、以道路为中心线的区域范围，从这些区域到学校的时间距离相似。这样，数学距离上的近似圆形的生源圈就被交通条件压缩了，成了一种变形的生源区域：沿道路形成了一个海星状的区域，生源圈就成了由等时线（isochrones）围起来的区域，如图1-8所示。这样一种曲折的范围恰如克里斯塔勒在论述中心地商品的范围时所发现的，这一空间范围并不呈圆形，而是随客观经济距离和主观经济距离而变化，即呈现出不规则的形状（克里斯塔勒，2010）[75]。

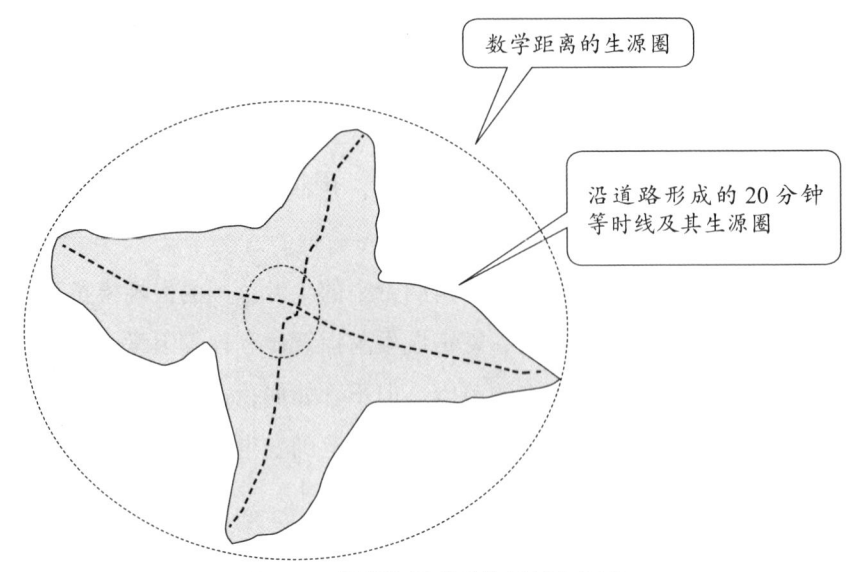

图1-8 沿道路形成的海星状生源圈

在这个海星状区域之内，实际上最小的步行上学的内圈是不会有太大变化的，处于相对稳定的状态。步行主要受地理距离的影响，对路面状况的要求相对较低，因此受道路的影响相对较小。

如果一所学校的所在地路网发达，学校辐射的半径就会更大。对于走读生而言，走路上学对学校生源圈的伸缩几乎没有影响，而其使用自行车、电动自行车、公交车、私家车等交通工具所能到达的区域，会因为道路条件的改善而扩展。对于寄宿生而言，道路的通达也缩减了时间距离，使学校辐射半径变得更大。

在实际生活之中，学校的辐射范围会因为村落或者居民点的变化而出现边界变化，与理论上的海星状会有所不同，但不影响理论上存在的状态。

第二章
学校所处的县域空间

学校的空间分布是在县域空间之下展开的，其每一点滴的变化都与县域密切相关，因而需要考察县域空间特征。

县制作为一种帝制中国统治与治理的制度性设置，具有将近 2000 年的时间纵深，其背后是一个长长的历史叙事。县制在"时过而境不迁"的时空格局之下，不断经历着细微的制度改良与历史变迁。当代县域作为一个行政区划的空间区域，在行政区划序列之中属于第三级行政区。它是一种特别的行政空间形态，是国家的缩微景观和具体而微的复制品，犹如上层国家机构的"小型套娃"。它在一个特定的区域完整复制了国家高层机构的组织形态，代理着国家的角色来治理区域内的土地与人民。

我们将县域空间放在历史中审视其发展的时间性，可以发现其特别之处；若把县域空间放在社会理论下，又可以发现其作为空间的特别之处。

第一节 县域是中国的基础空间单元

县域是中国的一个历史文化区域和社会空间单元，县制是帝制中国长期稳定的制度基础，也是中国行政区划最基本的制度设置。

一、县制的历史演变趋势

作为一个基层治理区域，县域历史悠久而相对稳定，"两千多年来，县制在中国行政区划体系中占据着非常特殊的地位。在数不清的朝代更迭与循环中，县的建制基本稳定，总数一直保持在一千多个，而不管在它上面的郡、州、府、路、道、省如何变动不定"（华伟，2001）。顾炎武在《郡县论》中提到"封建之失，其专在下；郡县之失，其专在上"，认为封建的风险在于地方不受高层的统一控制，郡县制下，中央过于集权而地方无自治之权限，因此需要将分权的理念融入郡县制之中，即所谓"寓封建之意于郡县之中，而天下治矣"（顾炎武，1983）[12]。近代梁启超、章太炎都持如是观点。梁启超认为以郡县制代替封建成为中国文明相对于欧洲文明的一大特色（华伟，2001）。

县制一直是中国社会治理的基础性制度，是中国社会稳定的基石所在，被认为是稳定的隐形制度。许多学者从本土视角出发，提出了郡县制国家来解释中国历史和社会，郡县制区划同中央集权、文官制度、乡土自治等共同彰显了中国历史的独特性（刘炳辉，2017）。

自秦汉以来的2000多年，县域作为中央的行政治理区域保持了相对的稳定。周振鹤在其所著的《体国经野之道》中再次提出了这一点，认为县域是中国稳定的行政治理区域——历史上一直保持了相对的稳定，在农业区域一般在百里见方；而县以上的行政区域是变动不居的，特别是所谓统县政区（如"千里之郡"）的幅员有逐渐缩小的倾向，统县政区的名称不断更替，从秦汉之郡到后来的州、府、道、路等不断变迁，从西汉到有清一代，统县政区管辖县的数量变化如表2-1所示。

表2-1 历代统县政区所辖县级政区数量变化

	西汉	东汉	三国	西晋	南北朝	隋	唐	宋	元	明	清
县数（个）	1587	1180	1190	1232	1124	1253	1573	1234	1324	1427	1549

续表

	西汉	东汉	三国	西晋	南北朝	隋	唐	宋	元	明	清
统县政区（个）	103	105	158	172	508	190	328	351	319	179	276
县与统县政区之比	15.4∶1	11.2∶1	7.5∶1	7.2∶1	2.2∶1	6.6∶1	4.8∶1	3.5∶1	4.2∶1	8∶1	5.6∶1

数据来源：周振鹤.体国经野之道[M].上海：上海人民出版社，2019：53.

上述"统县政区"是周振鹤独创的一个概念，他以此来研究与概括中国历史上行政区划的变迁。在秦汉时期，地方行政区被分为郡-县二级区划，作为统县政区的郡，其在行政区划之中相当于中央下辖的一个地方高层政区——省级单位（汉代设立了非常设的机构刺史部，但并非一个行政区划），但在秦汉之后的大部分朝代，郡的行政地位下降为相当于三级行政体制中的"地市"一级。从历史发展而言，一个"地市"级别的"统县政区"行政单位，下辖县级行政区域的数量一直在变动，最大值为汉代的15个左右，最小值为南北朝时的2个左右。

二、行省化、郡县化的推进

省级行政区划在元、明、清的数量分别为7—11个、15个、18个[其也被称为内地十八省[①]，后来增加到了27个省级单位（谭其骧，1991）[65-66]]，民国期间为33个[1926年为3个，后在1947年增加到48个（谭其骧，

---

① 内地十八省，又称为汉地十八省，指的是山海关内的明朝故土上的省区。清朝建立之初，袭用明制，只将原明朝十五个承宣布政使司中所辖省份稍加调整，如从湖广分出湖南、湖北两省，南直隶分为安徽、江苏，从陕西分出甘肃，从而扩大为十八省，其他区划与制度几乎不做变更，这些省份被称为汉地十八省。这十八个省延续了晚明原有的政治制度，不同于满人所辖的关外三个将军辖区以及新疆、蒙古、青海、西藏等民族地区。十八省与其他地区的界限主要是长城，关内的十八省自康熙年间至光绪年间两百多年大致不变，在制度上属于传统的郡县直辖区，是汉族主要的聚居区和以农耕为主的区域。

1991）[69-70]]。如果计算近六百年来明、清、民国及当代省级行政区域所辖统县政区和县的数量，可得出如表2-2所示的数量关系。

表2-2　明、清、民国及当代中国的省级行政区划数量关系

	明	清	民国（1926年）	2016年
县数（个）	1427	1549	1800	2851（含940区）
统县政区（个）	179	276	98（道）	334
县与统县政区之比	8∶1	5.6∶1	18.4∶1	8.5∶1

数据来源：明清数据见周振鹤.体国经野之道[M].上海：上海人民出版社，2019：53；1926年数据见谭其骧.简明中国历史地图集[M].北京：中国地图出版社，1991：中华民国时期图（一）说；2016年数据见《中国统计年鉴2016》。

从明、清、民国一直到当代，县制规模与数量更趋稳定，变动较小。原因之一在于行政区划保持了相对稳定，近三四百年疆域变化相对较小，省区建制基本稳定，特别是"内地十八省"从清代之后基本不变，整个地理疆域变化小，即便清末边疆出现了分裂与领土变化，但因边疆与内地省份采取了不同的统治方式——内地十八省是郡县制与流官制，由中央政府统一委派官吏治理地方；而边疆地区出于民族等原因采取不同的治理策略，即由汉唐的羁縻政策发展为元代的土司制度（其实质为"土官治土民"，由世袭的土司统治民族地区与边疆地方）——其内部与基层地方并没有与汉地一样完全郡县化，或者郡县化程度不高，如新疆直到光绪九年（1883年）、东北在光绪三十三年（1907年）才开始设省。1899年，根据《清会典》记载，东北三省只有16县，新疆只有11县（瞿同祖，2003）[9-10]，这反映出这些地区郡县化程度不高的历史现实。

中央为了加强对边陲地区的控制力，自明代起就一直推进边陲地域的"改土归流"，清代施行大规模加强郡县化的流官制度，这一历史进程到民国还未完成，直至1949年后才最终完成了边疆地区"郡县化"的历史进程。

从明代开始的行省化和地方的郡县化历史进程，使边疆逐渐被纳入中

央集权制的治理体系之中，省级行政区划逐渐变小，县级行政区域开始增多，这反映了中央控制加强和地方治理更加精细化的趋势，国家触角伸向了基层社会深处，乡镇、村庄等自然聚落都被卷入了基层治理现代化的进程之中，它们日渐被抹上一层行政化的色彩，逐渐被纳入基层行政治理的基本单元，成为行政治理的链条之一。

三、当代县制及其特点

在国家触角深入基层社会的现代化过程之中，基层的国家组织逐渐成长起来，直到当代最终完成了这一进程。

在现代化的进程之中，所有的地方聚落都被纳入国家，形成了统一的行政系统。当代中国最终形成了中央下辖34个高层省级政区、一个高层省级政区下辖10—11个地市单位、一个地市单位下辖8.5个县级政区的治理格局。而对于一个省级单位而言，几百年来其下辖的县的数量则不断变化，如表2-3所示。

表2-3　省级单位下辖县的数量

	明	清	民国（1926年）	2016年
县数（个）	1427	1549	1800	2851（940区）
省级单位（个）	15	27	33	34
一省之中县数（县/省）	95.1	57.3	54.5	83.9（县56.2，不计区）

数据来源：明清数据见周振鹤.体国经野之道[M].上海：上海人民出版社，2019：53；1926年数据见谭其骧.简明中国历史地图集[M].北京：中国地图出版社，1991：中华民国时期图（一）说；2016年数据见《中国统计年鉴2016》。

从以上数据可以发现，一个省区下辖县区的数量在50—100个。从明代算起六百多年，每一个省级行政区域管辖70个左右的县域。

当代中国实际形成了省-地-县-乡四级区划结构，全国分为34个省级行政区，每一个省下辖10.4个地市（不计算香港和澳门2个特别行政区），一个地市下辖8.5个县区，而一个县区一般下辖14个乡镇单位，形成了一个金字塔形的地方行政区划系统，如图2-1所示。

这样，县域在行政系统中就形成了一个相对完整的治理区域。在某种意义上，乡镇并不具有行政区划的意义，而是县级政府的派出机构。县制在当代形成了一种历史制度与传统治理的延伸区域。我们将县制放入历史的框架之中，才能深刻理解其背后绵长的制度史的意义，理解县域的历史继承和与时俱进的变迁。

中央——34个省级行政区
省级——10.4个地市
地市——8.5个县区
县区——14个乡镇

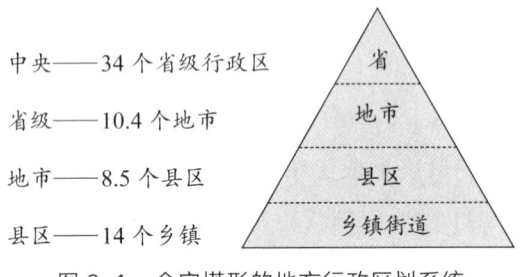

图 2-1 金字塔形的地方行政区划系统

第二节 县域之中的学校

基础教育不同于私人产品与私人服务，它是一种必需品，一种公共产品或公共服务的统一体，其受益方是全体社会成员。作为一种公共服务，它应该由公共财政提供，因而其供给并不受制于市场交换的原则。

一、学校分布不完全受制于市场原则

私人产品或非公共服务主要由市场来调节，这些产品的供应者会在需要的地方出现，在不需要的地方自然消失，并不需要政府来进行直接供应与干预，也不需要政府公共资金的扶持。这些非公共产品可以依据市场原则自发产生和自然消亡，完全受制于经济学的原理，市场的法则调节着它们的分布。

学校显然不同，它是一种基本公共产品，主要提供方是国家与地方政府，

教育布局和调整是政府规划的结果。这就需要在不同的地形区和人口区采取不同的原则。其中，县域空间的特点对学校分布影响甚巨：一是家校距离会产生变化，二是学校的规模效益与人口、辐射区域有明显的相关性。

二、县域空间结构：学校所处的空间单元

县域作为一个空间区域，在秦汉时就形成了一个基本原则："县大率方百里，其民稠则减，稀则旷。"也就是以百里见方的面积作为县的幅员的基数，再根据居民的数量进行调节。人口稠密的地方，县的面积划得小些；人口稀少的地方，县的面积划得大些。周振鹤认为，在秦汉，经济中心处于黄河中下游地区，其地理景观以一马平川的平原为主，因此理想的"百里之县"的幅员是合情合理的——如果县域是"四正四方"的区域，而县城位于县域空间的几何中心，从县城到周边最远的居民点的距离在50华里[①]，相当于现在的17.5千米，这是一个可以一天之内徒步往返县城与周边地区的距离，便于官员下乡劝民稼穑与乡民进城缴纳田赋（周振鹤，2019）[46-47]。但不知何故，周振鹤在理论上设想县域的空间范围时，想当然地将其想象为一个更具有人为和人工特点的"四正四方"的空间区域，而非圆形区域，圆形区域更符合自然与天道——其是一种符合人类行为天性的理想空间，也是一种理论上最经济和最符合数学原理的空间。

理论上，如果县域空间是圆形的，就全国而言，我们可以找到一个基本的"平均县"或者常模县作为县域空间的写照与投影，以此来观照中国的县域空间，可以发现许多有意思的地方。从全国来看，一个平均县的县域空间设置如图2-2所示。

县城作为区域经济中心、社会中心和行政中心，处在乡镇、村落的包围之中。从全国的角度而言，中国县域千差万别，无论面积还是人口都没有一个标准或常数。郡县制在早期有"百里之县"和"千里之郡"的说法——秦汉郡被作为一个省级行政区域，而县是二级行政区域，"县大率

---

① 汉代的华里，相当于现在华里的70%。

方百里，其民稠则减，稀则旷"，周振鹤认为百里幅员适合人们一天之内徒步往返于县城与辖区村镇，便于施政与官民交流（周振鹤，1998）[58-59]。这一理想的空间结构，在历史悠久的中原县域更加突出，县域的空间范围受制于交通、人口及历史文化等因素。

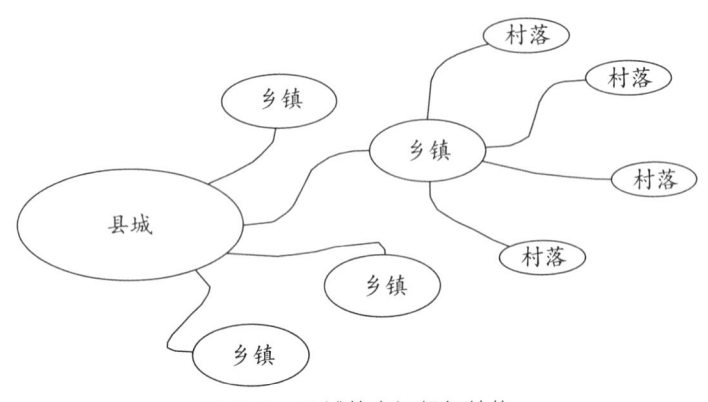

图 2-2　县域的空间组织结构

县域之间虽然面积和人口千差万别，但不妨碍我们从理论上找到一个集 2000 余个县的特征于一身的"理想型县域"，或者说中国标准县（司洪昌，2019）[19]。将其作为一个典型个案和研究单元，有助于发掘县区教育最本质的特点。

笔者对全国数据进行了分析并从宏观上进行了解析，找到了一个"全国平均县"（或标准县），其社会特征如下：人口接近 50 万人，幅员 3000 平方千米①，下辖 14 个乡镇街道，辖区内有 200 个行政村②。这是其基本的

---

① 这一平均数偏离众数，其数值大于中东部地区的大部分县，这是因为西部牧区县的面积动辄在 1 万—3 万平方千米，最大的县若羌县超过了 20 万平方千米，造成全国县域面积平均数偏离了中位数。在"胡焕庸线"西北半壁的标准县，一般面积在 1 万平方千米，人口 20 万人，乡镇 12 个。在"胡焕庸线"东南半壁的中东部地区，县面积大多在 1000—1500 平方千米，低于 1000 平方千米的则一般为平原地带县域，高于 1500 平方千米的平原县域并不多见，多为地处山区丘陵的县。中东部的县域若取河北、河南、安徽和山东四省统计，其平均县面积在 1140 平方千米，人口 57 万人，乡镇将近 14 个。参见司洪昌.中国县域学校分布研究：空间维度的审视[M]// 丁钢.中国教育：研究与评论：第 23 辑.北京：教育科学出版社，2019：35-51.

② 数据来源于国家统计局和教育部全国教育事业发展统计公报，根据 2019 年的数据整理而成。

行政区域特点，也反映了一个县域之中人类聚落分布的空间特点。

三、县域空间结构中的学校

我们可以将全国平均县作为一个教育空间结构的常模或者标杆，并以此来审视学校分布的空间特点。全国平均县的空间、人口等特点，会直接影响到学校的空间分布。根据笔者的测算，一个平均县大致呈现出如表2-4所示的教育结构。

表2-4 一个平均县的教育结构

	幼儿园	小学	初中	义务教育学校合计
学校数（所）	93.5	57+35（教学点）	18	110（含教学点）
在校（园）生数（万人）	1.6	3.6	1.6	5.2
教师数（人）	905	2100	1276	3376

数据来源：根据《中国教育统计年鉴2016》等整理而成。

在这样一个平均县，县教育局管理着14个乡镇街道的110所中小学（含教学点）及90余所幼儿园。县域幅员比较辽阔，县城与边缘的乡村的距离超过了30千米。由于路途遥远，学校布局于所有乡镇，教育局也不能直接控制从幼儿园到义务教育阶段的全部200余所学校，这超出了地方教育局的管理能力。理论上，县教育局需派驻机构，如中心校或者学区等基层教育管理机构，教育局需要任命14个中心校的校长及城区所有学校的校长，而乡村小学校长按照常规交给中心校任命。这就是一个县的教育局面对的教育行政局面。

一县之中有4000余名教师，将近7万名学生。基层教育局的日常行政事务主要包括各种琐碎的细节、各种应急的报表和检查、各种入校教研活动或督导、各种宣传及招生漏洞投诉处理……。所有基层事宜一旦超出学校的范围或者是学校、中心校解决不了的，都会上升到教育局层面，而乡镇地方政府基本上从教育领域撤出了。

全国近 3000 个区县直接面对着 20 余万所中小学和 20 多万所幼儿园，每个区县的人口与面积有不同的特点，在区域之中，面积、人口、乡镇与村庄及学校都具有相对稳定的结构。通过分析一个平均县，可以窥见县域社会的基本特点。

第三节　两种典型的县域空间类型

从全国平均县可以发现，中东部地区的人们会认为县域空间面积过于庞大，而西部的人们会倾向于认为县域空间狭小，并不能代表他们所在的区域。这种认识上的区别是我国空间区域的巨大差异导致的。

在中国的地理分界中，西部和东部的区别尤为突出。在中国人文地理学中，有一条知名的区域分界线——"胡焕庸线"。胡焕庸在其 1935 年发表的论文《中国人口之分布：附统计表与密度图》中写道："今试自黑龙江之瑷珲，向西南作一直线，至云南之腾冲为止，分全国为东南与西北两部，……其多寡之悬殊，有如此者。"（胡焕庸，1935）他当时发现，沿着黑龙江瑷珲到云南腾冲画一条线，线的东南半壁和西北半壁之间呈现出鲜明差异：东南半壁人口占全国的 96%，而面积只占 36%；西北半壁面积占 64%，而人口只占 4%。这一观点后来被学界广泛引用，这条线被尊称为"胡焕庸线"。

2015 年，有研究发现"胡焕庸线"两侧的人口分布并没有发生大的变化，保持了相对稳定的格局：虽然在城镇化背景下，两侧的人口集聚与分布出现了一些新的变化，东南半壁人口和空间的增长出现了极化与马太效应，西北半壁则人口自然增长率较高，但人口数量格局基本维持不变（戚伟 等，2015）。有人根据人口普查的数据，认为"胡焕庸线"揭示的人口东密西疏格局在较长时期内不会发生根本性变化，城市群主要位于"胡焕庸线"东南半壁的格局在较长时期内也不会发生变化，原因是气候等综合自然地理条件决定并影响着城镇的布局（陈明星 等，2016）。

在人文地理学界，"胡焕庸线"不仅是一条人口地理和历史地理的分界线，而且是一条自然地理的分界线。"胡焕庸线"基本上与中国的400毫米等降水量线重合，在历史变迁之中演变为一条农业与游牧生计模式的大致分界线，此线两侧的生产、生活方式迥然有异。在历史发展之中，农业民族与游牧民族在区域的边界不断上演战争与和平的生存之争，因此"胡焕庸线"也逐渐演变为一条历史地理的分界线。从这条线的周边，可以看到中国的历史疆域的变迁，发现文化影响的踪迹。

笔者发现，县域的人口与面积在"胡焕庸线"两侧的不同区域呈现出截然不同的特点，这实际上会直接影响县域学校的分布。有关人口分布的县域研究认为，在所谓的"胡焕庸线"两侧，县域的人口分布与区域面积呈现出巨大的差别，如表2-5所示。

表2-5 县域的人口分布与区域面积

序号	人口密度（人/平方千米）	全国数量（个）	东南部（个）	西北部（个）	县域平均面积（平方千米）
1	>3000	47	46	1	356
2	1001—3000	137	132	5	666
3	801—1000	100	98	2	941
4	601—800	203	200	3	1157
5	501—600	137	137	0	1315
6	401—500	181	178	3	1539
7	301—400	203	198	5	1792
8	201—300	263	248	15	2098
9	151—200	215	203	12	2363
10	101—150	277	244	33	2602
11	51—100	265	224	41	3329
12	26—50	108	60	48	5709

续表

序号	人口密度 （人/平方千米）	全国数量 （个）	东南部 （个）	西北部 （个）	县域平均面积 （平方千米）
13	11—25	72	16	56	9222
14	6—10	61	4	57	11459
15	2—5	89	0	89	17468
16	0—1	36	0	36	54947
合计	—	2394	1988	406	3920

数据来源：葛美玲，封志明. 中国人口分布的密度分级与重心曲线特征分析[J]. 地理学报, 2009（2）：202-210.

在空间上，县域治理单元具有特殊性，区域范围与人口规模之间维持了一种微妙的平衡：西部人口密度较小的县域面积辽阔，东南部县域则人口稠密而幅员狭小。

县域传统上一直是中国基层治理最重要的社会文化单元。县域作为一个行政区，是人口与面积的综合体，并受到地形、生产方式等的影响，在东西部呈现出截然不同的特点。

如表2-6、表2-7所示，从"胡焕庸线"两侧十个省份的数据可以发现，两侧县域出现了极大的反差，西北侧县域的平均面积是东南侧县域的十倍以上。东南侧县域的面积在1100平方千米左右，平均数为1123.3平方千米，且五个省份的县域平均面积相差极小。而西北侧五个省份的平均县域面积超过了1.2万平方千米，其中除甘肃省的县域面积略小之外，其余四个省份县域的平均面积在1万—1.7万平方千米。

表2-6 "胡焕庸线"东南侧五个省份县域的平均面积

省（自治区）	河北	河南	山东	浙江	江苏	均数
省域面积 （万平方千米）	18.88	16.70	15.58	10.55	10.72	14.49
县域数量（个）	167	157	136	90	95	129

续表

省（自治区）	河北	河南	山东	浙江	江苏	均数
县域平均面积（平方千米）	1130.5	1063.7	1145.6	1172.2	1128.4	1123.3

数据来源：县域数量数据见中华人民共和国民政部网站，省域面积数据见中华人民共和国中央人民政府网站。

表2-7 "胡焕庸线"西北侧五个省份县域的平均面积

省（自治区）	新疆	青海	西藏	内蒙古	甘肃	均数
省域面积（万平方千米）	166	72	123	118	43	104.4
县域数量（个）	106	44	74	113	86	84.6
县域平均面积（平方千米）	15660.4	16363.6	16621.6	10442.5	5000.0	12340.4

数据来源：中华人民共和国中央人民政府网站。

在东部、中部的平原与丘陵地带的人口稠密区域，县域的轮廓呈现出一种天然的接近圆或者椭圆的形状，面积较小而人口较多。此外，由于人口稠密、历史悠久，县域数量庞大但幅员较小，这些地区形成了一个个狭小而密集的行政治理单元。历史上，"胡焕庸线"西北半壁为牧区或农牧结合的县域，而东南半壁则是以农业为主的县域。在农业区，只要水源充足，土壤肥沃，就会出现人口的集中趋势，而县城将成为县域政治经济文化的中心，即县域的"中心地"。这样，经过千百年的历史变迁，县城基本上会位于地理上的中心，处于交通枢纽的位置，这样便于商业的发展，也便于县域的治理。县域的轮廓逐渐向中心地县城集中，县域的人口也会增加，同时县域的面积会缩小。在社会历史中，每个行政区划往往都会受到人口与面积的影响，这也是县域治理所需考虑的要素。

西部的县域轮廓呈现出规则的条状或者接近方形，更具有人为划界的特征，更加接近人工的几何图形轮廓。这些县域面积大而人口稀少，行政区划的历史较短，相对较新。这些地方的地形以高原、荒漠、草原、高山为主，生产方式与东部地区差异较大，很多地区以游牧为主。

  以上两类县域的空间轮廓极大影响了县域学校的空间分布，我们会将其作为县域学校分布的重要空间特点进行分析，从中探讨县域学校分布的一般性空间特点，探索学校与县域在空间上的适应问题。

第三章
西部县域的学校分布

法国地理学家白兰士（P. V. de la Blache）曾认为，每一种环境都有一些难以突破的固有限制（克拉瓦尔，2007）[136-137]，因此人们会在不同的地形区发展出不同的生计模式，如打猎、捕鱼、采集、农业、放牧等，进而形成复杂的区域生产方式。这些区域环境与人类的生计模式相结合，形成了现实之中不同的人口与人类聚落的空间分布景象。

中国西部的县域，由于地理环境与气候特点，生计模式以牧业或者农牧结合为主，即便有农业生计模式，也不是西部县域的主流模式。以牧业为主的区域，其人口密度与居民点的分布完全不同于农业县域、平原县域。

第一节　西部方形县域与县治的偏离

由于多高原、荒漠、戈壁、草原等，西部县域会呈现出人口稀少的特点。再加上民族的流动较频繁、行政区划的历史较短等因素，西部县域的幅员、轮廓都不同于东部县域，面积一般是东部县域的几倍到几十倍不等，轮廓更接近于方形。这一点，类似于美国、加拿大或者非洲的很多国家，出于历史文化和人口等方面的原因，这些国家的区划多由人为因素决定，其轮廓接近于方形。非洲在20世纪五六十年代去殖民化之后形成了诸多新的民族国家，国家边界的划分呈现出鲜明的人为性特点，这也与人口、地形等因素有关。

虽然国家的治理区域与国家内部的行政区划具有很大的差别，但在原理上相通。中国的县域治理区域具有自身的社会、文化和地理空间特点，西部县域的轮廓、面积、人口、历史都不同于东部县域。

在这些人口稀少的行政区划中，由于其建立历史短、无人地域较多，加上游牧人口流动性强，人口数量与区域面积往往呈负相关，人口多则区域小，这样可以节省治理的成本且便于治理。人口太少的区域，只有通过面积的扩张来实现区域人口规模的增加，才能提高治理的效率。这在人口稀少的新疆、内蒙古、青海等省份表现得很明显。从新疆及内蒙古的县域轮廓可以看出，其县域普遍幅员辽阔，面积很大，动辄数万平方千米；一些大县域的面积甚至相当于一个省级单位或二分之一、三分之一个省级单位的面积。在西部的牧区，人口密度小且居住分散，县域空间呈现出巨型化样态。这样的区域特点与人口分布、河流流向、地理环境等因素紧密相关。我们可以通过西部的几个个案来审视其区域的微观细节，审视学校的分布。

第二节 西部巨型县域空间内的学校分布

新疆于田县的面积为3.95万平方千米，人口只有28万人，共有15个乡镇和2个街道，每个乡镇的人口有1万余人。于田县有行政村205个，村民小组766个，是一个以农为主、农牧结合的巨型县域。[①] 农业乡镇人口比较密集，牧区都是地广人稀，居民点或者聚落沿着克里雅河两岸分布。县城位于河流的上游，人口逐水而居，聚落便围绕着水源分布。水源的规模与分布往往决定了人口的规模和生存空间。克里雅河发源于昆仑

---

① 参见于田县人民政府网站。

山脉北麓的克里雅山，一路向北纵贯县境，随着水量减少逐渐变成了季节河，最终消失在塔克拉玛干沙漠腹地，沿河则形成了一条宽约 10 千米、长 200 多千米的生态长廊。正因如此，于田县大部分的乡镇分布在河流上游的县城一带，县城成为人口密集地区。这显示了水源是人口的基础，人类的分布与聚落的形成与生态密切相关。各乡镇的面积和人口等情况如表 3-1 所示。

表 3-1 于田县的乡镇面积、人口与村委会情况

乡镇名称	面积（平方千米）	人口（万人）	村委会（个）
木尕拉镇	56	2.99	21
先拜巴扎镇	67	2.20	10
加依乡	41	2.02	13
科克亚乡	96	2.29	13
阿热勒乡	405	2.00	10
阿日希乡	363	0.86	9
兰干乡	—	2.56	13
斯也克乡	316	2.51	14
托格日尕孜乡	132	1.63	11
喀拉克尔乡	920	1.64	13
奥依托格拉克乡	3639	2.10	12
阿羌乡	10247	0.94	4
英巴格乡	4178	1.04	12
希吾勒乡	574	0.48	4
达里雅布依乡	14540	0.14	1

数据来源：根据于田县人民政府网站、中国行政区划网等网站数据整理。人口数据参见国家统计局农村社会经济调查司.中国县域统计年鉴 2017：乡镇卷 [M]. 北京：中国统计出版社，2018：680-681.

于田县县境狭长，南北长约 466 千米，东西宽 30—120 千米。这样一个幅员辽阔的县域，决定了乡镇人口聚落呈点状分布在乡镇及其周边区域，大量的荒漠、沙漠地带并无人口分布。学校的分布在这样一个辽阔的区域之中也需要与地理空间相适应，因此形成了以乡镇为单位的多点分布的态势。2010 年前后，于田县有学校 134 所，普通高中和职业高中各有 1 所，分布在县城；而义务教育阶段学校有初中 13 所、小学 81 所，九年一贯制学校 8 所，初中在校学生数 14329 人，小学在校学生数 20888 人；幼儿园 30 所，学前幼儿 6988 人。近年来，随着教育普及程度的提升，于田县的学生总量还处在增长阶段。根据于田县政府官方网站的信息，2018 年全县共有中学 18 所，教职工 1425 人，学生 9449 人；小学 104 所，教职工 1490 人，学生 31572 人。

于田县的人口集中在沿河分布的绿洲农业地带，山区和荒漠则成为人口稀少的牧区或者无人区。

新疆和田县与且末县也具有与于田县类似的特点。和田县区域面积达 4 万平方千米，而人口只有不足 30 万人，主要是沿着水源分布。且末县总面积逾 14 万平方千米，为面积仅次于若羌县的中国第二大县。其境内山地面积为 6.23 万平方千米，沙漠面积为 5.38 万平方千米，山前倾斜平原面积为 2.41 万平方千米，其东西最宽处为 320 千米，南北最长为 460 千米。

且末县境内河流众多，有车尔臣河、喀拉米然河、莫勒切河、米特河、江格萨依河、塔什萨依河等八条河流，人口与聚落都集中在河流沿岸。2010 年且末县的乡镇与人口情况如表 3-2 所示。

表 3-2　2010 年且末县的乡镇与人口情况

乡镇名称	人口（人）
且末镇	18068
塔提让乡	3589
琼库勒乡	5724

续表

乡镇名称	人口（人）
阔什萨特玛乡	2616
阿克提坎墩乡	2665
英吾斯塘乡	6370
巴格艾日克乡	4098
托格拉克勒克乡	8459
阿热勒镇	2265
奥依亚依拉克乡	1400
库拉木勒克乡	1819
阿羌乡	1301

数据来源：且末县人民政府网站。

在这些接近长方形或正方形的县域之中，学校的布局不同于中东部县域，这是由西部县域的地理环境、人口状况等因素决定的。

在幅员辽阔的县域，人口沿河呈带状分布，乡镇等大型的人类聚落也沿河分布，交通线是在这些人类聚落的周边形成的，人类聚落与交通线等呈一簇簇聚集的状态，类似于克里斯塔勒在其中心地理论之中提出的现象——由于河流的通航作用，廉价的水运会使中心地沿河而立，呈珍珠状排列（克里斯塔勒，2010）[80]。虽然西部的河流并不具有航运的便利，但河流是生命线，其流向决定着人口的流向和分布，二者关系密切。道路连接了人类的聚落，犹如串起珍珠的线，如图 3-1 所示。

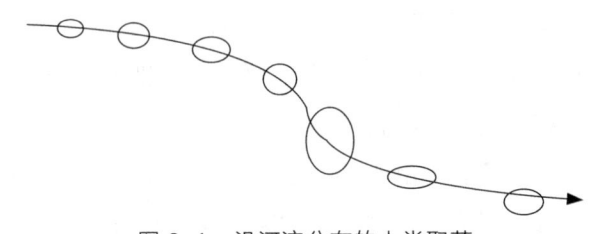

图 3-1　沿河流分布的人类聚落

如果我们以静态的方式对这些县域做一个空间轮廓的截图，并对其最突出的特征加以抽象化的概括和凝练，可以发现其一般呈现出条块状的轮廓形态，而县域的中心并不是县城，县城处在一种偏态的位置，位于水源丰沛之地。这种轮廓特点（见图 3-2）与平原地区呈现的大致为圆形的轮廓特点大相径庭。

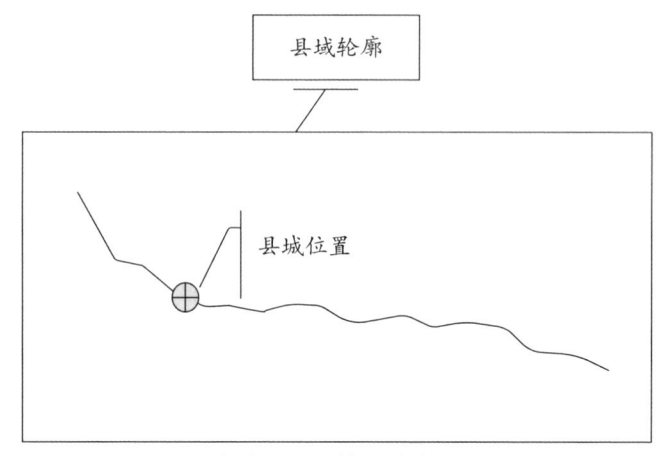

图 3-2　西部大型县域的县城位置与县域轮廓

在西部县域，县城一般位于水源地或者河流附近，是人口和商贸集聚的中心地带。由于区域过于庞大，这样的县城并不会出现人口过度聚集的情况，人口会适度分散并呈多点分布。这样的县城位置与平原地区的不同。在平原地区，经济中心和政治中心等会在地理空间上均匀分布，人口分布也比较均匀，城市会位于或接近地图的中心，其同时也是人口和经济集中的中心聚落，呈现出圆形的地域空间，下文将详细讨论。

在地广人稀的西部，县城处于偏态的位置，人口规模不大，和一般的城市还存在一定差距。由于是行政中心，县城会出现行政机构和适度的人口聚集，这样的县城在精神与气质上更接近东部的"镇"。县域人口密度小，交通条件相对较差，各村落距离县城动辄数百千米，再加上民族习俗、社会治安和文化观念等的影响，学生主要分布在乡镇、大村落中的学校。在这样的县域空间之中，中小学的分布受到其所在地理空间、周边人口数量和县城的位置等的影响，一般会呈现出如图 3-3 所示的空间格局。

[图示：一个西部县域的学校分布示意图，标注"小学、初中沿河分布在乡镇、村落等人口密集区"和"县城及高中、初中、小学的分布"]

图 3-3　一个西部县域的学校分布

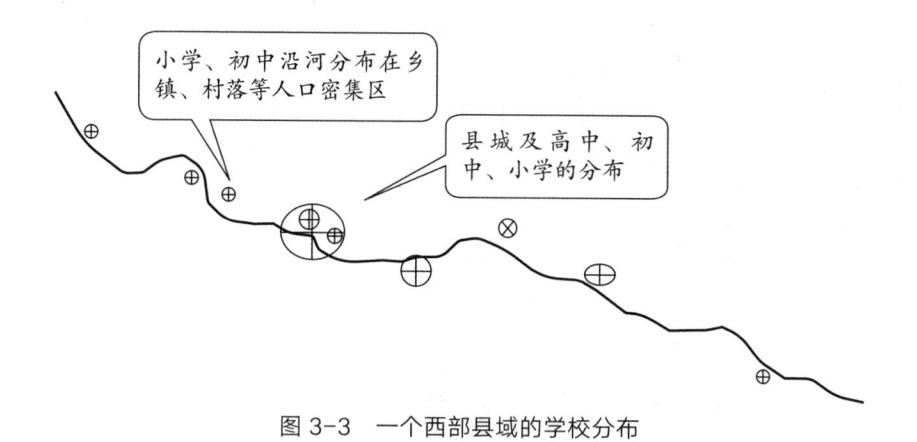

在图 3-3 中，由于区域面积过大，县域之内的其他乡镇距离县城有上百千米之遥，所以学校与人类聚落一样会沿河分布，呈珍珠状布局。在县城周边，人口和村庄密度较大，因此学校会沿着河流在距县城 30—50 千米的位置分布。学校在较大型的人类聚落、县城周边的密度较高，但随着与县城的距离变大，聚落变少变小，学校也会相应减少。在地广人稀的西部县域，这样一种学校布局是与地理环境、人文环境相关联的。

在一个面积广大的西部县域，从理论上说，其县城距离最远的居民点有 400—500 千米，距中等距离的边缘村庄有 150—200 千米（见图 3-4）。就这个空间的距离而言，即便在以汽车为交通工具的条件下，从最远的居民点到县城也需要 10 小时左右，而次远的居民点需要 4—5 小时。这样的交通距离，在步行时代或者自行车时代，注定是不可跨越的天然障碍。即便在汽车逐渐普及的当下，这样的距离也并非一日可达，学生只能选择寄宿。这决定了在西部巨型县域，县城的生源并不集中，学校是小型而多点分布的。

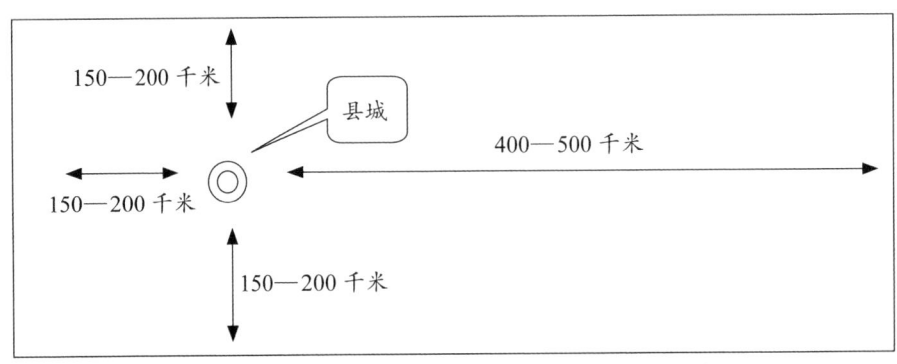

图 3-4　一个西部县城与县域内其他居民点的距离

第三节　一个西部标准县的学校分布

在西部的众多省份,如新疆、青海、西藏、甘肃、内蒙古等,具有前文所述特点的县域占了很大的比例。如果我们从这些省份的县域中"抽象"出一个标准县域,就可以以其为"典型理论样例",来理解与解释西部面积巨大而人口稀少的县域的学校空间分布特点。一个西部标准县的"理想型"轮廓与县城位置如图 3-5 所示。

图 3-5　一个西部标准县的"理想型"轮廓与县城位置

根据《中国县域统计年鉴 2017:县市卷》的统计数据,可将西部几个典型省份 2016 年的县域平均面积、所辖乡镇街道个数和人口统计如下。

（1）内蒙古（国家统计局农村社会经济调查司，2018a）[51-68]

县域面积：1168958 平方千米 ÷84 县 ≈13916.17 平方千米/县

县域所辖乡镇街道：896 个 ÷84 县 ≈10.67 个/县

县域人口：1904 万人 ÷84 县 ≈22.67 万人/县

（2）新疆（国家统计局农村社会经济调查司，2018a）[401-419]

县域面积：1665393 平方千米 ÷91 县 ≈18301.02 平方千米/县

县域所辖乡镇街道：993 个 ÷91 县 ≈10.91 个/县

县域人口：1963 万人 ÷91 县 ≈21.57 万人/县

（3）西藏（国家统计局农村社会经济调查司，2018a）[343-358]

县域面积：1154987 平方千米 ÷73 县 ≈15821.74 平方千米/县

县域所辖乡镇街道：698 个 ÷73 县 ≈9.56 个/县

县域人口：301 万人 ÷73 县 ≈4.12 万人/县

（4）青海（国家统计局农村社会经济调查司，2018a）[391-398]

县域面积：637255 平方千米 ÷39 县 ≈16339.87 平方千米/县

县域所辖乡镇街道：413 个 ÷39 县 ≈10.59 个/县

县域人口：481 万人 ÷39 县 ≈12.33 万人/县

（5）甘肃（国家统计局农村社会经济调查司，2018a）[375-391]

县域面积：436098 平方千米 ÷76 县 ≈5738.13 平方千米/县

县域所辖乡镇街道：1197 个 ÷76 县 =15.75 个/县

县域人口：2123 万人 ÷76 县 ≈27.93 万人/县

（6）宁夏（国家统计局农村社会经济调查司，2018a）[398-401]

县域面积：46206 平方千米 ÷13 县 ≈3554.31 平方千米/县

县域所辖乡镇街道：143 个 ÷13 县 =11.00 个/县

县域人口：371 万人 ÷13 县 ≈28.54 万人/县

以上省份可以分为两类：以牧业为主的西藏、新疆、内蒙古和青海，农牧业相结合的甘肃和宁夏。不同的生产方式和地理位置造成了两类省份县域面积、人口与所辖乡镇街道个数的变化。

（1）以牧业为主的四个省份

县域面积：4626593 平方千米 ÷287 县 ≈16120.53 平方千米/县

县域所辖乡镇街道：3000 个 ÷287 县 ≈10.45 个/县

县域人口：4649 万人 ÷287 县 ≈16.20 万人/县

（2）农牧业相结合的两个省份

县域面积：482304 平方千米 ÷89 县 ≈5419.15 平方千米/县

县域所辖乡镇街道：1340 个 ÷89 县 ≈15.06 个/县

县域人口：2494 万人 ÷89 县 ≈28.02 万人/县

从以上县域平均面积、所辖乡镇街道个数、人口的情况来看，两类省份有一定的差距：牧区县域平均面积约是农牧区县域的 3 倍，乡镇街道数量约为农牧区县域的三分之二，而人口不到农牧区县域的三分之二。

一、一个西部标准县的空间形态

前文所述的两类县域都属于面积大而人口相对稀少的县域，如果要找出一个有代表性的区域，只能对它们进行综合。笔者认为将两类区域进行综合平均，可以得出西部县域的一个相对常数或者标准模型，一个西部标准县的情况如下：

县域面积：（16120.53 平方千米/县 +5419.15 平方千米/县）÷2=10769.84 平方千米/县 ≈10000 平方千米/县

县域所辖乡镇街道：（10.45 个/县 +15.06 个/县）÷2=12.755 个/县 ≈12 个/县

县域人口：（16.20 万人/县 +28.02 万人/县）÷2=22.11 万人/县 ≈20 万人/县

如果进一步推测，则可以得出：县城的位置呈偏态分布，沿交通线与河流分布；县域轮廓呈正方形或者长方形。

通过西部几个省份两类县域的综合情况，可以得出一个西部标准县的平均数或者常模，这是理解西部县域学校布局的一种方式。笔者从理论上推知一个西部标准县的地理空间特点，如图 3-6 所示。

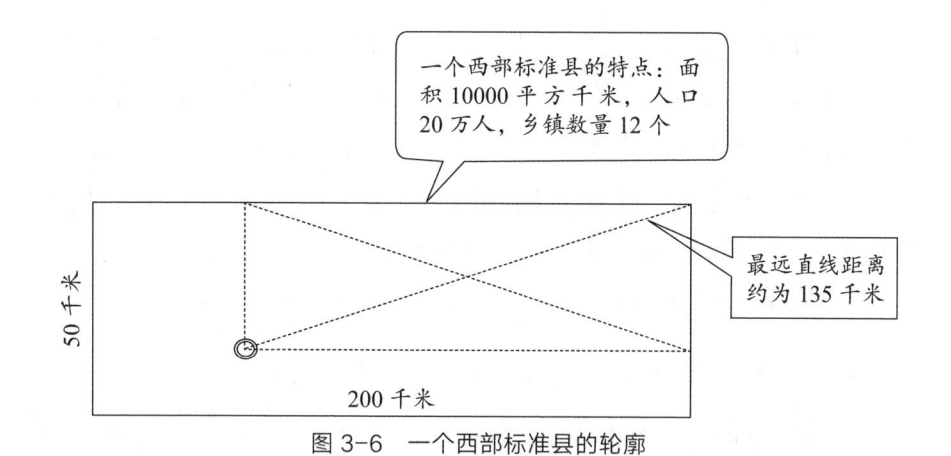

一个西部标准县的特点：面积10000平方千米，人口20万人，乡镇数量12个

最远直线距离约为135千米

50千米

200千米

图3-6 一个西部标准县的轮廓

在这样一个西部县域，学校的布局需要充分适应县域空间轮廓的特点，根据人口与县城、村镇的分布来进行，因此，会具有明显不同于中东部县域的特点。西部县域人口稀少、面积巨大，而县城又处在偏态的位置，周边的人类聚落距离县城非常遥远。一个西部标准县的县城如果处在矩形中线的三分之一处，那么县城与最远的村落的直线距离为135千米左右。

二、一个西部标准县的学校分布

理论上而言的135千米，是一种理性的直线距离或数学距离，实际的交通距离可能更远。这样，边缘村落和乡镇距离县城过远，给行政治理、医疗与教育等都带来了不便，诸如步行、骑电动自行车、搭乘公交车等方式已经很难适应这样长距离的交通场景。对于村民而言，他们的心理距离也更加遥远。在没有汽车的时代，这样的距离已经超过了村民日常生活的范围，超过了他们一日可达的最大限度。即便在可以乘坐汽车的时代，交通时间也需要3—4小时。因此，这样的交通距离会导致一日往返上学难以实现，甚至一周往返的时间距离都显得长了点。这给学校的布局特别是小学的布局带来了空间适应性的问题。

理论上，这样的标准县有12个乡镇街道，有一个街道或乡镇在县城。如果在县城聚集3万—5万人，那么这样一个平均20万人的县域，其余 11 个乡镇的所有人口之和就只有 15 万—17 万人，每一个乡镇的平均人口在 1.36 万—1.55 万人。在这样的小型乡镇，每年的新生儿为 300 人左右（按出生率为 20‰计算），而一个乡镇的面积在 830 平方千米左右，相当于东部一个县域，这就至少需要布局 5—10 所小学，至少需要 1 所乡镇初中，这样学生就不必去遥远的县城中学。实际情况又是如何呢？2014 年西部六省份的义务教育学校（含教学点）数量如表 3-3 所示。

表 3-3　西部六省份的义务教育学校（含教学点）数量

新疆	内蒙古	西藏	甘肃	青海	宁夏	合计
5554 所	3369 所	1313 所	14179 所	2052 所	2260 所	28727 所

数据来源：《中国教育统计年鉴 2014》。

2017 年，西部六省份乡镇数量为：3000 个（以牧业为主的四省份）+1340 个（农牧结合的两省份）=4340 个（乡镇街道）。这样，每个乡镇的学校数量约为：28727 所 ÷4340 乡镇 ≈6.62 所/乡镇。

从以上实际的统计数据来看[①]，西部省份一个乡镇的学校数量不足 7 所，即便按 6—7 所计算，一个乡镇的学校数量也是比较少的。

在一乡镇一初中的模式下，住在最远的村落的学生上中学的距离在 15—20 千米，他们需要寄宿（理论上会存在校车通勤的情况，但鉴于居民点分散且学生规模小，校车的成本高昂而规模效益低下，一般不会出现校车模式）。鉴于小学特别是 1—3 年级的学生不便寄宿，小学只能以小规模的形式存在。这样，一个乡镇需要有 1 所初中、5—10 所小学（实际上 6 所左右），如图 3-7 所示。

---

① 近年来学校数量和教学点基本上变化很小，乡镇数量几乎稳定不变，因此以上数据虽然年份不一但与实际情况基本符合，需要说明的是其中包含了中等城市的数据，估计学校数量有 10% 左右的膨胀，因此每个乡镇的学校数量应在 6 所左右。

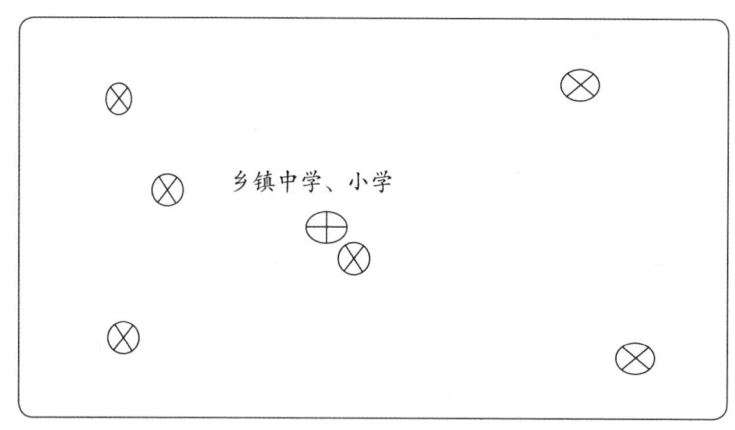

图 3-7　一个西部乡镇的中小学分布情况

对于以上乡镇而言,并不能设立 1 所普通高中,主要原因是人口规模严重不足。高中所需的学科教师较多,需要对应 5 万—10 万人的规模,只有这样,其规模效益才能得到发挥。因此,在西部县域,高中基本上已经撤退回县城,在一些人口规模达不到上述标准的小县域,高中甚至撤退到地市一级,归市域统筹。如青海海西蒙古族藏族自治州,全州 30 多万人,高中由市里统辖管理。内蒙古新巴尔虎右旗人口不足 4 万人,这样的旗县只设置了一所职业高中,不设置县域的普通高中,高中集中到地级市——呼伦贝尔市。

再回到一个西部标准县的学校布局。对于一个面积为 1 万平方千米的县域而言,其学校分布依赖于乡镇的学校布局,也与人口规模、乡镇数量、县域轮廓和县城位置紧密相关。

在图 3-8 中,县城的人口规模为 3 万—5 万人,需要布局从幼儿园到高中的所有学校。县城是区域的行政中心、交通中心与中心地市场,周边近距离的乡镇和市场补充区域的人口、资源会流向县城,这其中包括学校、生源和师资,理论上县城学校会形成对周边乡镇学校的压力。县城的学校规模、生源圈相对较大,形成了一定的规模效益,但即便如此,在县城也不会形成巨型的中小学。对于遥远的乡镇来说,县城学校失去了吸引力。

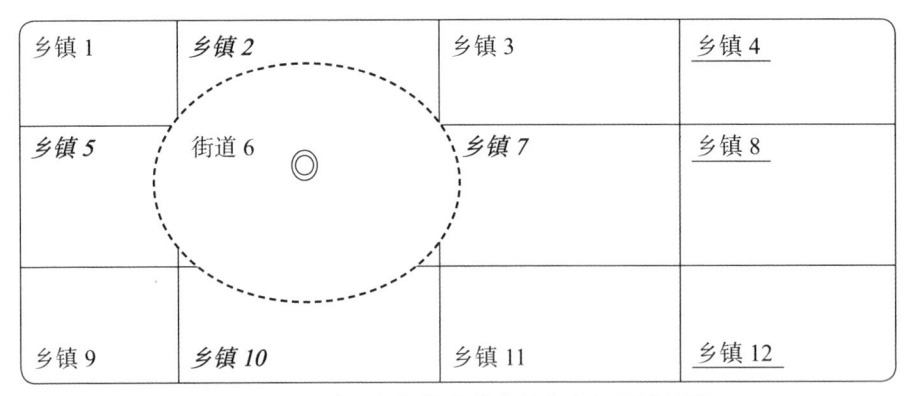

乡镇 1	乡镇 2	乡镇 3	乡镇 4
乡镇 5	街道 6	乡镇 7	乡镇 8
乡镇 9	乡镇 10	乡镇 11	乡镇 12

图 3-8　一个西部标准县的乡镇分布与县城位置

乡镇可以分为以下三类。理论上，所有的乡镇都应该布局初中 1 所、小学 5—10 所，但距离县城较近的第一类乡镇，如图 3-8 中的乡镇 2、5、7、10，它们包围着县城，理论上这些乡镇的小学特别是临近县城的小学，会面临竞争压力和生源流失，但相对而言比较轻微，而初中会面临被撤并的风险，生源可能会流失到县城周边的初中。这些乡镇只有主动将寄宿制学校设在临近县城的位置，才能有效缓解竞争的劣势和生源、教师流失的压力。

第二类是生源压力较小的乡镇。这一类乡镇的学校面临相对较小的竞争压力，生源流失较少，如图 3-8 中的乡镇 1、3、9、11。这些乡镇距离县城稍远，加上小学生不适于寄宿，因此小学不存在竞争压力；但在初中阶段学生可以寄宿，因此乡镇初中同样面临着生源流失的压力，不过压力要小于第一类乡镇的初中。这些乡镇初中继续存在，面临着一定的生源减少的压力。

第三类乡镇与县城距离遥远，一般在 100 千米左右，如图 3-8 中的乡镇 4、8、12。这些乡镇存在建制完整的中小学，几乎没有生源流失的压力。学校相对集中在乡镇与大村落，一般一个乡镇保留 5—10 所小学、1 所初中。

总之，在西部一些面积大的县，由于地广人稀，学校的规模效益不是主要的考虑因素。学校要接近居民点，接近学生的居住地，这样才能实现公共服务的目的。因此，在学校的布局之中，会出现小学布点较多，中学逐渐采取寄宿制和靠近大型聚落的倾向。客观上，这些县域已经形成了高中基本上分布在县城，乡镇仅有小学和初中的学校分布模式，甚至在一些地方，初中已经全部撤退到县城。如在青海省的门源回族自治县，高中归海北藏族自治州统一管辖，只有初中及以下的学校由县教育局管理，全县约有16万人，面积约为6800平方千米，而3所初中全部撤并到县城，12所小学之中有3所在县城，几乎全部为寄宿制学校。陕西省太白县的面积接近2800平方千米，只有5.9万人，全县只有14所学校，其中小学9所、初中3所、高中2所（普通高中和职业学校各1所），形成了一乡镇一学校的布局模式。

第四节　西部县域学校的空间特征

在我国西部，县域人口稀疏是常态，上文提到一个西部标准县的面积约为1万平方千米，人口约为20万人，人口密度为20人/平方千米。2018年全国平均人口密度为143人/平方千米，因此，西部标准县的人口密度只有全国的七分之一。而我国东部县域平均人口密度约为400人/平方千米，中部县域约为200人/平方千米，而西部标准县只有20人/平方千米，只有东部县域的二十分之一，中部县域的十分之一。在一些东部平原县域，理论上其县域面积若达到1万平方千米，其人口总量将超过400万人，中部的县域也会超过200万人，但在西部县域只有20万人。这种县域人口规模与幅员的差异，将深刻影响其学校的空间布局。

在西部县域之中，还存在一些更加极端的微型县域：其人口规模过小，连5万—10万人都不到，甚至存在一批人口在5万以下的极端小型县域。小体量的人口与大规模的县域空间形成了强烈的对比与反差，影响了学校的空间分布，主要表现在以下方面。

一、历史上的流动学校模式

历史上,在地广人稀的旗县举办的教育需要适应牧民的生产与生活方式,主动适应当地的文化与居住特点,因地制宜地兴办季节性的流动学校或者蒙古包学校。这种学校的特点是送教上门,将牧民的居住格局与学校的非建制特点相结合。但随着牧民的定居和学校制度化进程的推进,这样一种流动的蒙古包学校逐渐被放弃了。在内蒙古的一些旗县,人们依然对蒙古包学校印象深刻,当代的文献中依然提到了流动的蒙古包学校,可见其影响之深远。

> 我旗顺应经济城市化、人口城镇化的趋势,改变过去以蒙古包学校为代表的教育资源流动分散布局,将义务教育阶段学校全部布局在旗所在地,由政府全额承担食宿费用。[①]

由此可以看出,在人口分散的地域空间之中,只有因地制宜地进行在地性创造,才能生发一种适应时代特点的学校空间布局模式,任何外来的模式都需要适应本土居住空间的特点,适应牧民生活的方式。

二、县域非体系化的教育生态系统

人口规模太小的县域,教育人口不足且教育资源有限,规模效益成为制约其教育发展的一个难以逾越的社会问题。新疆、西藏、内蒙古等省份的许多旗县,人口只有5万—9万人,而县域面积巨大,一般超过3000—5000平方千米,甚至达1万平方千米。这样人口稀少而幅员辽阔的县域,难以形成一个布局合理的独立的教育生态系统,无法布局涵盖高中、初中、职业学校、小学、幼儿园等不同阶段与类型之学校的完整的教育生态体系。

为了促进教育的相对规模效益与教育质量的提升,一部分小规模县域

---

① 参见内蒙古新巴尔虎右旗《因地制宜,尊师重教,促进义务教育均衡发展》(2019年,内部资料)。

的教育权限被上移到市州，由地市教育局统辖高中阶段的教育。还有一些牧区县域，其人口只有 2 万—5 万人，这导致其很难独立兴办一所县域高中或职业学校。这样，独立的县域教育生态难以形成，只能在县城设置集中办学的寄宿制中学，小学集中在县城，而在乡镇主要借助教学点、复式教学等方式实现布点的广覆盖。在许多西部人口规模小的县，高中已被收归地市或州里，甚至初中也要集中到地市办学，只有小学和幼儿园还在县域举办，如青海海西蒙古族藏族自治州等。

三、一些具有代表性的县域

笔者在实际调研之中发现，一些牧区县的地方性特征显著，主要采用因地制宜的方式进行学校的空间布局，但依然存在大量学生上学距离过远的现象。在现实空间距离的制约下，这些县域主要依赖寄宿制学校来完成义务教育阶段的教育任务。

（一）巨型空间县域的中心集聚模式

巨型空间与极小规模的人口在学校空间布局之中形成了一种内在的矛盾，各地均采取了地方性政策试图解决这一问题。

内蒙古的新巴尔虎右旗人口只有 3 万余人，县域面积却超过了 2 万平方千米，是一个典型的地广人稀的县域。当地义务教育阶段的学校数量只有 4 所，全部集中到县城所在地办学。当地的一份文件显示："改变过去以蒙古包学校为代表的教育资源流动分散布局，将义务教育阶段学校全部布局在旗所在地，由政府全额承担食宿费用，解决了牧民子女在经济上的后顾之忧，真正实现了'两主一公'的办学模式；我们还规划为每所小学建设牧民之家，在牧闲时为小学三年级以下的住宿生家长提供免费住宿，通过营造家庭生活，补偿牧民子女在亲情交流上的缺失。"[1]

该旗行政区划包括 3 个镇和 4 个苏木（乡），共有 51 个嘎查（村庄），每个乡镇的基本情况如表 3-4 所示。

---

[1] 参见内蒙古新巴尔虎右旗《因地制宜，尊师重教，促进义务教育均衡发展》（2019 年，内部资料）。

表 3-4　新巴尔虎右旗各乡镇常住人口、嘎查数量及面积

	贝尔苏木	达赉苏木	宝格德乌拉苏木	克尔伦苏木	阿拉坦额莫勒镇	阿日哈沙特镇	呼伦镇
人口（人）	1328	1414	1462	4568	22177	1676	1128
嘎查数量（个）	3	6	6	15	11	5	5
面积（平方千米）	1848.33	3720.34	4734.39	5826.72	3199.43	2641.91	2868.36

数据来源：人口及面积数据参见国家统计局农村社会经济调查司.中国县域统计年鉴2017：乡镇卷[M].北京：中国统计出版社，2018：124；嘎查数量数据来源于2021年统计用区划代码和城乡划分代码、新巴尔虎右旗政府网站。

如表3-4所示，县城所在乡镇常住人口约为2.2万人，其他六个乡镇的人口加起来只有约1.16万人，但是这分散在2万多平方千米土地上的六个乡镇，没有任何一个乡镇保留住一所中小学，全县域所有的中小学全部都被撤并到了县城所在地。

新巴尔虎右旗的县域轮廓接近于长方形，县城的位置接近几何中心，但周边乡镇与县城的距离非常遥远，理论上最边缘的嘎查与县城的距离在200—250千米。这样的距离已经完全失去了一日可达性，超出了走读的范围，超越了儿童的日常"临界距离"。但在这样一个辽阔的区域内，学校却全部被撤并了。为因应这样巨大的变化，当地采取了在小学建设"牧民之家"的方式，在牧闲时为小学三年级以下的住宿生家长提供免费住宿，弥补超远距离就学带来的亲情缺失。这样的应对举措可以缓解寄宿制带来的低龄段学生与家庭隔离的问题，弥补面对面交流的缺失。但这种地方性的因应举措，总体上难以兼顾亲情的需求与就学质量。

这样一种城区集聚的模式在全国并不多见，属于小规模人口县域的特例。在这样一个地广人稀的县域，县城之下的行政区域已经没有了中小学，如图3-9所示。

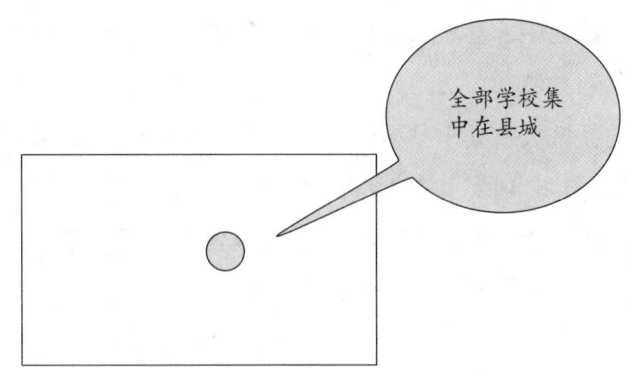

图 3-9 学校分布的城区集聚模式

当地一份的内部材料写道:"我旗正是紧密结合牧区地广人稀的实际,通过实施人口收缩战略,有效地解决了生源分散、教育资源布局小而散的问题,为义务教育均衡发展提供了必要条件。"[①]

(二)"一个中心与散点分布"的模式

多伦县是一个地广人稀的大县,也是一个农牧结合的过渡地带的县域,全县面积约为 3864 平方千米,辖区内有 3 个乡和 2 个镇,共计 66 个行政村与社区。县城驻地为多伦诺尔镇,人口较多,在 8 万人以上,其余各个乡镇的人口均不足 1 万人,如表 3-5 所示。

表 3-5 多伦县基本情况统计表

	多伦诺尔镇	大北沟镇	大河口乡	蔡木山乡	西干沟乡
人口（人）	80318	9763	7840	8799	6226
村庄/社区（个）	16村+5社区	14村+2社区	9	11	9
面积（平方千米）	539.88	440.56	1092.71	1241.43	549.10

数据来源:国家统计局农村社会经济调查司.中国县域统计年鉴2017:乡镇卷[M].北京:中国统计出版社,2018:131.

---

① 参见内蒙古新巴尔虎右旗《因地制宜,尊师重教,促进义务教育均衡发展》(2019年,内部资料)。

在上述乡镇之中，县城所在地聚集了全县一半以上的人口，全部的中学都已经迁移到县城。

多伦县的县城大致处于县域的几何中心，人口与学校比较集中。小学一共有12所，县城4所，多伦诺尔镇农村1所，其他县城以下的乡镇有7所。在这其他4个乡镇之中，有2个乡镇各有1所小学，1个乡镇有3所小学，另外1个乡镇有2所小学，形成了"一个中心，分散布局"的学校分布格局。

多伦县的每一个乡镇面积都较大，在400—1200平方千米，面积相当于平原上的一个小型县域，但多伦县除县城所在的镇之外，其余4个乡镇的人口加起来不足3.5万人，还没有一个平原县域稍微大一点的乡镇的人口多。在这样巨大的空间区域之中，只分布着1—3所学校。每个乡镇有9—16个不等的居民点分散在各处，但由于路途遥远，边缘村落与乡镇小学的距离在10—15千米（假设乡镇面积为600平方千米且只有1所小学，取一个中位数作为参照）。理论上，这些学校很难接近所有的居民点，因此其全部实行寄宿制。这样，才能在空间上满足一个乡镇所有居民点的教育需求。

地处高原的西藏那曲的班戈县也是一个地域辽阔而人口稀少的县域。笔者收集到的内部资料记载，"全县总面积为30138平方千米，平均海拔4750米以上。下辖4镇6乡86个行政村（居）"[①]。"七普"数据显示，班戈县常住人口为39309人[②]。

班戈县的人口规模与幅员形成了一对现实矛盾，这与多伦县并无二致，需要依赖寄宿制与集中办学来解决问题。该县域只有1所初中，高中集中在地市。当地的文献记载，"全县现有初级中学1所，初级小学7所，完全小学4所，幼儿园11所（含10个村级幼儿园）。2018—2019学年，全县现有初中在校生1859人（含随班就读16人、送教上门53人），初

---

① 参见班戈县教育局《创新牧区办学模式，办人民满意的牧区教育》（2019年5月，内部资料）。
② 参见《那曲市第七次全国人口普查主要数据公报》。

中毛入学率 109.63%；小学在校生 3753 人（含随班就读 63 人、送教上门 25 人），小学入学率 99.95%。全县中小学专任教师 414 人，其中中学专任教师 124 人，小学专任教师 290 人"[1]。

总体而言，西部面积大而人口稀少的县域，其县城出现巨型学校的可能性和生源集中的压力相对于东部平原县域较小。广大的县域面积以及交通条件的限制使生活成本和监护成本大幅增加，这限制了学生的跨县域流动，也限制了县域之内学生的流动，避免了乡镇学生向县城过度集中。

---

[1] 参见班戈县教育局《创新牧区办学模式，办人民满意的牧区教育》（2019 年 5 月，内部资料）。

第四章
一个中东部标准县的教育空间形态

经典的理论，如杜能环及孤立国、克里斯塔勒的中心地理论、施坚雅的基层市场理论等，具有一个基本的共同点、一个基本前提：他们假设了一个均质的、无边际的平原地带，且无河流与山脉阻隔（戈列奇 等，2013）[35]。在这样的假设基础上，他们提出了数个理论模型，但这些理论皆具有先天的限制条件。这些边界和背景为有节制地讨论问题提供了一个理想而简化的理论图式，便于进一步厘清问题的实质，发掘出不为人们所知的隐含的"知识背景"。

在教育布局与学校分布的研究中，也需要将学校分布置于这样的理想图式之中，重新审视学校分布的限制条件，在理论分析中发掘学校的空间性特征。

第一节 中东部平原县域的空间之维

时间的维度在大部分研究之中是不可或缺的，但如果抛却纷繁复杂的历史记忆，只从空间维度来审视县域空间，我们更容易看清县域空间的独特性，更容易理解作为一种历史制度的县制。县域是一个负载历史与文化的细腻的社会空间，并且有时移而变的时间性色彩。因此，单单时间就可以成为检视县域变迁的重要维度，其内在丰饶性、复杂性在叙事之中显露无遗。但在研究一个局部区域时，纵向维度意味着复杂与无序，易使人陷入历史记忆的碎片与细节中。因此，为了简洁地描述所研究的问题，笔者尝试将历史纵深放到一边，从时间暂时缺位与不在现场的视角出发，去繁就简地审视县域空间的内在独特性。

理论上，我们可以设想一个理想型中国标准县域，以此来思考中国县域之中的学校布局问题。地理学者一般从三个维度——分形维数、放射状指数和紧凑度——来审视县域空间的特点。有研究者发现，河南省县域空间分形维数不高，放射状指数较小且总体上紧凑度较高（李欣 等，2018），这些区域性的县域空间特征有利于提升行政效率和治理的便利性。通过历史的纵向分析，有研究者发现中国县级行政区域的半径出现了扩展态势，1954年以来扩展了10千米左右；多数县级政区偏心度较低，行政中心距几何中心较近，"胡焕庸线"两侧的县域空间呈现出不同的特点（赵彪，2018）。在中东部县域，为了简化空间分析的图式，笔者提出以下理想型的中东部平原县域的概念。

我们可以假想一个平原地带的"中国标准县"[①]，其基本条件如下：县域面积在600—700平方千米，人口在40万—45万人，乡镇数量在10—11个；县域大致呈现出一种圆形的轮廓，县城一般位于圆心的位置。

上述描述是2018年之前笔者提出的一个中东部标准县的基本模型。根据最新的统计数据，河北、山东、河南和安徽四个省份的基本情况如表

[①] 假设一个标准县或者理想县，是当前研究县域教育的一种方法或者思维模型。研究者可以借此来界定上学距离和理解学校布局调整的现实背景。现实之中本不存在标准县，但这样一种几何意义上的县域模型，可以排除现实复杂性和偶然性，有助于研究者在理性、理想的状态下分析与审视县域教育的特征。

如果对山东、河北、河南、安徽四省份的县区行政规划进行统计分析，可得出一个县的平均数据：面积为1147.3平方千米，人口为59.6万人，乡镇数量为14.2个。但考虑到一般平原县域的面积大大小于山区县域，加上地级城市的人口也被统计在内，这使得计算出来的一个县的面积和人口的数值都比实际的要高。因此，如果不计山区县域面积和地级城市人口，单单统计平原县域的面积和人口，可以认为一个平原标准县的面积在1000平方千米以下，人口在50万人以下，乡镇数量在14个以下。若按一定的比例缩减面积、人口和乡镇数量数据的"水分"，则可以大致确定一个标准县的面积为600—700平方千米，人口为40万—45万人，乡镇数量为10—11个。

4-1 所示。

表 4-1　中东部四个省份与一个县的平均数据

	县级区划（个）	面积（平方千米）	人口（万人）	县人口均数（万人）	乡级区划（个）
河北	167	187700	7464	44.7	2254
山东	136	153800	10165	74.7	1822
河南	158	167000	9941	62.9	2453
安徽	104	139700	6105	58.7	1501
总计	565	648200	33675	—	8030
一个县的平均数据	—	1147.3	—	59.6	14.2

数据来源：《中国统计年鉴2021》。

根据上述四个省份的相关资料可知，一个县域的平均面积为1147.3平方千米，但考虑到每个省份都有一定数量的山区县域，其空间面积大，因此可以取一个整数1000平方千米。考虑到单个县域的人口通常小于上述平均数据，因此取一个整数50万人。因为上述乡镇数量涵盖了街道数，四个省份的街道数量总计1927个，一个县的街道数量平均为3.4个，而四个省份之中，一个县的平均乡级区划数为14.2个，因此一个县的平均乡镇数为10.8个，取整数为10个。根据上述数据，笔者将原来的一个中东部标准县的数据调整为：面积为1000平方千米，人口为50万人，下辖乡镇10个，县域大致呈现出一种接近于圆形的轮廓，而县城位于区域的中心位置。

在实际中，一个县域的辖区呈千差万别的不规则形状，受多种因素影响。在历史、政治和市场三者的角力之中，在"山川形便"的地形之中，在"犬牙相入"的行政管理原则之中[1]，形成了当前的县域轮廓与

---

[1] 根据周振鹤的研究，古代行政区划主要以山川形便与犬牙相入为原则，山川形便指主要以天然山川作为行政区划的边界，行政区划与自然地理区划一致；而犬牙相入则是为了防止地方割据与加强中央对行政区的控制。参见周振鹤.中国历代行政区划的变迁[M].北京：中国国际广播出版社，2010：83-104.

边界（见图 4-1）。

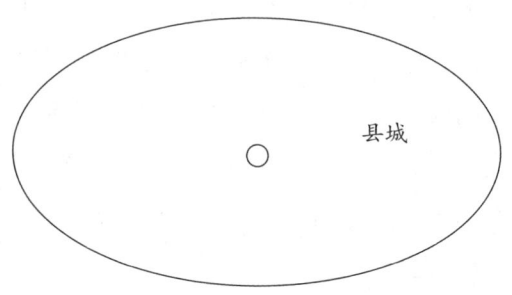

图 4-1　一个平原标准县的县域轮廓与县城分布

如图 4-1 所示，一个平原地带的中国标准县，在社会、政治、历史等诸多因素与市场力量的驱使下，基本上都会形成一种近似于圆形（或椭圆形）的地理空间（辖区），一般来说，县城会位于这个县域地理空间的中心地带（圆心地带）。

圆形轮廓的县域的形成是由于市场之中的经济距离法则在发挥着功效，杨庆堃认为，处于平原地区的城市区域将呈现出圆形，这是交通方式发展所致，他将之总结为"车轮规律"。在城市中心区域的边缘居住的人是最多的，他们最能利用中心。"如果是方形的，则角上的人距离中心就远。在峡谷之中则为长方形，两端距离中心更远，对服务来说不经济。按照自然地发展规律，如果环境许可，则服务的范围总要缩向圆形。在平原地区如洛杉矶、克利芬、芝加哥等都是这样。"（杨庆堃，1980）县城同样会遵循这样的距离原理。县城与周边村镇大致呈现一种等距性，等距的空间分布有助于降低行政治理成本和交通成本。

从河南、河北、山东三个省份的地图可以看出，县域大致呈现出一种近似标准县的地理形状，河北中南部、河南大部、山东大部的平原地带的县域表现得更加明显。

河北北部的县域是一种例外，其地形开始变为坝上高原及以山地为主，生计方式逐渐开始向牧区县域过渡了。例如，张北地区位于张家口及承德之北的县域，处于从农业生计模式向牧业生计模式过渡的地带，县域空间开始变大而人口开始变少。当地人所说的"坝上"地区，就是华北平原向燕山山区、内蒙古高原过渡的地形区。这些地形区由于地势不断攀升，年均气温开始大幅下降，农作物的生长期急剧缩短，生计模式由农业转向农业与牧业结合。这些地域是农业文明向游牧文明转向的空间。在这样的区域空间之中，居民点密度大幅减小，村庄之间距离远，村庄人口规模小而农田宽广，农民种地之余还需要兼业放牧等来维持生计。这些坝上地区的县域的面积完全不同于南部的平原县域，其范围急剧扩张而人口规模急剧萎缩，变得更接近西部牧区县域了。

圆形的区域在北方省份基本上是一个常规的县域空间，在安徽省也是如此。从历史角度而言，这大概是农业县域的一个主要特点，也是历史上所谓"中原王朝"的基层行政区域的空间特点。

行政区域空间从理论上与空间理性上来说会近似于圆形。从历史上看，中原王朝从关中逐渐向外扩展至华北黄河下游平原地带。在农业时代，王朝的中心一般会处于国土的中心或者交通便利的枢纽地带，处在陆路与水路交通枢纽，而基层的县治处在一个大致"方圆百里"的区域中心，"千里之郡"也会大致呈现出类似的偏向圆形的地理空间。"中国"这样的概念最初是指城邑及其周边地区，在西周时期指的是周天子所住的城邑丰镐所处的中心和中枢地位，其周边的诸侯国则拱卫京师，也就是说，诸侯国都在"中国"周边分布。"中国"在春秋时期的含义是京师所在的地理中心及其周边的王国区域，一个近似于圆形的分封区域，而现代的"中国"概念也是在晚清才逐渐形成的（谭其骧，1988），其含义不同于古代的"中国"。谭其骧认为，"春秋时候，黄河中下流的周王朝、晋、郑、齐、鲁、宋、卫等，这些国家他们自认为是中国，他们把秦、楚、吴、越看成夷狄，不是中国"（谭其骧，1988）。直到近代，魏源在写《圣武记》时，依然将内地十八省与边疆省份对立起来，只把十八省称为"中国"（谭其骧，1988）。而葛剑雄认为，广义的"中国"就等于中原王朝，凡是中原王朝的疆域范围都是"中国"，狭义的"中国"只能是经济文化相对发达的汉族聚居区或汉文化区；但历史上的中国区域，则指的是最后一个封建帝国清朝所达到的稳定的统治区域的空间范围。（葛剑雄，

1994)[11-15]

理论上的圆形区域概念在学界缺乏相关的描述与论证，笔者所能发现的只是只言片语。萨克（R. B. Sack）曾论述，从科学的角度看，圆是最简洁的二维图形，这解释了为什么许多社会中的系统，例如定居点（人们希望能够尽快地到达这些地方）的布局常常趋近于圆形。这种圆形可以成为美学沉思的对象，也可以成为完美的象征或者一种拥有神奇力量的形状。（萨克，2010）[7]

后来，萨克又提到，从科学的视角来看，圆形是用最小的周长包围最大面积的形状，因而它是最紧凑的。这种形状的特性，使得它成为一种有效的定居形式。一个圆形的定居区，既可以轻易地到达其中心，又可以拥有有效的防御边界。（萨克，2010）[20-21]

圆形在艺术领域、宗教领域也常常占据重要的地位：诗人认为"世界是没有人能找到中心的一个大圆周"（萨克，2010）[22]；艺术家认为圆形是"最纯洁的、最简单的，然而最具包容性的形状"（Argüelles et al., 1972）[23]；在宗教领域，无论是基督教还是佛教，都将圆形作为一种特殊的神圣空间形态（萨克，2010）[22-24]。

但在地理学和其他学科的研究之中，并没有发现相关的论证。克里斯塔勒的中心地理论论证的出发点是"相互挤压的正六边形"的理论图式，其最初是以圆形为起点来构思与建构的，他认为多个中心地圆形区域会相互挤压而形成一个正六边形的区域。

现实中县域的地理空间形状，不可能是理论模型上的圆形，但仔细分析实际的形状和历史的变迁，可以看出其形状会逐渐向圆形靠拢，县城作为行政治理、社会文化、集镇与市场的中心，其位置也会逐渐向县域的中心靠拢，这是一种历史的大势。1934年，杨庆堃提出了集市体系理论，对基层市场的分布进行了开创性的研究（杨庆堃，1934）。1977年，美国学者施坚雅在考察中国基层市场分布时也提出了一种市场理论模型（施坚雅，1998）[5-40]，认为一个基层市场一般在实践之中会大致呈正六边形，辐射周边18个村庄。这些理论都与县域地理空间及分布特点具有类似的效应。当然，更早的克里斯塔勒更是提出了影响深远的中心地理论，建立了一个正六边形的基层市场结构图式（克里斯塔勒，2010）[93]。中心地理论成为对空间经济学（也包括地理空间领域）影响巨大的理论。

山东的县域形状和县城的位置，鲜明地呈现出这样一种县域空间的分布特点：近似圆形的县域空间分布，县城大致位于县域的中心位置。这样一种县域空间特点将会深刻影响学校的空间布局。对于初中、高中而言更是如此：一旦位于县城，就可以大致辐射周边的许多乡镇，而且具有等距性。对于寄宿制中学而言，其分布会直接受到县域空间特性的影响。一般而言，中学会在县城和中心乡镇相对集中分布，但小学由于学龄人口的年龄特点和不可寄宿等因素，其分布一般不受这些外界因素的影响。

因此，在上述理论模型视角之下，社会历史条件的改变会让上学距离从一种地理空间距离（geographical distance）演变为一种社会距离（social distance）。在不同的社会历史条件之下，上学距离具有不同的社会含义，也需要相应的社会成本，上学半径不能一概而论，随着时间的推移会逐渐出现半径延长的现象。

第二节 中东部县域的学校分布

县域的空间轮廓及县城的位置，不仅影响着当地的公共行政与治理行为，而且影响着区域内居民的行为，如出行、日常购物、就学等。理论上，人类是具有空间理性的动物，会在日常的生活、通勤、购物等行为中进行选择与决策。县域的空间轮廓及县城位置，成为当地人民行为决策的重要限制性条件，成为其日常行为的外部环境。

县域的空间轮廓及县城位置，不仅影响成人的行为，对儿童行为的影响也非常明显，特别是儿童的上学行为。在中东部的平原县域，学校的空间分布与儿童的上学行为之间形成了一种特殊的关系。

一、中东部平原县域的人口密度与空间大小

中东部的平原县域，其空间轮廓接近于圆形，其县城易向区域空间的中心靠拢，这是一个理想的县域空间特点。但对于一个平原县域而言，其空间与幅员的大小并无统一的标准，各地平原县域的幅员差异极大，形成了大型县域、中型县域、小型县域等。

县域政区的大小范围不一，平原县域人口与县域面积共同影响学校的空间布局。在北方，如华北平原、江淮平原、关中平原等农业区，其人口密度相对固定，平原上的农业生计模式决定了人口的密度，因此人口在平原农业县相对保持了一种历史的稳定性。幅员较大的县域户籍人口众多。人口在 100 万人上下的平原县域，其面积一般在 1500—2000 平方千米；而位于山区丘陵地带的县域面积更大，一般超过 3000 平方千米。这样，边缘乡镇到县城的距离一般在 20—30 千米，空间距离成为限制低年龄生源流动的一个重要因素。

平原县域的人口密度决定了其空间延伸的范围，影响了学校聚集的程度。笔者在河北、山东、河南、安徽四个省份中各选取了 10 个地处华北平原的县域并进行了总体分析与研究，发现平原县域的空间特点及人口密度如下。

如表 4-2 所示，河北省 10 个具有一定代表性的平原县域，其人口密度在 700—1300 人/平方千米，平均人口密度为 902.7 人/平方千米。而山东省的平原县域主要处于黄河下游，其历史上水患等灾害频发，因此人口密度相对较低，如表 4-3 所示。

表 4-2　河北省具有代表性的平原县域的基本情况

	成安县	大名县	肥乡县	广平县	魏县	柏乡县	宁晋县	平乡县	望都县	徐水区	均数
面积（平方千米）	482	1053	503	314	864	268	1032	406	370	723	601.5

续表

	成安县	大名县	肥乡县	广平县	魏县	柏乡县	宁晋县	平乡县	望都县	徐水区	均数
户籍人口（万人）	46	93	41	31	105	21	81	36	27	62	54.3
人口密度（人/平方千米）	954	883	815	987	1215	784	785	887	730	858	902.7

数据来源：国家统计局农村社会经济调查司.中国县域统计年鉴2017：县市卷[M].北京：中国统计出版社，2018：4-31.

表4-3 山东省具有代表性的平原县域的基本情况

	庆云县	桓台市	阳谷县	冠县	临清市	单县	巨野县	莘县	成武县	邹平县	均数
面积（平方千米）	501	509	1008	1161	950	1670	1308	1388	998	1250	1074.3
户籍人口（万人）	34	50	82	87	82	127	109	108	73	74	82.6
人口密度（人/平方千米）	679	982	813	749	863	760	833	778	731	592	768.9

数据来源：国家统计局农村社会经济调查司.中国县域统计年鉴2017：县市卷[M].北京：中国统计出版社，2018：164-182.

山东省的10个平原县域平均人口密度为768.9人/平方千米，比河北省10个平原县域的平均人口密度低。河南省的10个平原县域地处黄河中下游一带，其基本情况如表4-4所示。

表 4-4　河南省具有代表性的平原县域的基本情况

	襄城县	杞县	通许县	兰考县	安阳县	郏县	淇县	获嘉县	范县	禹州市	均数
面积（平方千米）	920	1257	767	1116	1193	737	567	474	585	1461	907.7
户籍人口（万人）	91	123	69	85	101	64	30	45	60	133	80.1
人口密度（人/平方千米）	989	979	900	762	847	868	529	949	1026	910	882.5

数据来源：国家统计局农村社会经济调查司.中国县域统计年鉴2017：县市卷[M].北京：中国统计出版社，2018：182-203.

河南省 10 个平原县域的平均人口密度为 882.5 人/平方千米，高于山东省 10 个平原县域的平均人口密度。安徽省北部的县域地处华北平原南部边缘，其基本情况如表 4-5 所示。

表 4-5　安徽省具有代表性的平原县域的基本情况

	涡阳县	蒙城县	利辛县	颍上县	砀山县	萧县	太和县	临泉县	阜南县	凤台县	均数
面积（平方千米）	2110	2091	2005	1859	1197	1854	1867	1839	1801	894	1751.7
户籍人口（万人）	167	142	171	178	99	140	176	227	172	63	153.5
人口密度（人/平方千米）	791	679	853	958	827	755	943	1234	955	705	876.3

数据来源：国家统计局农村社会经济调查司.中国县域统计年鉴2017：县市卷[M].北京：中国统计出版社，2018：124-135.

皖北 10 个平原县域的平均人口密度为 876.3 人/平方千米，与河南省 10 个平原县域的平均人口密度接近，高于山东省 10 个平原县域的平均人口密度。总体上，以上四个省份的代表性县域所在的华北平原，其平均人口密度如表 4-6 所示。

表 4-6　华北部分平原县域的平均人口密度

	河北	山东	河南	安徽	平均
人口密度（人/平方千米）	902.7	768.9	882.5	876.3	857.6

从上述人口密度可以看出，平原县域的空间受制于其人口密度。理论上，若没有滩涂、沼泽、河湖、沙地等不适宜耕种的平原，人口会呈现出均匀分布的态势，一个县域的平均人口密度为857.6人/平方千米。

因此，在一个均质的、无阻隔的平原县域之中，如果其幅员接近1000平方千米，其人口总量则可能有80万—90万人之多，远高于前文所述的一个中东部的标准县（标准县的面积为1000平方千米，人口为50万人）。标准县域涵盖了几乎所有的中东部地形区，而平原县域只有一种地形，其人口密度远高于标准县。

理论上，平原县域的行政区域与人口规模形成了一种平衡关系。一个平原县域的面积若超出500平方千米，其人口规模往往会在40万—50万人，这也是华北平原县域的通例。一旦一个县域的面积达到1500—2000平方千米，则其人口规模将超过100万人，形成人口大县。

对于这样的人口密度，平原的乡镇与村落形成了自身的空间特点。在北方，若以70平方千米为一个标准的乡镇空间区域，在这样的区域之内，人口规模在6万人左右。

而对于一个平原村庄而言，1—3平方千米的地理空间范围在北方大多是村庄的典型空间区域（详细的考察分析见后文）。在这样的空间区域内，人口规模在1000—3000人。

上述理论上的人口密度与人类聚落的空间特点紧密关联，并决定着人口规模、聚落的空间范围，而聚落的空间特点影响着学校的空间分布。

二、中东部平原县域学校空间分布

笔者近几年在安徽省利辛县、山东省临朐县、湖北省沙洋县、河南省通许县等地调研发现，这些地区人口稠密，学校布局调整或者相对集中办学确实带来了一系列社会效益和教育品质的提升。但同时，在一些小型的村小和教学点，教师老龄化相对严重，教师人数偏少，学校管理制度和规范还没有建立起来，学校还在传统的轨道上运行，主要依据个人的、人治的方式与惯例来运作。由于缺乏正规、严格的制度和规章，学校处在松散的氛围中，教育质量很难得到保证与提升。

小规模学校，并不能一概而论是"小而美"的，现实的逻辑和理论的逻辑往往存在巨大的反差。在现实之中，小规模学校并不像人文主义者想象的那样，自然而然地具有一种充满人情味和温暖的教育氛围，学校并不因为小就成了一个因材施教与尊重个性的组织。现实之中，这些被迫"陷入"小型化的学校，往往如掉进了泥淖，被校园了无生气、管理松散无序以及教师倦怠、"磨洋工"等现象所笼罩，陷入一种难以逃脱的现实困局。乡村小型学校的这些现实困境，多是由于教师老龄化、公用经费减少、办学设施落后、师资水平差等现实条件的制约而产生的，而生源减少带来的经费流失，往往是学校衰退的诱因。近十几年，中小学大部分都处在生源流失的大趋势中，学校日益小型化，公用经费越来越少，很多小规模学校呈现出一种衰败态势，教师精气神不足一望便知。这是农村小规模学校面临的一个普遍问题。

合理的规模是学校活力的保障，也是办学质量的一种反映。只有保持一定的规模，学校才会生机勃勃，才会保持旺盛的人气，才会有充足的办学经费，这样的良性循环有利于学校办学走向正规化和规范化。

在县域农村教育中，学校在校生数也是判断农村学校教育质量和声望的一个简单易行的标准。根据笔者的经验，在平原地带的乡镇（人口在3万—5万人）初中，一旦学生人数只有200余人或者更少，就会显现出败落的态势。一旦一所初中陷入这样的趋势，除非有不同寻常的手段和校长，否则扭转这样的衰退状态几乎是不可能的。因此，一个乡镇和县域的学龄人口能否聚集、不流失，可谓判断一个乡镇和县域教育质量的简单易行的基本标准之一。

三、中东部平原小型县域：学校向县城集中的趋势

中东部大型县域的幅员比较辽阔，处在县境边缘的乡镇、村庄距离县城所处的中心地路途较远，县域学校也难以将生源圈扩展到县域全境，其辐射范围和能力受到限制，现阶段难以突破距离的阻隔。但在中东部平原地带的小县，人口少而区域面积小，学校的空间分布出现了另一种景象：生源大规模向县城集中，乡村生源大量流失。

这样的集中趋势在中学阶段具有一定的合理性，对于人口较少、面积较小的县域来说，这不失为一种学校布局调整的方向，但需要保持在一个合理的范围内，并适应当地村民特别是儿童的现实需求。

在中东部的平原地带，一个人口在 30 万—40 万人的普通县域，属于一般意义上的人口小县。这样一个小型县域，其初中生源和学校会出现向县城集中的趋势，县城对初中生源和教师会产生"虹吸效应"。这既是城镇化带来的效应，也是平原小型县域的一个地方性特征。

向城镇转移并在城镇中生活可能是人类天性中的一种内在需求。帕克曾说，城市生活带来了各种机会与冒险，对年轻人来说充满了刺激和吸引力，"大城市的引诱力可能正是这些刺激直接作用于个人神经的结果。个体向大城市的流动作为一种人类行为，可以解释为一种自然的趋向性（tropism），如同飞蛾总是趋向火焰一样"（帕克 等，2016）[52]。大城市本身就天然具有一种"吸纳效应"，它具有城市化的先发优势（initial advantage）（诺克斯 等，2009）[73-74]：它会将周边的人口吸收进来，从而成长为一种区域的市场、经济及交通的中心，而广大的乡村及交通线周边的地区则成为其腹地。

社会学家研究发现，城市的发展具有一种等级效应，学界称之为等级-规模法则（rank-size rule）（诺克斯 等，2009）[73]。城市的规模和它们在等级体系中的位置是直接相关的，在一个国家的城市体系之中，第 n 个

大城市的规模往往是最大城市规模的 n 分之一（格蒂斯 等，2017）[404-405]。但最大城市的人口规模往往不成比例地扭曲了等级-规模法则，一个国家的首位城市（primate city）总是大得异乎寻常，它是国家力量与情感的象征（格蒂斯 等，2017）[404-405]。县域城镇化的过程中也会出现类似的效应，县城往往一家独大，成为区域的中心地，成为市场、政治、经济及文化的中心，当然也是区域人口的中心。相比于周边小镇，县城有了首位城市的效应。

交通方式的变革也改变了人类聚集的形式，造成了城市的扩张与村庄的衰败。20 世纪初，帕克观察到交通方式对城市环境的改造："近年来，城市交通与通讯方式的现代化——比如电气化铁路、汽车、电话与无线电——已经不动声色却又十分迅速地改变了现代城市的社会机制与工业机制。随着它们的出现，城市中的贸易开始集中到中心商业区，零售业的整体面貌发生了变化，郊外住宅区的面积开始急剧扩大，并出现了百货公司。"（帕克 等，2016）[31] 芝加哥学派的另一位社会学家麦肯齐也曾论述，电车以及稍后出现的小汽车仍在影响人类社区的发展，它们改变了一些小镇与村庄的命运，使其中的一部分走向消亡，小汽车已成为当代影响美国人口再分配的最强有力的因素（麦肯齐，2016）[83]。

在这样一个标准县，即便中学集中在县城（一般位于县域的中心地带）里，最远的学生上学距离（半径）也在 14—15 千米（见图 4-2）。在

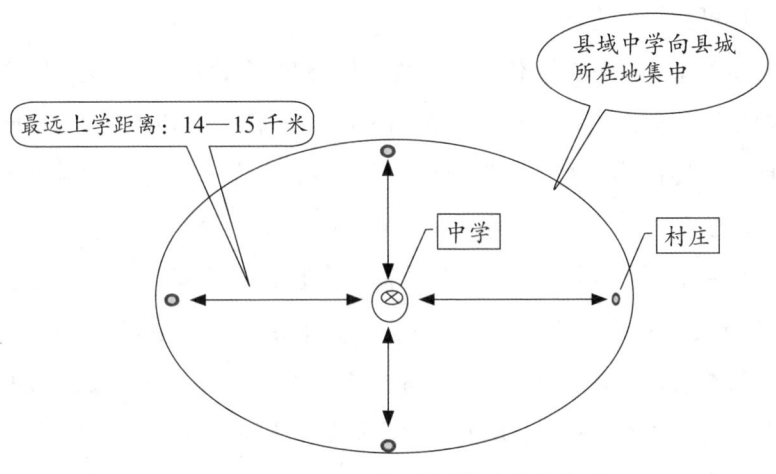

图 4-2 一个平原标准县的中学分布

当前的交通条件下，对于中学生而言，这样的距离是可以接受的，无论是时间成本还是空间距离。

上学的半径在平原县域随着时代发展而出现变化，总体上在不断扩展：在 20 世纪 50—60 年代，学生主要步行上学，上学距离不宜超过 1.5 千米；70—90 年代，自行车将上学半径扩展到 2.5 千米；2000 年以来，摩托车、电动自行车、小汽车使得上学半径大大延展，一般会扩展到 5 千米，甚至在校车或者小汽车普及之后可扩展到 7.5 千米。对初中生而言，适当的距离的延长并不会造成太大的困扰。因此，随着时代的变迁，上学距离的延长是具有现实的社会条件的，机动车尤其是小汽车的普及突破了传统的上学距离。

现实中这样的例子比比皆是。笔者调查发现，在浙江省嘉善县（506 平方千米，38 万人）、山东省庆云县（502 平方千米，31 万人）、河北省吴桥县（600 平方千米，29 万人）、河北省成安县（480 平方千米，43 万人）、河北省馆陶县（456 平方千米，36 万人）等位于平原地带的县域，初中和高中一般会出现向县城集中的趋势，距离县城 3—5 千米的乡镇初中面临生源萎缩和生源流失的巨大压力。县城周边乡镇的农村学校，一般会最早出现"空心化"的趋势：县城的人口聚集效应，产生了无形的吸引力，这造成了距离最近的农村学校将是最早被影响的学校，其生源更容易流失，也可能最早走向被取消的命运。

上述现象主要是在现代交通条件、城镇化、城乡教育差距等因素的共同影响下产生的。这样一种教育布局，也具有某种现实的合理性，同时具备了地理上的优势。浙江省嘉善县作为一个教育发达的县域，其城区、镇区的学校已经占据了绝对优势。在义务教育阶段的 42 所学校中，35 所位于镇区，只有 7 所在乡村。在 25 所小学中，18 所位于镇区（其中 12 所在县城），7 所在乡村。17 所初中则全部在镇区（其中 10 所在县城），3 所高中全部分布在县城。在义务教育阶段的近 4 万名学生中，在县城就学的达到了 2 万名以上，本地户籍居民的教育需求基本上可以满足。

山东省的平原县 2005 年开始采用的初中向县城集中的模式曾经引起

了巨大的争议和讨论,在学界被称为学校布局调整的"平原模式"。平原模式的特点是初中进城,小学和幼儿园则在全县域广布,乡镇学校的空间布局形成了"0+5+10"的模式(0所初中,5—6所小学,7—10所幼儿园)。

平原县是一个地处华北平原的中小型县,其县域面积为1047平方千米,人口为47万人,全县共有10个乡镇、2个街道(国家统计局农村社会经济调查司,2018a)[177]。全县共有小学78所,初中仅有5所,幼儿园布点非常密,达到了107所。①

2005年平原县实施的"初中进城"政策被认为是人为地扩大了上学距离,不利于区域教育的均衡发展。实际上从平原县学校布局的情况可以发现,其县城位于县域的中心位置,距周边最远的乡镇一般不超过15千米。就上学的距离而言,最边缘的村庄距离县城不超过18千米,骑自行车的时间距离在1小时之内,搭乘小汽车或公交车的时间距离在15—25分钟。在这样一个时间距离之下,中学生向县城集中具有一定的合理性,并没有超越生活的常识。在寄宿制的办学模式之下,初中生一周往返家校之间的时间距离与空间距离,都可以被村民和孩子所接受。但是从乡镇的角度出发,在2010年之前的交通条件下,对于平原县的10个乡镇而言(人口约10万人),平均每个乡镇的人口为3万—4万人,初中可以在乡镇的范围内进行空间布局,如大的乡镇可以布局1所初中,再布局3—5所小学,形成一种多中心的空间布局。对于当地的乡村儿童而言,学校更接近村落空间,上学的距离更近,这未尝不是一种更好的空间选择。2004年,全县农村初中一共19所,而2005年乡镇初中全部撤销,实现了全部进城,这样的调整可能超越了人们的日常认知与可接受的程度。

河北省吴桥县在学校布局调整之中提出的"初中向县城集中,小学向乡镇集中"的方向,也是基于城镇化背景下人口流向县城的一种现实选择。一个面积为500—700平方千米的小县,在河北属于一个常态的县

---

① 参见平原县人民政府网站。

域，学校向县城集中，具有很大的地理优势。

这样一种布局调整的思路，在现实之中顺应了人口流动的趋势，也是基于城乡学校质量差距的一种现实选择，但需要找到一个基本的平衡点，使乡村中学有生存和继续发展的合理空间，如实行示范性高中指标到校、城乡中考采用不同的分数线等。

四、中东部大型县域教育空间的特点

一个县域应有一个良好的教育生态，教育生态依赖于一个地方的教育结构、自然环境、人口、文化与社会氛围等诸多因素。在教育生态中，高中教育作为顶端和出口，具有稳定器的作用。这就需要根据不同的地域特点进行学校的布局。

在平原地带，大型县域也面临着一些特殊的问题。县域人口影响着县域的教育生态。一般而言，在中东部地区平原地带，县域人口达到20万人左右，教育体系才可能相对完整，教育生态才可能建立一个良性循环。适当的人口规模，是一个县域教育生态的基础。

人口大县的教育布局，理想的模式是"中学多中心分布"（见图4-3）。农村小学则依据人口、聚落分布进行布局，一般一所小学辐射5000—6000人。除了县城，还应有许多次级中心地带，承担城镇化带来的生源压力，

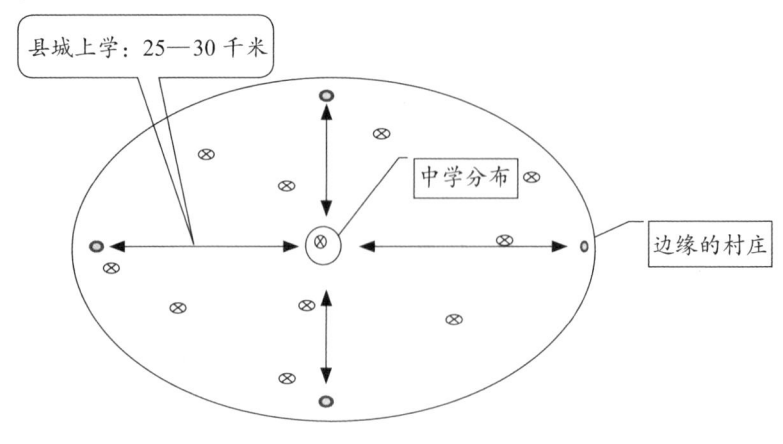

图 4-3 一个人口大县的中学分布

这样县城学校才不至于出现大班额、巨型化等问题。

人口大县的教育生态不同于人口小县，其小学、初中甚至高中在布局时都要充分考虑乡镇、村落与人口的地理分布和均衡。

笔者曾经在皖北县域挂职调研，发现人口大县的学校分布具有空间上的特殊性。如安徽省的利辛县、蒙城县、涡阳县、临泉县等人口规模相当大的平原地带县域（其人口都在130万人以上，临泉县的人口超过了220万人），面积都在2000—2500平方千米。这些县的县城距离边缘乡镇一般在30千米左右。对于村民而言，在现阶段的交通条件下，这是一种心理上无法逾越的空间边界。环境虽然是客观存在的，但人们对环境的认知取决于其心理上的主观感受，即人们对环境的感知、记忆或回忆，而且往往是这些主观感受起到了决定性的作用（戈列奇 等，2013）[40]。因此，距离不仅受地形等环境因素的影响，同时也受制于村民对环境的感受，村民对环境的认知取决于他们的地方性知识、个人感受与认识，通婚圈、人际关系、世代交往、赶集、历史事件等都会影响其对距离的认知。在现阶段的交通方式与现实环境下，30千米左右超出了一般的家校距离。

皖北的部分大型县域基本上形成了"中心集聚与分乡镇多点分布"的格局——学校在县城相对集中，分乡镇分散布局。虽然县城成为生源的集中地，如中小学30%以上的生源集中在城区，但每一个乡镇都保留了相对完整的教育空间结构，即1所初中、5—8所小学、多所幼儿园的格局。为管理乡镇学校，当地按照惯例保留了教育局的派出机构乡镇中心校①（或乡镇教育办公室、学区等类似机构），管理机构多驻扎在乡镇中学或者乡镇中心小学，初中与乡镇中心小学驻地在乡镇所在的集镇，而小学在区域内的村庄呈散点分布，甚至个别大乡镇还保留了1所完全中学。历史

---

① 乡镇中心校为教育局的派出机构，在基层县域作为乡镇学校的管理机构。在正规的教育组织系统之中，它并无名分，也无固定编制，其编制来自所在地的中小学。历史上，乡镇教育管理机构是乡镇的组成部分，农村义务教育体制改革之后逐渐收归县区教育局，其名称在各地也有所不同，北方如中原地区多称之为中心校，也有地方称之为文教办、乡教育办公室等，南方称之为教育干事、中心小学、教育总支、学区办公室、乡镇辅导学校等。

上，这些人口大县的学校数量惊人，如安徽省利辛县在2000年之前，中小学数量在500所以上，每一个乡镇的学校数量都在10—20所。对于人口大县而言，乡镇初中的合理布局能有效避免县城的过度拥挤以及学生上学距离过远的问题。而在高中阶段，一个县域保持3—5所高中，才能形成竞争优势，保持办学活力。

河南省的固始县和湖北省的监利市（原为监利县，本书仍将其作为县域样本探讨）都是人口众多、以农业为主的县域，具有典型的大型县域学校分布的特征。固始县位于豫皖两省交界处，总面积为2946平方千米，下辖3个街道办事处、17个镇、13个乡、574个行政村，总人口为176万人，是河南省第一人口大县。现有各级各类学校632所，在校学生28.56万人，其中高中在校生3.31万人、初中在校生5.86万人，小学在校生13.54万人、在园幼儿4.1万人、职教在校生1.75万人，教职工1.25万人。[1]这样一个人口大县的每个乡镇，都会形成一个相对独立的从幼儿园到初中的完整教育体系。

监利市位于湖北省中南部的平原地带，因东吴"监收鱼盐之利"而得名。2019年，全域面积为3460平方千米，人口为156万人，其辖23乡镇，布局学校425所，在校学生及幼儿192902人。其中公办义务教育学校261所，民办义务教育学校9所，中职学校1所，高中10所，公民办幼儿园143所，特殊学校1所。在校小学生92864人，初中生42211人，中职生904人，高中生19279人，幼儿园儿童37539人，特殊学校学生105人。[2]作为一个人口众多的县域，监利市的受教育人口规模达到了近20万人，教育体量巨大。在这样一个幅员辽阔的县域，学校分散在各个乡镇及村庄之中，公办义务教育学校达到了261所，如果县城有20所左右，那么每一个乡镇则有10所以上。这样一种分散的空间布局适应了监利市的实际，满足了儿童就近入学的教育需求。

---

[1] 参见《关于固始县基础教育发展情况的调研报告》（2019年5月，内部资料）。
[2] 参见《凝心聚力谋发展，守正笃实求质量：湖北省监利县教育发展典型经验》（2019年5月，内部资料）。

笔者在实地调查中还发现，在许多经济发达的县域，县城的空间迅速扩张，造成了大量人口聚集，县城的房价急剧增长，城市化进程加快，县城学校也开始扩大空间与体量，这会对周边的乡镇学校产生一种强烈的"虹吸效应"：乡村教师进城买房，乡村生源严重流失。居住地与县城的距离成为限制生源流动的主要因素，但县城周边1—4千米范围内的生源会倾向于流向县城，即便是距县城5—6千米的地区，也可能会受到"虹吸效应"的影响，这些乡镇的中小学教师、学生很可能会向县城流动，其所在的中学会面临巨大的生源流失压力。距离县城较远的乡镇中学反而会由于空间距离而保持生源规模与教师的相对稳定。在县域空间之中，教师在县城买房的比例也随着距离变远而出现下降趋势。

同时，教师流向县城会产生一种"教师环县城超编带"的奇特现象：县城及其周边地带的学校出现了教师聚集效应，一般超编严重；而在距离县城较远的村小，教师则严重缺编。这也是当前城镇化进程中的一种特殊现象。

第五章
几种偏态县域的学校分布

理想型的县域空间模型是一种理论图式,它难免与真实的县域空间存在诸多差异,现实世界总会出现许多无法解释的个案。理论常常需要不断适应现实并解释现实。县域学校分布往往受制于历史、现实与空间等因素。在实地的调研和理论的追溯之中,笔者也发现了诸多特殊的县域类型,需要对其空间与聚落分布的特点进行描述,来重新解释其学校分布的特殊性,以及其不同于一般县域的原因。

现实之中的特殊类型可能颇多,笔者难以罗列穷尽,但找到了几种特殊的县域空间类型,从中可以窥见现实县域空间类型及学校分布的多元性。这些县域空间结构分别是市县同城的同心圆模式、偏心圆模式、条状模式以及海岛县等。

第一节 同心圆:市县同城模式

一县一城是一种现代模式,也是一种普遍模式,但在历史上并非一直如此。在当代,"市县同城"依然存在,它是一种特殊的城市空间重叠的模式,可以视为历史上附郭县模式的现代版。

附郭县(又称"倚郭县")是县级建制的一种形态,专指县城无独立治所,而附设在府或州城的一种行政区形态(吉祥,2010)。因此,在附郭县城,除本县的治所外,同时还设有上级政区的治所(黄永聪,2019),一个县城有两个衙门,县衙与府衙并存于一城之中,并各有自己独立的系统,如文庙与学宫。它是一种"府县同城"的模式。

附郭县在历史上并不稀见。有学者考察发现,仅宋明清三代,附郭县就分别接近甚至超过了县制的十分之一,如北宋与辽代附郭县有429个(总体有1111个县),明代有156个(1582个县),清代有201个(1911个县)(赵逸才,2019)。除了府县同城,历史上还有六对"双县同城"的案例,也有苏州府"一城三县附郭"的奇观。根据记载,清代雍正二年(1724年),苏州府城出现了吴县、长洲县、元和县三县附郭现象(赵逸才,2017),但这种现象并不常见。

当代市县同城模式在逐渐消退,但这种现象曾经较多,如在2000年全国市县同城达上百例(陈瑛 等,2001)。20世纪90年代之后,许多具有"附郭"性质的郊县被撤县设市,但一城二市依然会出现机构设置重复与公共设施浪费的现象,因此在2000年之后,又出现了一波"撤市设区"现象,临近地级市的许多郊区县级市被裁撤,市县同城的模式逐渐减少了(沈立人,2001)。即便如此,现在全国还有一部分地方存在市县同城的情况,如山西省的泽州县与晋城市、甘肃省的临夏市与临夏回族自治州、河北省的沧州市与沧县、河南省的安阳市与安阳县、辽宁省的铁岭市与铁岭县等。

在山西省晋城市泽州县,县治与市治同处一个城区,这种现象在全国并不多见,泽州县与晋城市形成了一种同心圆的嵌套关系(见图5-1)。晋城作为一个地级市,位于泽州县域的地理中心,成为泽州县的"中心地",而泽州县城由于地处晋城市区,其作为本县域政治经济与文化中心的功能旁落了,其县城的中心地功能被晋城市区所取代。因此,虽然市县的城区功能高度重合,但在行政层面泽州县城与晋城市成了一个"双黄蛋"——两级政府、两套政府公共服务体系。在教育体系上,晋城市有独立的教育局,规划全市的教育布局与体系,而泽州县教育局理论上属于县政府,与晋城市教育局并不存在直接隶属关系,也需要谋划全县的教育布局，设有一套独立的教育体系。市级与县级各自独立设置一套教育体系，两套体系互不隶属，在一城之内又出现了许多功能性交叉。由于市属公共系统及教育系统在行政等级上拥有"上位优势"与资源上的优先权，其发展具有巨大优势。在这样的区域空间之下，县城及其地位被弱化了，而市区成为市域与县域的中心。

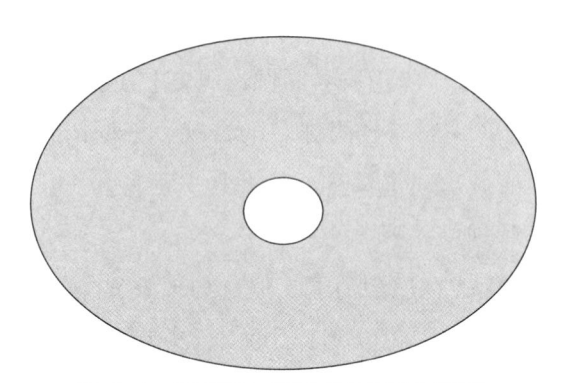

图 5-1 泽州县与晋城市的同心圆模型

在这样一个区域空间中，学校的布局也会受到影响。笔者在实地调研和考察中，发现了泽州县学校分布的独特之处，即县城周边的乡村学校基本上都消失或被撤并了，一个乡镇只留存了 1 所初中、1 所小学和两三所幼儿园，而且普遍面临着生源流失的压力，其在校生规模大大低于学龄人口总量，大部分学生流向城市中心区。其基本原因在于市县同城的双重引力：泽州县城不仅是县城，更是市辖区的一部分，因此其对周边人口的吸引力更大，造成了大量乡村人口流向市区，流向县城。此外，泽州县城不仅有本县的中小学，还有市属中小学，泽州县的居民不仅可以上本县的学校，也可以在本市的学校就读，造成了市县学校对乡村学龄人口的双重引力，也造成了乡村中小学生源的大量流失。

在市县同城的模式下，市属学校占据了有利于发展的行政级别且具备资源配置的先天优势，因此，泽州县的教育发展面临着特殊的困难，如生源很容易流向市属学校，造成县域学校生源的萎缩，在高中阶段更是如此。在地缘优势下，县里最好的生源会流向市属高中，而县属高中发展受先天不足与后天失调的双重影响。

另外一种是县镇同城的空间结构，即县城位于乡镇的中心，县治与乡镇政府同处一地，造成了县城学校对乡镇学校的虹吸效应。全国几乎所有的县域，其县城驻地都在某一乡镇或者街道，形成了一种乡镇政府与县城同心的现象。这样的空间特点对所在乡镇的影响，在某种意义上类似于县市同心圆的空间结构。以吉林省柳河县为例，其县治所在地与柳河镇政府同城，县城位于柳河镇的中心地带，这使县城代替柳河镇成为镇的中心地，同时也是县域的中心地（县镇同心圆），承担了双重角色与功能。这样，县城的学校既是县域学校，同时也是柳河镇的中心地学校。其他乡镇都保留了幼儿园和小学1—2所、初中1所，只有柳河镇的辖区不存在农村学校，成为一个特例。这可能是县镇同城造成的影响，类似于市县同城的影响。

第二节 偏心圆模式

标准的圆形轮廓县域和处于圆心的县城在现实中并不会出现，它主要是一种理论上的状态与模式。现实中的县域行政区划，在历史的演变中，在现实的地理环境如山川、沙漠和湖泊等的阻隔中，形成了多元分布的格局和多种变形的轮廓。其中，县城"偏心"和县域轮廓失衡的现象较多，兹举几例加以说明。

一、淄博周村区

山东省淄博市周村区的面积为307平方千米，共有5个镇和5个街道，人口为28万人。由于区政府位于区域的西北端，5个街道集中在区政府周围，人口向城区集中，因此学校自然也向城区集中。全区共有小学22所，初中10所（含九年一贯制学校1所）。学校分布方面，初中阶段，城区集中了5所初中（含1所九年一贯制学校），其他镇各有1—2所初中，形成了一种多中心分布的局面；小学阶段，城区集中了10所小学，占了接近一半（22所小学和1所九年一贯制学校），各个镇一般有2—4所不等。

简单的空间示意图可以更加清晰地显示周村区学校的空间布局，如图5-2所示。

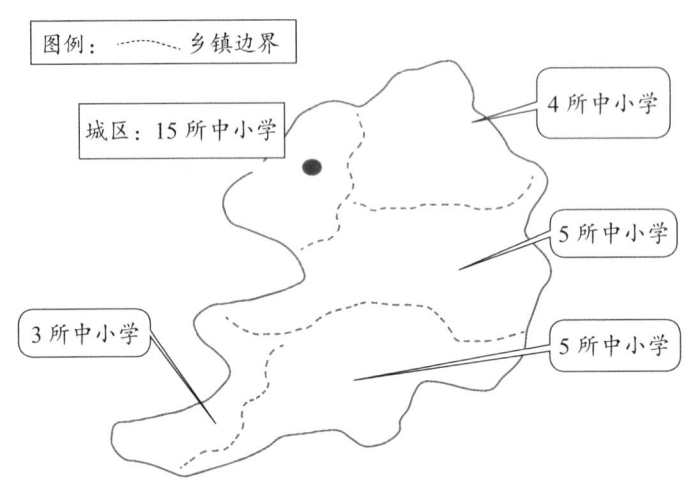

图 5-2 非规则性轮廓的城区及其学校分布

从图5-2可以发现，城区位置偏离区域的中心，周边地区到城区的距离存在巨大差异，这会影响教育的空间分布。周村区是一个市辖区，它没有完全独立的教育体系，高中、职业学校等基本上由市教育局统辖，因此，幼儿园和义务教育学校形成了一个独特的按人口和接近区域城市中心分布的格局。这也符合人口与生源的流向。

在偏离中心位置的城区，高龄段的学生会大量聚集，而在距离城区较远的4个镇，学校还是分布在居民所在村落的周围。城区有15所中小学（含九年一贯制学校），而距离城区较远的镇共有17所中小学，基本上各占半壁江山。

二、内蒙古杭锦旗

县治所在地偏离区域的中心这一现象在其他县域也有体现，如内蒙古的杭锦旗、河北省的魏县、安徽省的临泉县。在人口规模方面，杭锦旗是一个小型县域，其行政区划以及人口、面积等基本情况如表 5-1 所示。

表 5-1　杭锦旗行政区划及人口、面积等基本情况

行政区	嘎查（个）	社区居委会（个）	人口（人）	面积（平方千米）
锡尼镇	21	6	51170	3176.08
巴拉贡镇	6	1	13819	1976.62
独贵塔拉镇	7	1	12365	1672.67
吉日嘎朗图镇	12	1	14832	2871.43
伊和乌素苏木	12	0	15878	4860.24
呼和木独镇	5	1	9532	2871.43

数据来源：https://baike.baidu.com/item/%E6%9D%AD%E9%94%A6%E6%97%97#3.

由表 5-1 可知，全旗面积超过 1 万平方千米，人口只有 11 万余人，辖区内有 60 余个嘎查与 10 个社区居委会。作为一个幅员辽阔的县域，该旗的每个乡镇的面积都在 1600—4900 平方千米，相当于中东部一个大型平原县域的面积，但除了县城所在的乡镇，其余每个乡镇的人口均不超过 2 万人，都是地广人稀的区域。

据统计，2018 年末杭锦旗共有学校 28 所，其中幼儿园 18 所，中小学 10 所。在中小学校中，小学 5 所，中学 5 所（含初级中学 1 所、九年一贯制学校 2 所、完全中学 2 所）。全旗在校学生 14986 人，在校幼儿 3887 人，小学生 6994 人，中学生 4105 人。[①] 在县城之外，共有 7 所幼儿园，每一个乡镇都建有至少 1 所幼儿园；在 6 个乡镇之中，共有 2 所九年一贯制学校、1 所小学，因此除了学校所在的 3 个乡镇，其余 3 个乡镇都没有中小学。

在这样一个辽阔的县域之内，学校寥寥无几，空间分布非常稀疏。在

---

① 参见《杭锦旗 2019 年国民经济和社会发展统计公报》。

县域之外，所有6个乡镇都布局了幼儿园，其中2个乡镇还各布局了1所九年一贯制学校，有1个乡镇保留了1所小学，余下的3个乡镇连小学也不复存在了。这个发展趋势反映了学校布局调整的影响，在内蒙古的牧区旗县之中尤为突出。杭锦旗大部分学校集中在县治所在地，超过了全旗学校数的一半。但由于空间过于巨大，每个乡镇所在地都设有1所幼儿园，其中3个乡镇并设了九年一贯制学校或小学。由于地域空间广大，理论上所有的学校都需要实行寄宿制。这样，就形成了一种偏态的分布空间，如图 5-3 所示。

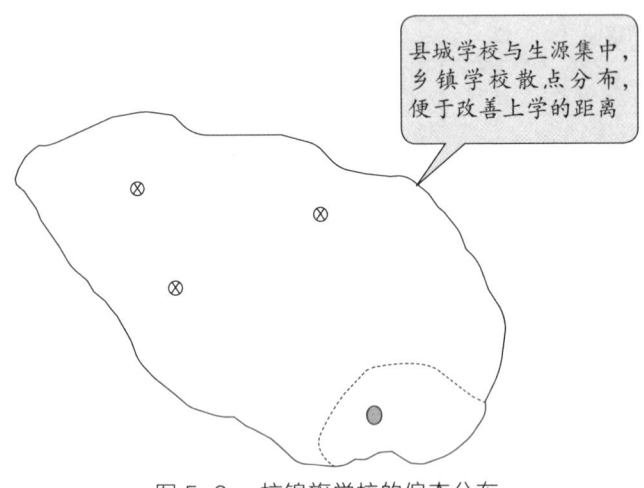

图 5-3　杭锦旗学校的偏态分布

理论上，每个乡镇都应该有1所中小学校或幼儿园，而县城所在地集中了十几所学校（7所中小学与11所幼儿园），形成了一个学校聚集的中心地。所有的乡镇所在地，与县城一样，也都成了乡镇寄宿制学校的集中地。

杭锦旗的县域空间接近于一个扇形，县治又处在偏离中心的位置，所有非县治所在地的乡镇面积都非常大，它们距离县城少则 30—50 千米，多则 80—100 千米。这样的距离给幼儿、小学低龄儿童造成了一系列影响和困难，因此当地不得不采取分散寄宿制的方式来布局学校。即便如此，在一个乡镇之中，低龄寄宿生依然面临着严重的生活问题：儿童在寄宿制学校中生活，与家庭和村庄隔离，其情感发展与社会性发展将会面临一系列挑战。

第三节　条状模式

除了同心圆和偏心圆模式，还存在一种条状模式的县域，主要表现为地域空间狭长，两端和县城的距离更远。这样一种空间位置特点，即便县城处于县域的中间，也会产生两端聚落距离县城过于遥远的现象。狭长的县域一般受制于特殊的地形条件，如山谷、河流等，并非一种县域空间的常态，从理论上而言也不利于治理与管辖，增加了治理的成本和行政管辖的负担。因此，研究这样一种非常态的县域空间，可以看出轮廓接近圆形的县域的便利性。

狭长的县域空间，造成了远端的乡镇和村落与县域中心地县城距离遥远。而过于遥远的距离对学校布点的影响显而易见：需要有一个相对完整的学校体系，才能适应远距离的需要。也正因为如此，生源地向县城集中的趋势受到了空间距离的牵制，从而减少了县城的生源、学校过度集中的现象。

笔者找到了两类狭长的县域空间，一类是人口稀少的狭长山区县域，另外一类是人口较多的狭长山区县域，其对于学校分布都会产生影响。

一、人口稀少的狭长山区县域

两当县是甘肃省陇南市一个地域狭长的山区县，也是一个人口小县。其面积为1412.3平方千米，南北距离长达150千米左右，而东西距离最长只有30千米。其下辖12个乡镇、118个行政村，全县人口只有4万余人，平均每个乡镇只有3000—4000人，是一个地广人稀的县域。各乡镇人口与面积情况如表5-2所示。

表 5-2 两当县各乡镇人口与面积情况

	城关镇	站儿巷镇	西坡镇	杨店乡	左家乡	显龙乡	鱼池乡	兴化乡	张家乡	云屏乡	泰山乡	金洞乡
人口（人）	10209	3866	4891	3761	2549	3439	2502	2281	1517	2834	980	5138
面积（平方千米）	19.2	100.7	83.6	70.5	162.1	43.5	32.8	53.0	155.7	296.8	52.7	341.7

数据来源：国家统计局农村社会经济调查司.中国县域统计年鉴2017：乡镇卷[M].北京：中国统计出版社，2018：652.

从表 5-2 可以看出，两当县各乡镇的面积在 19.2—341.7 平方千米，并不太大，大致在一个正常的范围内，但乡镇人口规模极度小型化，且乡镇之间差异较大，理论上接近一个东部平原县域村庄的人口规模。在两当县的乡镇之中，除了县城所在地的乡镇，其余乡镇的面积和人口规模都偏小，属于小乡镇的模式。这些小型乡镇的学校往往会面临生源短缺的问题。

近年来，笔者收集了许多县域学校分布的地图，一些县域的教育布局符合常规的空间尺度标准，但另外一些县域具有特别的轮廓，这会影响到学校空间布局。其中，长条状的县域空间就是一个反常的例子，两当县正符合这样一种空间结构。

两当县的中小学基本上分布在乡镇所在地与县城之中。总体上，在 28 所中小学中，位于县城的有 4 所，位于乡镇所在地的有 12 所，位于乡镇以下的有 12 所。此外，还有 25 个教学点。根据 2017 年末的统计数据，两当县有 43 所中小学（含教学点），其中高中与职高各 1 所，独立设置的初中 1 所，九年一贯制学校 4 所，完全小学 11 所，教学点 25 个。总体上，2017 年末全县共有义务教育学校 16 所，此外还保留了 25 个教学点。全县小学在校生 2338 人、初中在校生 1072 人、高中在校生 947 人。全县普通中等职业教育学校专任教师 12 人，普通中学专任教师 188 人，小学专任教师 242 人。[①]

对于一个只有 4 万余人的县域而言，平均每个乡镇只有 3000 余人，这样中小学生加起来一般在 500—600 人，加上又出现了生源外流现象，一般边缘的乡镇义务教育阶段学龄人口只有 200—300 人。而乡镇的面积在 100 平方千米左右，区域面积大，人口就显得比较稀疏，聚落分散，大一点的乡镇学校只能实行寄宿制。边缘的村庄距离县城遥远，因此其生源并不会向县城所在地集中。南北两端距离县城太远的乡镇为了集中办学以扩大学校规模效益，会设立九年一贯制学校。

据统计，全县的中小学大部分集中在县城和东部 4 个乡镇，其余的山区乡镇一般只有 1 所小学或者九年一贯制学校。根据测算，两当县南北两端的行政村与县城的距离都超过了 70 千米，搭乘汽车所需要的时间成本在 2 小时以上。因此，这些边缘的乡镇虽然人口可能只有 2000—3000 人，义务教育阶段学生有 200—300 人，但因为最边缘乡镇的村庄和居民点距离县城 70 千米左右，距离乡镇所在地 5—8 千米，所以即便一个乡镇布局 1 所学校，学生依然需要寄宿。

这样一种地域空间处在干旱的农牧结合地带，人口相对稀少，人类聚落数量少而分布广，形成了人口高度分散的居住方式，学校只能依据居民分布的特点，采用小规模的寄宿制模式来相对集中办学，但这是一种高成本的办学方式。两当县学校的空间分布模式如图 5-4 所示。

从两当县这一山区县个案可以发现，第一，学校集中在县城及其周边人口密集的盆地、低地或河谷地带的乡镇所在地，这些地方面积狭小而人口集中。第二，由于县境狭长，县境边缘的村庄距离县城较远，且县域人口规模小，县城中小学生源集中的现象并不明显。边缘乡镇生源流向县城面临的交通成本和时间成本较高，因此县城所在地的学校布局与生源不会过于集中，学校规模也不会急剧膨胀，不存在大校额现象，大班额的压力也相对较小。第三，由于人口稀少，两端的乡镇距离县城遥远且人口规

[①] 参见《2017 年两当县国民经济和社会发展统计公报》。

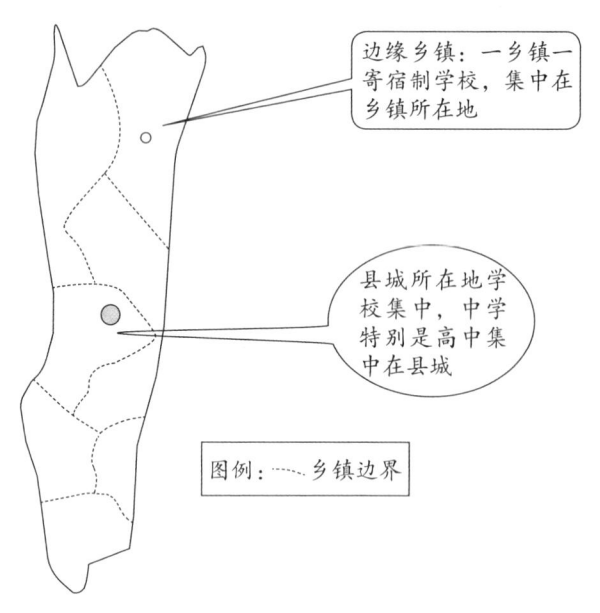

图 5-4 人口稀少的狭长山区县域的学校空间分布

模太小,因此一般采用一乡镇一寄宿制学校的方式解决学校的规模效益问题,边缘乡镇设立九年一贯制的寄宿制学校以集中办学。乡镇的学校向乡镇所在地集中,但为了避免距离过远也保留了一部分教学点与村小。第四,初中生基本上都会在乡镇或县城就读寄宿学校,但交通成本高昂,因此初中甚至会采取双周制或者三周、四周制的学习节奏,集中放假和集中学习,以降低学生交通成本。

二、人口较多的狭长山区县域

狭长的县域一般位于山区地带,具体来说,是处于山下的河谷或山谷地带。我们可以用两个案例来具体说明。

山西省长治市武乡县的地域空间特点是东西狭长,而县城正好位于其轮廓的"腰部"位置。2017 年,武乡县各个乡镇的面积、常住人口、行政村数量等如表 5-3 所示。

表 5-3 武乡县各个乡镇的面积、常住人口与行政村数量

乡镇	面积（平方千米）	常住人口（人）	行政村数量（个）
丰州镇	162	42609	45
洪水镇	204	20808	44
蟠龙镇	197	18106	46
监漳镇	48	8728	15
故城镇	153	17488	28
墨镫乡	55	5909	11
韩北乡	119	10645	23
大有乡	96	11667	25
贾豁乡	93	7984	23
故县乡	43	3901	10
上司乡	57	6804	17
石北乡	76	4829	15
涌泉乡	79	7616	15
分水岭乡	229	4917	15
平均	115.1	12286.5	23.7

数据来源：面积与人口的数据参见国家统计局农村社会经济调查司.中国县域统计年鉴2017：乡镇卷[M].北京：中国统计出版社，2018：97-98；行政村数据参见国家统计局网站。

从表 5-3 可以发现，武乡县是一个面积较大的县域，其人口规模在山西省的县域中属于中等，平均一个乡镇辐射将近 24 个行政村。

处在太行山、太岳山之间的武乡，人口和聚落主要分布在川区和丘陵地带。县域东西长约 150 千米，而南北最窄处仅 10 千米，是一个东西狭长的非常态县域空间，而县城正好位于东西之间的中心位置，这样东西两头的边缘乡镇与县城的距离都大约在 70 千米。2011 年，全县共有小学 144 所、中学 19 所，其中县城有初中 3 所、高中 2 所，其余 14 个乡镇基

本上各有 1 所初中。

由于两端狭长，东西两边的乡镇距离县城遥远，这会影响到县城学校的布局，其布局具有如下特点。高中集中在县城，实行寄宿制，便于学生就学，但因距离县城遥远，即便实行寄宿制也会造成远端乡镇的学生大量流动到周边的县市高中。初中基本上形成了 1 个乡镇 1 所的模式（大型乡镇除外），但学生数量基本上在 300—500 人，小乡镇的在 100—200 人，初中微型化趋势明显。县城初中虽然规模稍大，但基本上以周边 30 千米以内的乡镇生源为主，不采取寄宿制限制了其巨型化的趋势。各乡镇的小学一般以 5—10 所居多，大型乡镇稍多，但规模一般在 100—200 人，形成了小型化多点分布格局。县城小学巨型化与大班额现象不明显，生源呈多点分散分布。

另外一个案例是重庆市璧山区，其空间特点为南北狭长。璧山原是重庆市的一个郊县（2014 年撤县改区，本书仍将其作为县域样本探讨），面积为 915 平方千米，人口接近 75 万人，2018 年共有 15 个乡镇街道。

璧山地处重庆市中心城区的边缘，2013 年底，璧山有各类学校 190 余所，其中普通中学 24 所、小学 46 所、幼儿园 120 所。当地政府所在地为其县城的主城区，正好处于长条状县域空间的中部。但由于其南北狭长的空间特点，学校布局会考虑空间上的协调。

在璧山南北两端的乡镇与农村，学校布局相对密集，这也是为了满足当地村民的教育需求。2013 年，在县城之外共有 16 所中学，基本上每个乡镇会有 1—2 所中学。作为一个以山区为主的县域，璧山的小学布局也非常分散，2013 年，共有 30 余所小学分布在城区之外。在区域的两端，村小、中心小学更多、更密集，城区中部的中小学布局出现了稀疏之势。

第六章
孤立的海岛学校

　　海岛上的学校空间分布，可以作为一种陆地上学校空间分布的参照物，一种对应之物，深化人们对学校空间分布的理解。

　　在大陆之上，可能会因行政区划而形成所谓"飞地"现象，这实际上是一种社会性飞地（sociological enclave）或者说行政飞地（administrative enclave），它并非因物理上的区隔而成为飞来之地。但在大洋之中，海岛则截然相反，与陆地的飞地相比，其是名副其实的飞来之地，是一种飞入了海洋空间的"陆地"，被海水所包围。

　　岛屿是一种特殊的陆地空间形态，笔者倾向于将其作为大陆的参照物，从中可以发现人类生存的陆地的独特空间特征。人文地理学家认为，海岛是人类想象力的源泉，段义孚曾经写道："似乎岛屿与人类的想象力始终是联系在一起的，它没有热带雨林与海滨地区的生态多样性，同人类进化的关系也不大。它的重要性主要体现在人类的想象中。许多宇宙起源的假说都认为，世界最初是像水一样的混沌，陆地刚刚显露出来的时候就是一些大大小小的岛屿。原始的小山丘最初也是岛屿，生命就在上面孕育。很多传说都认为，岛屿或是亡灵的所在地，或是长生不老者的居所。岛屿也象征着人类堕落之前的恩福和纯真，大陆上的疾病无法侵染那里，因为有海洋相隔。"（段义孚，2018）[176]

　　海水的包围形成了物理性的实质的空间区隔，将海岛孤立于海洋之中。海水的围困，小型的陆地空间，小型的人口社区，这些特质对学校的空间分布产生了重大影响。因此，我们将海岛县作为一种特殊的空间类型，考察其学校空间分布的问题，以更加鲜明地呈现出学校分布的特点与社会文化的意蕴。

中国的海岛县基本上分布于东南沿海的各个省份。以大陆上的县域为参照，这些海岛县基本上都是面积小、人口少的小型县，其与大型陆地被广阔的水域所阻隔，这一阻隔使其空间地域特质显露无遗，我们可以借此对比分析其与陆地县域的学校空间分布的不同特色。海岛县是一种特殊的县域，绝大部分与大陆之间无陆路交通或交通不便，且一般各岛之间被大海所阻隔，交通也不甚方便，县域人口较少而且孤立地分布在不同岛屿。这样特殊的环境条件有利于逐步形成一个相对独立的基础教育生态系统。若将陆地上的山水阻隔与海岛的大海阻隔相比，则海岛学校的分布特点会更加鲜明，其突出的文化聚落特点在海洋的映衬下会进一步彰显出来。

全国的海岛县一共有 14 个（含上海市的崇明区以及舟山市的定海区和普陀区），由于远离大陆并且长期以来被海水或江水所阻隔，交通的成本——无论是时间成本还是经济成本都非常高昂，因此海岛县会逐步形成一个相对封闭的学校分布图景。这是海岛县学校空间分布最显著的特征，也使得海岛县成为观察县域学校空间布局的理想样本。

第一节　长海：远离大陆的小型县域

中国最北端的海岛县——长海县，其面积为 142 平方千米（国家统计局农村社会经济调查司，2018a）[69]，户籍总户数为 25534 户，2017 年的统计数据显示，当年的户籍人口共 71445 人。长海县下辖 5 个镇与 23 个行政村，它们分布在大长山岛、小长山岛、广鹿岛、獐子岛和海洋岛。

一、主岛集聚效应

长海县的学校集中在县城所在地大长山岛，形成了一定的"规模效应"，这与人口聚集效应相一致。

在大长山岛上，形成了全县最大的乡镇——大长山岛镇，其辖7个行政村、4个社区，人口约为2.9万人。从人口数量看，大长山岛镇人口占全县户籍人口的40%以上。

长海县的县城在大长山岛，因此，全县的主要行政中心位于这一主岛，学校的分布自然也集中于这一主岛上。

在大长山岛上，有长海县高级中学和职业中专；义务教育阶段学校方面，初中有2所，小学有2所[1]。此外，其他包括教育局、教师进修学校、大连广播电视大学长海分校、农广学校、综合实践中心等的教育机构和设施一应俱全，涵盖了从幼儿园到大学的所有学段。

这一主岛的集聚效应，形成了相对集中的办学特点。小型县域的人口规模本身就比较小，因此，将高中集中在人口相对密集的县城，有利于形成寄宿制基础上的一定程度的规模效益。但小型海岛县的人口总量不足，即便高中集中于县城，其规模也并不大。据当地资料记载，主岛有高中1所，在校学生888人；职业中专1所，在校学生588人。[2] 相对集中于主岛的空间布局便于中学的管理，寄宿制也将交通成本等问题解决了。

二、离岛的"散点分布"

离岛的四个乡镇各自都形成了相对独立的学校体系，每一个乡镇基本上都是"1+1"的空间布局——"初中+小学"，如广鹿岛镇有长海县第三中学和镇中心小学，小长山岛镇有长海县第二中学和镇中心小学及其分校（小长山岛面积较大，人口相对密集，实际上形成了2所小学），獐子岛镇有长海县第四中学和镇中心小学，海洋岛镇有1所九年一贯制学校（海洋

---

[1] 参见《长海县义务教育阶段学校简介》。
[2] 参见《长海县创建县域义务教育优质均衡发展规划》（2017年10月，内部资料）。

岛学校）。离岛上各乡镇的面积及其与县政府的距离如表 6-1 所示。

表 6-1　各个离岛乡镇的面积及其与县政府的距离

乡镇	乡镇面积（平方千米）	与县政府的距离
小长山岛镇	27.6	12 千米（驾车 15 分钟，有大桥相连）
广鹿岛镇	37.7	20 千米（坐船 1 小时以上）
獐子岛镇	15.8	30 千米（坐船 1—2 小时）
海洋岛镇	20.4	60 千米（坐船 3—4 小时）

数据来源：长海县政府网站。

从表 6-1 可以看出，各个岛上的乡镇与县城所在的主岛距离较远，即便最近的小长山岛镇与县政府的距离也在 12 千米，更不用说其他离岛上的乡镇与县政府动辄在 1—4 小时的时间距离。这样的距离超越了基层乡村人民日常出行的范围，因此，学校的独立分布就成为海岛县的在地性空间特点。

三、海岛县域的教育：自成体系

主岛往往集中了政府、公共机构和大部分人口，因此会形成一个相对完备而独立的高层级的教育系统——一般会包括幼儿园、小学、初中、普通高中、职业高中、大学、教师进修学校等，体系完备；而离岛由于人口较少，则形成了一个低层级的独立的教育系统——一般是由幼儿园、小学和初中组成的基础教育系统。这样的格局受到人口分布情况的影响，也是特殊环境下规模效益的产物，如图 6-1 所示。

图例：○ 幼儿园
◇ 中小学等

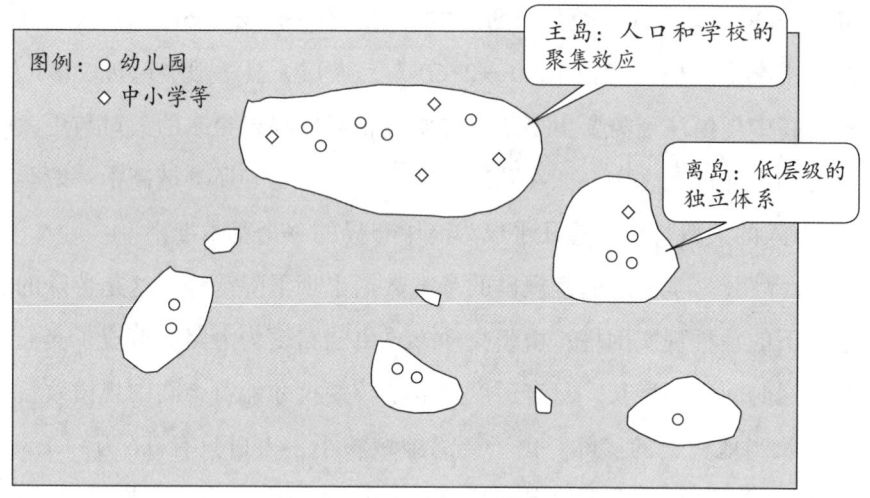

主岛：人口和学校的聚集效应

离岛：低层级的独立体系

图 6-1　海岛县中小学校的分布

四、高中集中及离岛生源的离心效应

海岛县域的教育生态体系从幼儿园一直延伸到高中阶段，普通高中基本上处在县域教育生态链条的顶端，而受人口规模的影响，职业高中并非海岛县域的"标配"。在这样一个生态系统之中，各学段的学校分布具有显著的差异性与特殊性。

理论上，高中会自然而然地采用寄宿制的办学模式，一般会集中在主岛之上、选址于县城之中，高中学校与区域人口规模形成了一一对应的关系。

小型海岛县的各个离岛居民点孤立而分散，边缘岛屿的人口面临着向中心岛屿与城市集中的"向心力"，而边缘岛屿中小学阶段的学龄人口脱离小岛的"离心力"愈益增强，由此产生了大量生源外流的现象。

理论上，一所高中由于组织规模复杂，学科众多，往往需要面对规模效益的问题。教师如要满负荷工作，不"窝工"与不浪费人力资源，学校就需要有一定的班级数，因此许多学者都在研究学校的适宜规模的问题（秦玉友　等，2018；万明钢　等，2010）。北京市就提出高中适宜的规模为24班或者36班，若按每班45人计算，则在适宜的高中规模下，学生数在

1080—1620人。① 在一般县域的高中，其班额一般会在50—60人，则适宜的高中学生规模可能在1200—2160人，人口大县一般会超过3000人。这样的高中规模注定需要更多的资源供应，需要辐射更多的人口与更大的区域范围。在现实之中，如在陆地上的平原地区，一所县域高中一般会对应10万人的人口规模，这几乎成为高中布局的一个基本准则。

在海岛县，学校的适宜规模的基本数据出现下降趋势，这是特殊的交通条件下的一种现实困境：由于交通方式由陆路变为海路，造成了交通成本与交通时间大幅增长，只有适度降低学校规模才能符合高中规模效益的要求以及当地社会的实际。由于离岛地域狭小，人口只有0.6万—1.5万人，即使学生初中毕业后全部进入高中（按照15‰的出生率推算），在校生也仅有270—675人。这样的一所高中不仅规模不经济，而且质量难以保证，在当前的县域社会之中难以生存，会面临一系列难题：学生流失，升学率难以保证，教师超编，经费短缺，空心化……。因此，在狭小的离岛乡镇，学生进入高中阶段时，势必会做出到主岛或者陆地上的高中就读的现实选择，采取寄宿制方式就学。这也是因为海水隔离了离岛和主岛，上学往返带来了巨大的交通成本与风险，即便有轮船，其实际航行速度也远较汽车慢，且容易遭到台风、雷雨等恶劣天气的侵袭，行程充满了不确定性和危险。

海岛居民的就学途径完全不同于陆地居民，其交通方式具有海岛的固有特质，面临特定的现实难题。以广鹿岛镇为例，镇上的居民或者学生要到县城所在的主岛，需要搭乘轮渡跨越水域，而转轮渡至少需要100—120分钟，走读就学的方式就存在先天的障碍。这解释了离岛的幼儿园、小学与初中为何会相对集中在离岛居民所在地，在交通不便的条件下，就近入学成为一种现实选择。

2017年，长海县有小学7所、初中5所、九年一贯制学校1所、义

---

① 参见《北京市中小学校办学条件标准（建设部分-试行）》。

务教育阶段在校学生 4606 人；高中 1 所，在校学生 888 人；职业中专 1 所，在校学生 588 人；幼儿园 14 所，幼儿 1273 人。①统计数据显示，各个离岛乡镇的学龄人口出现了下降趋势，出生率下降伴随着人口外流，造成了学校数量逐渐减少，幼儿园的数量也只有行政村和社区数量的一半不到。

第二节　长岛：离散性海岛空间

　　长岛位于山东省，总人口为 4.4 万余人，但面积只有 56 平方千米。最大的南长山岛面积为 12.8 平方千米，其位于胶东半岛、辽东半岛之间的黄渤海交汇处，因境内有长山岛而得名。长岛境内有 32 个岛屿和 66 个明礁，其中有居民岛屿 10 个。全域共有 8 个乡镇街道，基本上一个大一点的离岛一个乡镇建制，除了主岛的南长山街道，其余 7 个乡镇分别是砣矶镇、北长山乡、黑山乡、大钦岛乡、小钦岛乡、南隍城乡、北隍城乡，全域共有 40 个行政村。②

　　长岛的建制基本上以岛为空间单位，形成了一岛一乡镇的空间格局，这一空间格局使得其人口分散，乡镇狭小而呈散点分布。由于空间上的大尺度分散，每一个岛屿都是相对分离的状态，与乡镇高度合一，空间与行政区划呈现出离散、离心化的特点。

　　在长岛这样一个小型县域，学校的分布会随着岛屿人口总量的变化而变化，但高中等学校会集中在主岛上，而 7 个乡镇所在的岛屿都建立了 1 所学校或者教学点，这样一来，就形成了主岛具有完整的教育体系、离岛分散分布小学和教学点的空间布局结构。在主岛之外的 7 个离岛上，共分布了 3 所中心小学和 4 个教学点，一个乡镇配有 1 所学校或者 1 个教

---

① 参见《长海县创建县域义务教育优质均衡发展规划》（2017 年 10 月，内部资料）。
② 2020 年 6 月 5 日，国务院批准长岛县撤销独立建制，并入山东省烟台市蓬莱区（蓬莱市改区）。为便于讨论，本书仍将长岛作为县域样本进行探究，在正文中称"长岛"。

学点。

笔者由访谈得知，2019年底，随着学校撤并及学生外流，这些离岛的教学点已经没有学生了，而3所离岛的小学总共只有185人，平均1所学校不足62名学生与8名教师，每班班额只有10人左右，成了3所名副其实的小规模学校。最新的数据显示，全区域的学校数量还在进一步减少，实际上只剩7所学校，其统计公报用了"实有"一词，"全年实有中等专业、中小学校7所。其中中等专业技术学校1所，普通中学3所，小学3所。……普通中学在校学生1149人，小学在校学生841人"[1]，3所小学的平均校额只有280人。

这种散布的空间区域特点，主要基于海上交通的高昂时间成本与空间隔离的现实，是一种迫不得已形成的空间格局。海上交通不便且充满了不确定性和风险，从最北端的北隍城岛到主岛，所需时间超过了4小时。

一个县域之内，离岛高度分散分布，并且缺乏一个大型的主岛或者人口集聚中心，海岛县域便易陷入一种碎片化的空间分裂之中。这种空间距离造成了每个岛屿都只有小规模的人口，迫不得已形成了小规模的学校。2018年，长岛域内共有各类学校11所，其中高中1所、职业学校1所、九年一贯制学校2所、小学3所、教学点4个（已无学生），如表6-2所示。

表6-2 2018年长岛各类学校基本情况

学校类别	学校数（所）	毕业生数（人）	招生数（人）	在校学生数（人）	教职工数（人）合计	专任教师
高中	1	200	150	544	90	88
职业学校	1	40	23	76	53	46

---

[1] 参见《2020年长岛综合试验区国民经济和社会发展统计公报》。

续表

学校类别	学校数（所）	毕业生数（人）	招生数（人）	在校学生数（人）	教职工数（人）合计	教职工数（人）专任教师
九年一贯制学校	2	180	196	796	160	157
		180	109	703	105	104
小学	3	46	36	185	25	25
教学点	4	0	0	0	4	4
合计	11	646	514	2304	437	424

数据来源：《长岛综合试验区各类学校情况介绍》（2021年，内部资料）。

海岛县学校空间分布的逐步萎缩随着时间的推移而变得更加突出，特别是小型海岛县的人口在一点点外流，人们越来越倾向于脱离社会生活相对单一的海岛，而到大陆上定居、生活、上学等，大型人群与城市人口具有一种无与伦比的规模优势，它内在的繁华特质吸引着人类这种喜欢群居生活的物种，因此，在大部分海岛县，人口的流失是大势所趋且难以逆转。

长岛的主岛南长山岛人口相对集中，距离大陆上的城市非常近，只有16千米，搭乘轮渡只要40分钟。大陆上繁华的城市生活具有小岛生活难以比拟的一系列优势，其人口规模与生活的多元性、繁荣的市场与琳琅满目的商品，形成了一种无形的吸引力。在城市之中，人们可以体验到乡村世界或者小岛生活所没有的多重性，城市生活是一个由若干小世界构成的马赛克拼图，小世界虽然相互接触但并不相互渗透，这就使得个人能快速且方便地从一个道德环境转换到另一个道德环境，它鼓励人们同时生活在几个彼此相邻而存在重大差别的小世界之中，这是一种刺激、好玩而又十分危险的生命体验（帕克 等，2016）[52]。这种具有诱惑性的生命体验，在小规模的熟人社区是无法实现的，在小型的熟人社会也无法实现。人们在大型人群之中匿名生活所体验到的脱离邻里、熟人社会的监控的自由自在，是城市生活带来的一种无形的诱惑，因此大量年轻人选择脱离小型熟人社会，去繁华的陌生人空间探索个人的解放，探索新兴的社会角色与生活方式。"个体向大城市的流动作为一种人类行为，可以解释为一种自然的趋向性（tropism），如同飞蛾总是趋向火焰一样。"（帕克 等，2016）[52] 在周边繁华的城市的诱惑下，南长山岛的光环日渐暗淡了，它逐渐失去了一个区域中心地原本所应该具有的规模与等级，也失去了吸引力，其人口向蓬莱或者烟台流去，并且难以逆转。

人口流失的一部分原因也在于空间距离的接近。长岛与陆地上的城市之间的空间距离非常近，如图 6-2 所示。

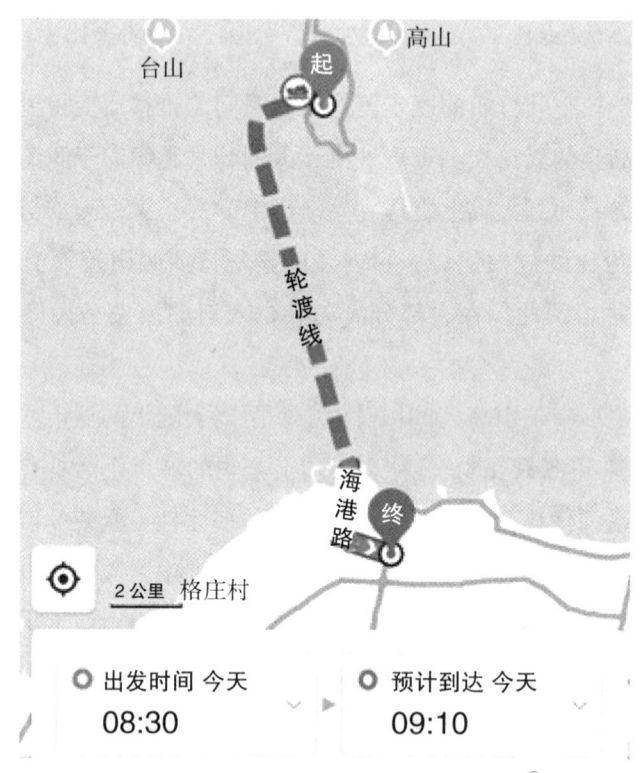

图 6-2　长岛与陆地上的城市的空间距离①

笔者追溯历史发现，长岛的学校空间布局在一步步萎缩。从下文两个重点年份的数据资料可以看出学校空间布局的变化。

---

① 测算时间为 2022 年 3 月 8 日上午 8:30。

1985年是一个全国性学校空间布局基本调整完毕的年份——学校数在20世纪70年代中后期达到高峰点，在80年代初期进入下降阶段。长岛当时的学校数量如表6-3所示。

表6-3　1985年8月长岛小学数量一览表

岛屿	学校名称	年级	学生数（人）	教师数（人）	成立年份
大竹山岛	竹山小学	1、2、4、5	31	2	1964年
南长山岛	实验小学	1—5	751	49	1931年
	南城小学	1—5	139	10	1932年
	王沟小学	1—5	61	4	1935年
	孙家小学	1	14	1	1928年
	黑石嘴小学	1—5	118	6	1919年
	荻沟小学	1	17	1	1969年
北长山岛	北城小学	1—5	141	9	1919年
	店子小学	1—5	88	5	1920年
	嵩前小学	2、4	18	1	1925年
	花沟小学	1、2	8	1	1963年
庙岛	庙岛小学	1—5	50	4	1925年
小黑山岛	小黑山小学	1—5	27	4	1923年
大黑山岛	北庄小学	1—5	145	8	1923年
砣矶岛	大口小学	1—5	413	21	不详
	井口联小	1—5	161	9	1927年
	后口小学	1—3	64	5	1926年
	磨石嘴小学	1—3	77	5	不详
大钦岛	北村小学	1—5	201	12	1929年
	东村小学	1—5	133	7	1927年
小钦岛	小钦岛小学	1—5	63	7	1931年

续表

岛屿	学校名称	年级	学生数（人）	教师数（人）	成立年份
南隍城岛	南隍城小学	1—5	67	8	1938 年
北隍城岛	山前小学	1—5	172	9	1928 年
	山后小学	1—5	50	3	1927 年
合计	—	—	3009	191	—

数据来源：山东省长岛县志编纂委员会.长岛县志[M].济南：山东人民出版社，1990：296.

从表 6-3 的数据可以看出，当年长岛的小学数量一度达到了 24 所之多，学生人数在 3009 人，且大部分学校建立于 20 世纪 20 年代，显示了长岛良好的教育传统与基础，远较大部分陆地县域的教育先进。这主要得益于其重要的军事位置，它处于渤海口的咽喉要冲，许多岛屿具有军事上的战略价值，一直受到国家的高度关注。

在一岛一乡镇的空间格局之下，1985 年，各个小型乡镇形成了特殊的学校空间格局（见表 6-4）。

表 6-4　1985 年长岛 10 个乡镇的基本情况

乡镇	人口（人）	面积（平方千米）	小学（所）	村庄（个）
南长山镇	12576	12.80	6	11
砣矶镇	11014	7.10	4	12
北长山乡	3116	8.16	4	4
庙岛乡	431	1.63	1	2
大黑山乡	1899	7.64	1	6
小黑山乡	294	1.30	1	1
大钦岛乡	4857	6.44	2	4
小钦岛乡	997	1.13	1	1

续表

乡镇	人口（人）	面积（平方千米）	小学（所）	村庄（个）
南隍城乡	827	1.83	1	1
北隍城乡	2882	2.62	2	2

注：上述数据没有涵盖大竹山岛、小竹山岛及其学校数据，这些岛屿没有行政区划，不属于地方管辖。

数据来源：山东省长岛县地方志编纂委员会.长岛县志[M].济南：山东人民出版社，1990：26-27，296.

从表6-4可以看出，长岛所有的乡镇都属于小型空间及小规模人口乡镇，甚至有一些属于极端小型的乡镇，无论是面积还是人口都小于一个陆地的村落。但由于位于海域之中，其交通、管辖等都需要自成一体的系统，因此形成了非常小型化的乡镇空间，学校的空间布局亦是如此。地方管辖的小学几乎都是以乡镇为单位进行空间布局，再小的294人的小型乡镇，也需要布局1所小学，形成了一乡镇至少1所小学的空间结构。

小学主要是基于海岛乡镇的特点进行空间分布，中学在20世纪80年代亦复如此，全县10个乡镇中有8个乡镇有初中，一共有9所初中，如表6-5所示。

表6-5　1985年长岛初中的空间分布

初中名称	在校生数（人）			所在岛屿
	初一	初二	初三	
长岛中学初中部	187	222	235	南长山岛乐园村
南长山联中	74	70	87	南长山岛南城村
北长山联中	54	61	43	北长山岛北城村
黑山联中	33	39	38	大黑山岛北庄村
砣矶联中	176	166	170	砣矶岛西村
钦岛联中	70	87	101	大钦岛北村

续表

初中名称	在校生数（人）			所在岛屿
	初一	初二	初三	
隍城联中	70	61	44	北隍城岛山前村
南隍城小学附设初中班	17	23	18	南隍城岛
小钦岛小学附设初中班	17	—	—	小钦岛

数据来源：山东省长岛县地方志编纂委员会.长岛县志[M].济南：山东人民出版社，1990：289-299.

在当时长岛的 10 个乡镇之中，除了 2 个微型乡镇所在的庙岛、小黑山岛，每个乡镇都设立了 1 所初中或初中班，最大的乡镇所在地南长山岛设立了 2 所初中。庙岛乡、小黑山乡的人口只有 431 人、294 人，学龄人口每年只有 5—10 人，这样的人口规模连附设一个初中班都显得奢侈。这些小型岛屿的乡镇初中的名字也体现着一些地方性特质，基本为某某联中或者某小学附设初中班。

进入 21 世纪，长岛的学校空间布局依然保持相对稳定的状态。2002 年底，长岛的学校布点比 1985 年缩减了许多，但布点的范围依然很广，共有小学 13 所，小学教师 230 人，在校生 3365 人。[①] 当时，长岛的学校还处于一种生机勃勃的状态，如表 6-6 所示。

表 6-6 2002 年长岛小学基本情况

岛屿	学校名称	班级数（个）	学生数（人）	教师数（人）
南长山岛	第一实验小学	21	961	61
	第二实验小学	19	783	50
北长山岛	北长山小学	10	226	23

---

① 参见《长岛综合试验区各类学校情况介绍》（2021 年，内部资料）。

续表

岛屿	学校名称	班级数（个）	学生数（人）	教师数（人）
大黑山岛	大黑山小学	4	95	8
砣矶岛	中心小学	9	268	21
	井口小学	3	84	4
	后口小学	5	93	8
	磨石嘴小学	5	126	8
大钦岛	中心小学	6	246	12
	东村小学	5	159	8
小钦岛	小钦岛小学	5	72	9
北隍城岛	北隍小学	5	174	9
南隍城岛	南隍小学	5	78	9
合计	—	102	3365	230

数据来源：《长岛综合试验区各类学校情况介绍》（2021年，内部资料）。

中学方面，2002年，长岛共有初级中学3所（含完全中学初中部），分别分布在县域的南、中、北三端，以便那些住得离学校很远的海岛学生能每一两周或每月进行家校之间的艰苦往返。此外，1所完全中学的高中部分布在县城所在的主岛。所有中学的在校生共计4088人，其中初中生3238人、高中生850人，教学班82个，教师292人，大专学历以上的教师289人（其中本科83人），学校整体的规模和数量都远较现在具有生机与活力，如表6-7所示。

表6-7 2002年长岛中学基本情况

学校名称	班级数（个）	学生数（人）	教师数（人）
长岛中学初中部	46	2429	166
砣矶中学	13	634	49
钦岛中学	5	175	19

续表

学校名称	班级数（个）	学生数（人）	教师数（人）
长岛中学高中部	18	850	58
合计	82	4088	292

数据来源：《长岛综合试验区各类学校情况介绍》（2021年，内部资料）。

从上述数据可以发现，长岛的生源外流在逐步加剧，进一步瓦解了原本就脆弱的岛屿教育生态系统。小型县域的教育生态系统并不稳定，往往难以承受外界的风吹雨打。长岛虽然地处海洋之中，但大陆上的学校撤并等趋势也会影响其教育布局调整。长岛的一轮教育布局调整政策在2003年颁布，与全国趋势相一致。

学校布局调整的趋势影响广泛，即便是家校距离过大的海岛县也不能成为例外。2003年，井口小学被撤销，2004年，磨石嘴小学和后口小学被撤销，砣矶镇的中心小学与砣矶中学合并建成砣矶学校（九年一贯制学校）。后来，由于学龄人口太少，学校规模明显不足，影响了资源的使用效率，学校合并的潮流再度出现。2006年，长岛中学高中部与长岛职业高中合署成立长岛县高级中学；长岛中学初中部一分为二，分别与长岛县第一实验小学、第二实验小学成立了2所九年一贯制学校，即长岛县第一实验学校、长岛县第二实验学校；钦岛中学被撤销，大黑山小学、小钦岛小学和南隍小学三年级以上的年级被撤并到长岛县第二实验学校。2011年，大钦岛的东村小学被撤销，2012年砣矶学校初中部与北隍小学三年级以上的年级被撤并至长岛县第一实验学校、长岛县第二实验学校，砣矶学校改名为砣矶镇中心小学，大钦岛也仅有1所小学，大黑山岛、小钦岛、北隍城岛和南隍城岛上的小学，已经成了4处教学点。

与2002年相比，2018年长岛的在校生数量下降了近70%，从20世纪80年代的每年千人之多下滑到每年只有400—500人。这一方面是因为出生率的高峰已经过去，而生育率的低谷到来了，如2018年全县出生人口仅354人。另一方面，北部乡镇岛屿不再兴办初中和三年级以上的教育，这些岛屿的孩子需要外出到县城就学。但对乡镇岛屿的渔民来说，"与其到长岛上学，不如一步到位，到周边陆地教学质量更好的学校就学，甚至直接在陆地的城市学校附近购房居住"①。

所有这些因素，都打击了长岛各类学校在校生的数量与规模。根据当地教育部门统计，有大批乡镇岛屿的学生在蓬莱、烟台、牟平、海阳等地就学，具体数量难以一一核实与统计。近年来，全域人口出生率还在进一步降低，学校面临着后继乏人的局面：2020年"年末总户籍人口40898人……，出生人口213人，死亡人口284人，出生率5.18‰，……自然增长率-1.73‰"②。

第三节　平潭：一个小型空间内的生源竞争与教育布局模型

为追溯海岛县域的教育空间布局，笔者曾于2019年上半年专程到平潭进行田野调查。

相较于长海和长岛，平潭面积较大，人口众多，有45余万人，是一个大型海岛县。平潭是隶属于福建省的一个近大陆的海岛县，在地域空间、历史传统与自我认同上，其是一个具有鲜明特点的地域性空间，本书将其作为一个县域的样本进行研究③。

在行政区划上，平潭辖7镇8乡，其中7镇与4乡位于主岛，包括潭城镇、苏澳镇、流水镇、澳前镇、北厝镇、平原镇、敖东镇、白青乡、芦洋乡、中楼乡、岚城乡，人口超过了40万人；在离岛上散布有4乡，即

---

① 根据笔者2019年12月对当地教育行政人员的访谈内容整理。
② 参见《2020年长岛综合实验区国民经济和社会发展统计公报》。
③ 2009年，设立福州（平潭）综合实验区，2010年，福州（平潭）综合实验区更名为福建省平潭综合实验区，行政级别升格为正厅级。但在空间区域上，它还是一个县域的空间辖区。

屿头乡、大练乡、南海乡与东庠乡，这些离岛人口不足5万人。全域共有居委会、行政村200个。

2018年，平潭共有小学40所，小学在校生29588人；全区共有中学24所，在校生20580人，其中高中9所，在校生7173人。2018年末，全域中小学教师为3718人，其中城镇2892人、农村826人。2018年，当地财政教育经费投入达9.58亿元。[①]

全域的学校主要集中在海坛岛所在地，每一所学校都面临着巨大的生源压力，2017年的招生划片政策通知称："今年城区7所公立小学一年级计划招收39个班，每班45人，共计1755人。其中：实验小学5个班225人；城东小学6个班270人；城中小学7个班315人；城北小学5个班225人；北门小学2个班90人；第二实验小学8个班360人；城关小学6个班270人。"[②]

实际上，根据笔者一行人2019年5月底的调查，城区中小学都存在大班额与大校额现象，最大的一所小学超过了3000人，其班额在60人左右，而大部分城区小学的班额都在50人以上。当地的教育管理者介绍说，小学和初中的招生矛盾特别突出，生源向中心城区集中的趋势明显加剧。这也是当地政府近年来连续出台规范招生秩序的文件的重要原因。

除了城区学校，海坛岛上城区周边的学校也属于当地较好的学校，当地称之为"城关学校"。2017年的招生办法称："城关地区周边公立小学拟招12个班，共计540人。其中龙山小学1个班45人；中湖小学4个班180人；上楼小学2个班90人；大潭下小学1个班45人；正旺小学2个班90人；中南小学2个班90人。"[③]

海坛岛上的公立学校招生完毕之后，剩下的生源"蛋糕"就由民办学校来瓜分了。根据当地教育行政部门基教科工作人员介绍，平潭的民办教育多年来一直没有发展起来，民办学校"一直就三四所，一直就那

---

① 参见《2018年平潭综合实验区国民经济和社会发展统计公报》。
② 参见《平潭综合实验区教育局2017年秋季小学一年级招生工作意见》。
③ 同②。

样,……县城的学生不愿意去,乡下的生源迫不得已才过去上学"。笔者后来分析发现,平潭的民办教育发展有一个难以逾越的天花板:在一个小型的封闭的空间区域,海坛岛上的生源规模是相对固定的,外面的生源基本上进不来,生源范围固定不变;这成为当地民办教育发展的上限,其生源增长的空间被锁定了。一直以来,民办学校的数量相对稳定,这是市场在发挥无形的调节功能。过去,一旦城区增加一两所公办中小学,1所民办学校就可能失去生源进而消亡。2017年,岛上共有3所民办小学招生,如今只剩下2所了。当时的文件显示:"2017年秋季民办小学一年级拟招12个班,每班45人,共计540人。其中海滨学校拟招5个班225人;新世纪学校拟招4个班180人;成龙小学拟招3个班135人。"[①]

除了以上城区与城郊区的小学,在农村与各个离岛还存在25所村小或者乡镇中心小学。当地的招生文件显示,乡镇学校的招生区域为乡镇范围,基本上不存在入学的竞争压力。这样,在县域之内,学校的分布具有如下空间特点。

第一,主岛形成了强力的磁吸效应,将周边乡村的生源吸引到县城学校。主岛海坛岛存在激烈的生源竞争压力,学生从岛上的边缘乡镇向中心城区的学校聚集,产生了巨大的入学压力,也造成了中心城区学校的规模不断扩张,城区学校变大,空间变得更加拥挤。

第二,城市周边的城关学校相对来说竞争压力较大,也存在生源集中的趋势。农村学校面临着生源流失的巨大压力,特别是处于海坛岛上的农村学校。由于与县城和城关学校的距离就在3—5千米,因此生源向城区集中的趋势非常明显。

在生源向城区学校集中的趋势下,部分民办学校分担了公办学校的压力,为生源的分流提供了另外一条途径,这些农村涌入的生源为民办学校的生存提供了市场。由于处于孤立而封闭的空间之中,平潭的生源范围相对封闭,自成一体,本地生源一般不外流出岛,陆地上的生源也不会

[①] 参见《平潭综合实验区教育局2017年秋季小学一年级招生工作意见》。

流入岛内的民办学校，因此，海坛岛具有一个稳定而相对独立的生源规模。历史上，平潭曾经有更多的民办学校，但一旦城区新建1所公办小学，当地的民办小学便会消失1所，形成了此消彼长的生存态势。笔者2019年春季进行调研访问时，当地的教育界人士对我们说："平潭的生源就这么多，民办学校基本上保持了稳定，学校规模都不大，有些甚至'死掉了'。"

在地理空间分布上，平潭是由中心的大型主岛以及四个小乡所在的四个离岛构成的，四个离岛乡的基本情况如表6-8所示。

表6-8 四个离岛乡的基本情况

乡镇	人口（人）	村庄（个）	中小学（所）
南海乡	6798	7	13
东庠乡	10400	7	—
大练乡	2700	9	—
屿头乡	17615	10	4

数据来源：人口数据参见国家统计局农村社会经济调查司.中国县域统计年鉴2020：乡镇卷[M].北京：中国统计出版社，2021：226；村庄数据参见2021年统计用区划代码和城乡划分代码。

离岛乡的学校形成了一种特殊的空间格局，基本上是由1所初中和数所小学组成，近年来增加了一部分幼儿园。在我们调研时，当地教育局负责人认为，平潭的整体规划是在每一个乡镇设立九年一贯制学校，减少学校空间布点的数量，适度提升学校的规模。

位于主岛的澳前镇，其人口超过5万人，面积只有29平方千米。原本存在近10所小学，但在2017年新校区建设时建成了一所大型学校——澳前镇中心小学，其整合了辖区内4所小学（澳前中心小学本部、东兴小学、龙南小学、前进小学）与2个教学点（光楼小学、龙北小学），暂且保留了辖区内的3所完全小学（龙山小学、潭角底小学和大碣下小学）。

由于海岛县常常受到海风或雷雨的冲击，因此学校撤并之后会对儿童上学产生影响。为了适应当地多风多雨的气候特征，当地教育部门在平潭的主岛发展了校车系统，每所学校的校车早、中、晚在定制的线路上循环往返，将学生送到居住的村庄或学校。

总体而言，平潭的教育形成了主岛具备相对完整的教育生态、离岛设立九年一贯制学校的空间格局，如图6-3所示。

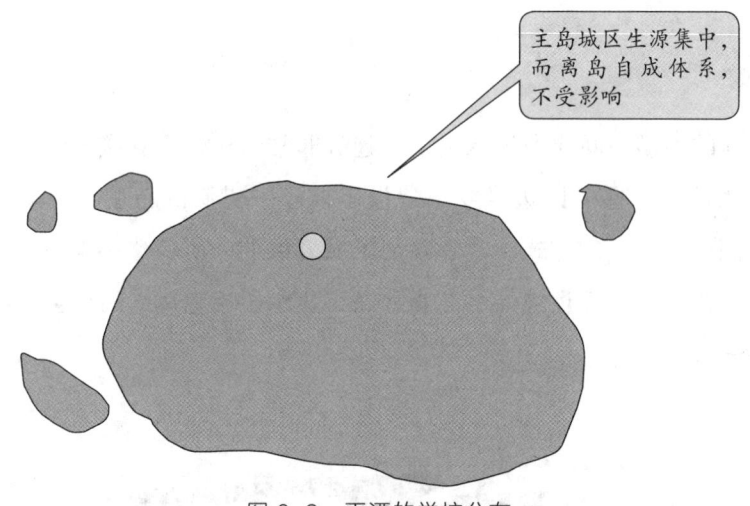

图6-3 平潭的学校分布

在上述空间格局之中，主岛海坛岛只有267.13平方千米，岛上却聚集了40万人。如果与陆地县域比较，其人口规模相当于陆地上的一个中等县域，但其幅员又远远小于一般的陆地县域。作为一个孤立的海岛，该岛可以作为一个探究县域生源流向的理想型个案。因为其生源无法外溢到其他地方，理论上会流向城区的中心地带，而距离远近是影响生源流向的重要因素之一，如图6-4所示。

根据简单的算术计算，在平潭的主岛之上，理论上周边的任一村庄到中心城区的学校都不会太远——最边缘的主岛村庄距离市中心只有9—9.5千米，在天气晴朗的时候，只需要10分钟左右的车程。这样一个狭小的区域在客观上提供了一个与世隔绝的理想的竞争环境，人们可以通过这样一个模型来观测与透视当前中国县域生源向中心城区流动的社会现实。

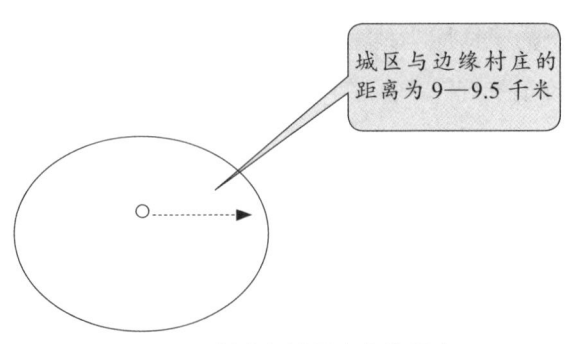

图 6-4　村庄与城区中心的距离

　　主岛的小型空间导致生源集中的趋势非常明显，而县城无法容纳所有学生，因此，一些城区边缘乡镇建设了九年一贯制的新型公立学校，采取寄宿制或者走读的方式。笔者参观了城郊区的一所新建小学——澳前镇中心小学，学校硬件环境的水准非常高，显示了当地优越的社会经济水平（如图 6-5 所示）。

图 6-5　澳前镇中心小学

　　根据当时的观察，当地生源集中的趋势非常明显，农村生源急剧向县城集中，进城的竞争非常激烈。当地一所知名城区学校的校长说："一到招生的那个月，我一个月不敢开手机，头都大了。大家都找，开机惹人。"在这样一个小型社会之中，人们之间形成了错综复杂的社会联系，尽管有正式的规则，但基于熟人社会的个体关系或者特殊主义的规则依然难以避免，因此形成了不同于大都市的社会规则。

在学校生源逐渐向城区集中之时，海坛岛上的乡村学校逐渐走向了消亡。当地教育部门规划一个乡镇保留 1 所初中和数所小学，但实际上，在小型的海岛县，村庄距离城区太近了，县城周边的乡村小学几乎都被撤并了。学校撤并之后，周边乡村的学生按照定制的校车线路，每天往返于学校与家之间。我们在两所乡镇学校都看到了黄色的校车，排成一排来接送周边乡村的孩子，景象非常壮观（见图 6-6、图 6-7）。

图 6-6　流水镇中心小学的校车　　图 6-7　澳前镇中心小学的校车

作为一个省级实验区，平潭已经具备了正规化的地市级的社会建制，其上层干部主要来自外地与陆地之上的省城，社会发展的趋势要求将普遍性的法则在当地推广开来。为了控制生源的流向，当地政府每年都会出台具体的生源控制政策，严格管理中学、小学、幼儿园的招生，教育局制定了严格的划片、摇号等大城市入学采用的办法，规范招生秩序，但每一所学校都依然面临着巨大的压力。

离岛的人口与社会形成了一个独特的体系，它们成为一个个孤立的行政区划空间，属于一个孤立的乡镇区域。海水的阻隔使得这些地方的中小学自成体系，形成了一个涵盖中小学的完整的基础教育系统，如南海镇历史上竟然分布着 13 所中小学。在主岛与离岛之间，海况变幻莫测，交通存在很大的不可预知性，因此很难保证一日往返，这就打消了离岛学生流向主岛的意愿，阻断了其流向主岛的路径，他们只能安心生活在离岛的空间之内。这也使离岛的生源不受主岛影响，形成了一种独立的教育发展空间。离岛的儿童往往只有到了高中之后，才会到主岛的寄宿制学校就读。

第四节 岱山：主副岛的"双中心效应"

为调查浙江省岱山县的教育空间分布，笔者在 2021 年 4 月从宁波乘坐公交与轮渡，一路经舟楫与大巴之转换，完成了实地的考察。

岱山县位于舟山群岛中部，是一个距离海岸非常遥远的海岛县。其陆地面积为 326.5 平方千米，由 379 个岛屿组成（其中有人居住的岛屿为 16 个）。

一、行政区划与岛屿、人口空间分布

岱山是一个名副其实的海洋大县，全域被大海所包围，岱山岛、衢山岛是最大的岛屿，也是岱山人口最密集的区域。

在行政区划上，全县辖 7 个乡镇，其中岱山岛就有 4 个镇，县政府的驻地也在岱山岛的高亭镇。近年来，与其他海岛县类似，岱山县的人口亦出现了外流的趋势，2018 年，全县户籍人口为 178845 人，比 2017 年末减少 3085 人。

从行政区划而言，各个乡镇与离岛的情况如表 6-9 所示。

从表 6-9 可以发现，岱山县的人口主要聚集在岱山岛及衢山岛，分别约 10 万人与 5 万人，形成了以本岛（岱山岛）为中心、以副岛（衢山岛）为副中心的人口空间分布结构。其余三个较大的岛屿——大长涂山岛、小长涂山岛、秀山岛均有乡镇的行政建制，但这些乡镇的人口都大致在 5000—8000 人。小岛的人口规模在某种意义上决定了学校的数量与空间分布。岱山县学校的空间分布也一一对应了其人口与行政区划的空间分布，形成了"一主一副"的空间特点。

表6-9 岱山县有人居住的岛屿的基本情况[①]

序号	岛屿	乡镇区域	面积（平方千米）	2018年人口（人）	2013年人口（人）
1	岱山岛	高亭镇、东沙镇、岱东镇、岱西镇	104.97	104695	106222
2	衢山岛	衢山镇	59.79	49225	52877
3	大长涂山岛	长涂镇	33.56	4762	5088
4	秀山岛	秀山乡	22.88	7302	7991
5	小长涂山岛	长涂镇	10.92	7372	8160
6	官山岛	高亭镇	3.14	1185	1202
7	黄泽山岛	衢山镇	2.53	1173	1258
8	小衢山岛	衢山镇	1.87	1485	1599
9	大岐山岛	高亭镇	1.94	479	497
10	江南山岛	高亭镇	0.72	1167	1140
合计	—	—	242.32	178845	186034

数据来源：《岱山县统计年鉴2018》《岱山县统计年鉴2013》。

岱山县距离大陆较远，海洋上的交通风险与极易受天气影响的交通方式限制了生源的大量外流，因而其保持了一种相对独立且稳定的海岛教育系统。作为远离大陆中心城市的海岛，岱山岛到最近的城市舟山市的直线距离为45千米，但无直接的陆路交通方式，需要采用开车与乘轮渡相结合的出行模式——二者总的时间距离超过90分钟。而岱山岛与浙江东部的中心城市宁波市的距离则超过了100千米，乘轮渡与开车加起来所需要的时间超过了3小时，若全程乘坐公共交通将会花费3—4小时。这样的时间与空间距离限制了中小学与幼儿园学生的流动，从交通的空间距离与家长的心理距离考虑，几乎所有的儿童都会留在当地上学。

[①] 岱山县共有16个岛有人居住，除表6-9呈现的10个岛外，其余6个岛上居住的为企业职工或其他工人。

然而，县域之内的生源难以流出岱山岛并不代表人口相对稳定，也不代表出生率的稳定。与其他小型海岛县一样，岱山县也遭遇了人口外流的压力，总人口呈现出负增长的趋势。这一点如果以五年期来做比较就更加明显。如表6-9所示，2013年的户籍总人口为186034人，到了2018年则下降为178845人，2018年比2013年下降了3.86%。人口密度也开始下降，岱山县人口密度在2013年与2018年分别为578人/平方千米与548人/平方千米。五年时间，人口密度下降了30人/平方千米。[①]从新生儿来看，绝对数量每年也在不断下降：2013年出生人口为1013人[②]，而到了2018年，出生人口为775人[③]，五年时间下降了23.5%。出生人口数量的下降在未来会加剧岱山学校布局的收缩，也给小型海岛县学校未来的发展带来许多不确定的因素。

在岱山岛与衢山岛，几乎所有的村小都处于"名存实亡"的境地。当笔者2021年4月驱车前往地图上标注的村小查看时，地图上仅有的2所地处农村的小学——万良中心小学、四平中心小学，都已经人去楼空，只留下完好无损的校舍矗立于村落的边缘（见图6-8、图6-9）。

图6-8　衢山镇万良中心小学　　　　图6-9　衢山镇四平中心小学

图片来源：笔者2021年4月调研时拍摄。

这些完整、宽广的学校空间刚刚失去其效用，学校的校舍建筑还都非常坚固与干净。了无人气的空间显得空旷而寂寥，其建筑的文化特点与村

[①] 参见《岱山县统计年鉴2018》《岱山县统计年鉴2013》。
[②] 参见《岱山县统计年鉴2013》。
[③] 参见《岱山统计年鉴2018》。

落形成了强烈的反差，无论是建筑的样式、结构、颜色还是空间特点，都具有"飞地空间"的形态特点，具有非地方性的空间特征。

后经查证，这两所小学均在2021年被撤销，四平中心小学的公告这样写道[①]：

> 根据《中共岱山县委机构编制委员会关于调整岱山县教育局所属相关学校机构编制的批复》（岱编委〔2021〕2号），岱山县衢山镇四平中心小学（统一社会信用代码：12330921472200385B）拟向岱山县事业单位登记管理局申请注销登记。请债权人自2022年1月6日起90天内向拟注销单位申报债权。
>
> 联系人：×× 联系电话：××××××××××
> 特此公告。
>
> 岱山县衢山镇四平中心小学
2021年1月6日

另一则万良中心小学的公告是这样写的[②]：

> 根据《中共岱山县委机构编制委员会关于调整岱山县教育局所属相关学校机构编制的批复》（岱编委〔2021〕2号），岱山县衢山镇万良中心小学（统一社会信用代码：123309214722003936）拟向岱山县事业单位登记管理局申请注销登记。请债权人自2022年1月6日起90天内向拟注销单位申报债权。
>
> 联系人：×× 联系电话：××××××××××
> 特此公告。
>
> 岱山县衢山镇万良中心小学
2021年1月6日

---

① 参见《岱山县衢山镇四平中心小学注销登记公告》。
② 参见《岱山县衢山镇万良中心小学注销登记公告》。

另外　所乡村小学——东沙小学（见图6-10）的撤销公告这样写道[①]：

根据《中共岱山县委机构编制委员会关于调整岱山县教育局所属相关学校机构编制的批复》（岱编委〔2021〕2号），岱山县东沙小学（统一社会信用代码：123309214722003343）拟向岱山县事业单位登记管理局申请注销登记。请债权人自2022年1月6日起90天内向拟注销单位申报债权。

联系人：××　　　联系电话：××××××××××

特此公告。

岱山县东沙小学
2021年1月6日

图6-10　岱山县东沙小学

图片来源：笔者2021年4月调研时拍摄。

---

① 参见《岱山县东沙小学注销登记公告》。

村庄生源的减少及向县城、中心镇集中，造成了一个直接的后果：村小逐渐消失了，县城和镇上的学校则逐渐大型化。为了孩子就学方便，农民、渔民在岱山县城或衢山镇买房居住，村庄日渐萧条、冷清，显得更加孤寂与落寞。笔者在当地考察时，正好见证了村小被撤销这一特殊的事件。在村落之中，无论是渔村还是农村，老人与妇女是最常见的面孔，人气的冷清弥散在当地的空气之中。

村庄日渐衰败，人们日渐衰老，村庄变得更加小型化与边缘化，人气似乎逐渐消失殆尽，人间烟火之色似乎都慢慢退却了。在这样的村庄社会氛围之中，学校也逐渐凋零、归于沉寂，而民间的庙宇和教堂，在日渐凋零与散失人气的社会氛围之中，则显得更加巍峨与雄伟（见图6-11、图6-12）。

图6-11　日渐冷清的村落街道　　图6-12　村庄之中的巍峨寺庙
图片来源：笔者2021年4月调研时拍摄。

在笔者参观之时，许多庙宇与教堂矗立在村落之中，成为村落空间中的地标性建筑。在人气渐弱的村落之中，它们变得更加壮观：黄色的庙宇与巍峨的教堂是当地最好的建筑，两者共同构筑了当地人精神信仰的空间，并在老年人的精神世界中进行竞争。当地的司机曾告诉我："这边信仰佛教的特别多，此外还有（信）基督教的，两者不通婚，也相互不往来。"这些巍巍神庙，是地方的神圣空间，是神圣之地（holy or sacred places），在其中天堂、大地与地狱都可以贯通与交流，它们被视为世界的中央（雷尔夫，2021）[25-26]。这些具有特殊的地方感的空间，也联结着当地的文化与情感认同。在当地村民看来，这些庙宇是"有意义的区位"（meaningful location），其意义不仅在于物理上的功能性，更重要的是村民对于这些空间的主观认同和情感上的依附性（何瀚林 等，2014）。

在海岛上这些小型的人类聚落中，人们似乎更容易走向孤寂与沉默。由于远离都市的繁华世界与大型市镇的热闹兴旺，孤立的人群迫切需要寻找终极的关怀，寻找人生的意义与确定性。海洋、海岛与孤立的人类生活势必造成海岛上的人们与宗教的天然联结。因此，在东南海岛及沿海地区，佛教、道教、基督教呈现出复兴的趋势。

在日渐老龄化的居民点，孩子越来越脱离当地的社会，到大衢镇①或者岱山县去读书，而留下了老年人。老年人更加注重"身后"的世界，注重精神上的慰藉和寻找人世之中的精神空间。在小学逐渐消失的海岛上，精神空间的竞争也消失了，嵌入村落文化空间、民间社会的学校所传输的通识性知识，如现代科学、现代理性等日渐远离了地方空间，村落社会重新回归地方性之中，回归传统之中。

相对于这些神圣空间，学校是一种无差别的空间，具有无地方性的鲜明特征。学校撤离后，"无地方空间"（雷尔夫，2021）[216-217]也将被撤出或者重置，文化的"飞地"将不复存在。虽然学校空间具有无地方性，但显然它对于改变狭隘的观念与小农意识具有一定的功用。

二、岱山县中小学的空间结构

在优质学校联盟的建设中，岱山县人民政府的文件提出"以本岛城区优质义务教育学校为龙头，建立多样化的教育共同体模式，带动离岛义务教育学校共同发展。目前，成立以岱山实验学校初中部与大衢中学初中部，

---

① 指衢山镇，大衢镇为当地人的口头叫法。

岱山实验学校小学部与蓬山小学、岱中小学，高亭小学与秀山小学、岱东小学，高亭中心小学与长涂小学、怀慈小学，以及衢山四校等共同体"[①]。

岱山县教育局 2018 年底公布的《全国义务教育优质均衡发展县申报表》显示，全县小学总数为 13 所（其中，九年一贯制学校小学部有 1 所，50 人及以上教学点 0 个），初中总数为 4 所（其中，九年一贯制学校初中部 1 所，完全中学初中部 1 所），如表 6-10 所示。

表 6-10　岱山县中小学统计表

学校类型	学校名称	在校生数（人）	位置
小学	万良中心小学	55	衢山岛
	敬业小学	1491	衢山岛
	四平中心小学	79	衢山岛
	高亭小学	901	岱山岛
	高亭中心小学	987	岱山岛
	岱中小学	397	岱山岛
	蓬山小学	186	岱山岛
	桂花小学	147	岱山岛
	怀慈小学	140	岱山岛
	岱东小学	174	岱山岛
	实验学校小学部	1514	岱山岛
	秀山小学	225	秀山岛
	长涂小学	112	小长涂山岛
初中	大衢中学	652	衢山岛
	高亭初中	735	岱山岛
	岱山初中	406	岱山岛
	实验学校初中部	889	岱山岛

数据来源：岱山县教育局《全国义务教育优质均衡发展县（市、区）申报表》（2018 年 11 月，内部资料）。

---

① 参见《岱山县申报全国义务教育优质均衡发展县自评报告》（2018 年 11 月，内部资料）。

目前，岱山县制定了本县教育布局远景规划的文本，其幼儿园与中小学的空间布局如图 6-13、图 6-14 和图 6-15 所示。

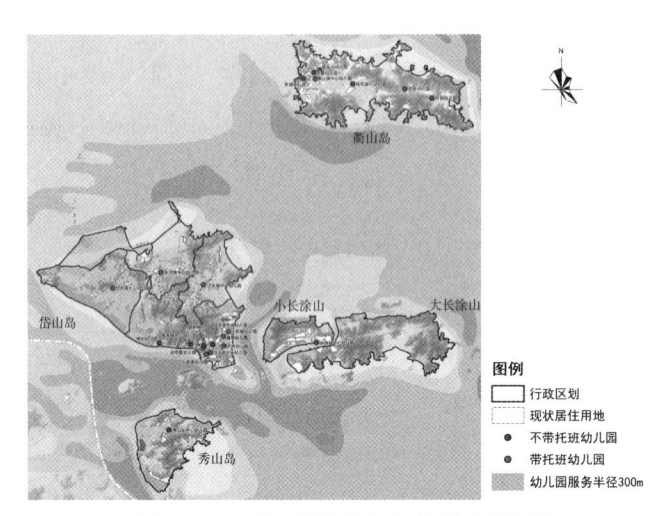

图 6-13　岱山县幼儿园远景规划示意图

图片来源：《岱山县幼儿园远景规划》（2020 年，内部资料）。

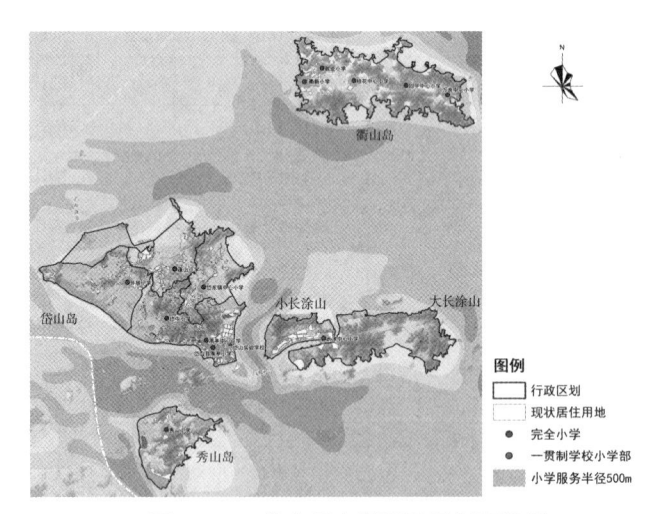

图 6-14　岱山县小学远景规划示意图

图片来源：《岱山县小学远景规划》（2020 年，内部资料）。

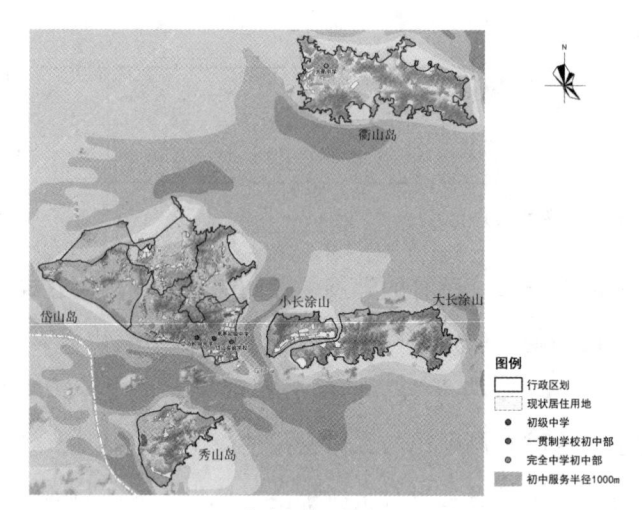

图 6-15　岱山县初中学校规划布局示意图

图片来源：《岱山县初中学校规划布局地图》（2020 年，内部资料）。

对比 2018 年现实的空间分布与远景规划，可以发现在远景规划中，主要的学校空间变化不大，小学只增加了 2 所，且都分布在衢山岛上，旨在降低敬业小学的入学压力，并适当缩短上学的距离。

从现实的空间分布来看，小学在主岛岱山岛设有 8 所（含九年一贯制学校小学部 1 所），在副岛衢山岛设有 3 所，有 2 个离岛各有 1 所，一共 13 所小学。小学的空间分布形成了一个中心（岱山岛）、一个副中心（衢山岛）的格局。这一空间分布主要取决于人口的空间分布，4 个设有小学的岛屿的人口数量也排在前四位（见表 6-11）。

表 6-11　岱山县主要岛屿的人口数量

岛屿名称	乡镇分布	人口（人）
岱山岛	高亭镇、东沙镇、岱东镇、岱西镇	104695
衢山岛	衢山镇	49225
秀山岛	秀山乡	7302
小长涂山岛	长涂镇	7372

续表

岛屿名称	乡镇分布	人口（人）
大长涂山岛	长涂镇（无小学）	4762

数据来源：《岱山县统计年鉴2020》。

在这5个大岛上分布了所有的学校，即便如大长涂山岛这样一个面积第三、人口第五的岛屿，由于人口降低到不足5000人，也没有布局小学。从另一个角度来解读，这些学校的空间分布可能完全与乡镇的分布相适应：除了现在县政府驻地高亭镇与人口密集的衢山镇，其他5个镇都只布局了1所小学，这些乡镇有且只有1所小学。这也适应了行政辖区的空间特点，适应了海岛的地理空间。因此，小学的空间分布一则与人口的分布相关，学校具有先天的人口敏感性；二则会顾及行政空间的特点，至少1个乡镇保留了1所学校。即便在主岛，4个乡镇的面积都非常狭小，但在这样狭小的空间之中依然布局了1所学校。岱山岛是一个小型空间，却密布了4个乡镇，每个乡镇的面积在25平方千米左右，大大低于一般平原乡镇70平方千米的幅员标准[①]。

初中方面，岱山县现有的4所初中（含九年一贯制学校初中部）分布在主岛岱山岛和副岛衢山岛，至于其他人口低于1万人的岛屿，其初中已经被撤并，生源全部分流到了表6-12中的4所学校之中。因此，理论上这些初中多是寄宿制学校，需要容纳远离本岛的其他离岛的生源，满足其远离家乡到县城求学的需求。

[①] 一个标准的中国平原乡镇，面积一般在70平方千米，但在不同的地形区和农牧区等会有巨大差异。在美国，一个标准的小镇（township）空间在36平方英里，相当于100平方千米，在早期其被分为36个部分（section），每个部分又一分为四，相当于160英亩，即一个早期的家庭农场的面积。后来小镇又被分得更小，小型农场的面积不断缩减，早期每个镇人口只有500—800人，后逐渐扩展到2000—3000人。参见格蒂斯A，格蒂斯J，费尔曼.地理学与生活：全彩插图第11版[M].黄润华，韩慕康，孙颖，译.北京：北京联合出版公司，2017：29.

表6-12 岱山县初中在校生数及位置

初中校（部）	在校生数（人）	位置
大衢中学	652	衢山岛
高亭初中	735	岱山岛
岱山初中	406	岱山岛
实验学校初中部	889	岱山岛

数据来源：《岱山县申报全国义务教育优质均衡发展县自评报告》（内部资料）。

从中小学的空间格局中，可发现岱山模式不同于平潭和长岛等地，岱山县的主岛面积在这四个案例中排第二位，小于平潭而多于其他海岛县。岱山县的一个突出特点是主岛和副岛的双岛效应，主岛分布了全县一半以上的人口，副岛衢山岛相对远离主岛，但人口有约5万人，形成了一个行政或教育的副中心空间，分担了主岛人口与教育系统的压力。因此，在学校的空间布局上，主岛与副岛形成了一种特别的空间结构，形成了教育的中心与副中心区域，副中心分担了县域中心的生源压力。

从衢山岛到岱山岛需要搭乘轮渡，但海上风浪的不确定性，以及经常性的台风、暴雨等，造成了交通与心理距离的高风险预期。因此，在历史上，衢山岛一度独立成县，直到现在，衢山岛上还有公立机构的派出机构或"备份分支"，如政府、法院、医院、邮局、电影院……，保留了一套县城同类机构的"复制品"，它们驻扎在这个相对遥远的副岛上，服务当地的人民。

这一主岛与副岛的双中心结构，鲜明地体现了海洋岛屿的空间特征，并与陆地县域的学校空间分布形成了空间分异性，成为一种特别的空间类型。在主岛上，县城成为区域的行政与商业中心，市场繁华与人口聚集之地成为区域中心，并对周边距离较近的四个小型离岛产生了强烈的磁吸效应。近年来，随着高速公路与跨海大桥的修建，小型离岛到达主岛县城的时间距离进一步缩短了，小型离岛的学校逐渐边缘化，生源流失造成了学校的进一步萎缩，最终被撤并。区域小岛的小学，其命运并不由自身所掌握,而是被市场、社会等外部条件所控制。

但县城对距离较远的衢山岛的低龄生源并不具有强烈的磁吸效应。一则在于距离遥远,对低龄儿童而言,海上 28 千米的距离无法逾越且构成了一个心理安全的障碍;二则在于副岛的人口与市场规模,衢山岛上市场繁华、商品丰富、公共服务健全,多种公立机构驻岛运营,政府机构、学校与医院一应俱全,这成为其政治地位的象征性符号,亦使其成为一个偏离中心磁吸效应的独立副中心,如图 6-16 所示。

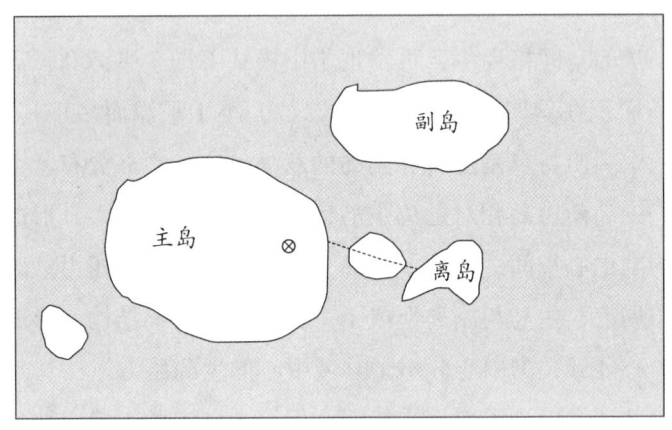

图 6-16　岱山县学校空间布局

在上述空间结构之中,中小学在主岛周边出现了集中趋势。与陆地上的县域类似,县城不仅是学校集中地,也是生源集中地。周边离岛,如秀山岛、大长涂山岛、小长涂山岛、官山岛、大峧山岛、江南山岛等的生源被吸引到主岛所在地的县城就读,形成了围绕主岛的生源集中趋势,初中阶段生源的集中趋势更加明显。

与此同时,衢山岛远离主岛,其人口规模在 5 万人左右,这足以形成一个活跃的基层市场或中心地,从而使其成为一个相对独立的岛屿空间。这样一个类县城的副中心区域分担了主岛的人口及生源压力,也在某种意义上分享了主岛的政治、经济、文化的唯一中心的地位。衢山岛的房价开始上涨,据说超过了内地的许多县城,这对于衢山岛的村落而言,形成了较大的吸引力。衢山岛只有一条十分狭长的 L 形商业大街,街上遍布酒店、饭店与商业区，衢山岛在2018年还有3所小学，分别是敬业小学、万良中心小学、四平中心小学，其中敬业小学位于集镇所在的中心地，周围环境较繁华。但2021年，2所小规模的村小已经消失了。镇上集中了幼儿园、小学、初中，都分布在狭小的空间领域，相互之间的距离在300米之内。早晨8点前后，衢山镇的大路上遍布"摩的"、电动摩托车等，送孩子的家长络绎不绝，成为小地方难得一见的匆忙时段。那些来自乡村的孩子，要想在镇上最好的敬业小学就读，则需要由父母陪同或者采取"小饭桌"这一托管方式[①]，在学校附近租房或寄宿。一到傍晚下课时间，敬业小学对面的"小饭桌"就十分热闹。沿着敬业小学前面的人民路行进约200米，就是岛上唯一的初中大衢中学，它是一所寄宿与走读相结合的学校。镇上的中心幼儿园（见图6-17）则在L形街道外侧的一条街道上，并不在主要的大道边，显得有点偏僻。该幼儿园主要吸纳的是镇上的幼儿，边远乡村的孩子因为不便寄宿，并不到这里就读。

图6-17　衢山镇中心幼儿园

图片来源：笔者在当地调研时拍摄。

在空间距离上，衢山岛距离县城约28千米，搭乘轮渡的时间在一个

---

① "小饭桌"为民间的一种学生托管形式，在基层县域非常盛行。许多"小饭桌"并没有合法注册，处在政府监管的盲区。

半小时左右。这一距离加上海上航行的不确定性因素，对上学的儿童而言算得上十分遥远了，构成了一个无法逾越的现实阻碍，如图 6-18 所示。

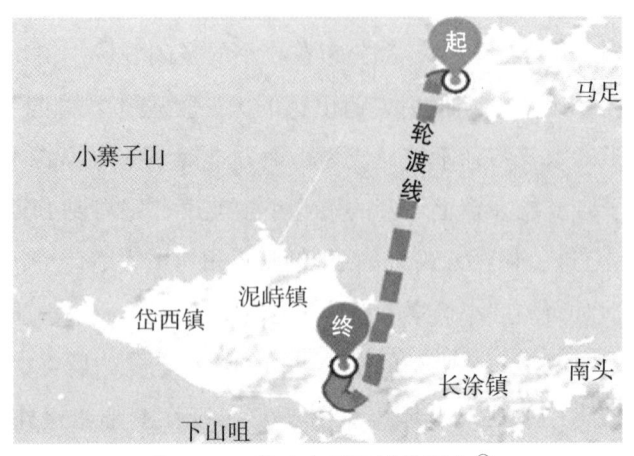

图 6-18　衢山岛到县城的距离[①]

搭乘一个半小时的海上轮渡的心理与情感体验可能完全不同于陆上交通。搭乘海上轮渡由于复杂多变的天气而充满了不确定性，海上航行在人们的精神世界之中成为一个充满风险的"符号"，一个文化代名词；特别是对年幼的孩童而言，其风险性与不确定性明显加剧了，海上航行将儿童的柔弱与充满复杂性与风险的交通关联在一起，使人在心理与情感上难以平滑地接受。在陆地上完成 28 千米的行程可能只需要半小时，但在海上航行会超过一小时，因而，同样的距离在陆地与海洋具有不同的文化意义。人们在海上旅行中所体验到的心理与情感的距离可能远比采用陆路交通方式所体验到的更复杂与漫长，海上的空间也远比陆上相同距离的空间让人更感到遥远，更加充满了风险。

这一点影响了幼儿园的空间布局，也使得海洋空间的意义完全展现出来。岱山县的远景规划布局了 22 所幼儿园，基本上每一个主要的岛屿上都有幼儿园，每一个乡镇都至少有 1 所。若结合小学的空间布局，这一点便更加明显，基本形成了一个乡镇 1 所小学与 1 所幼儿园的标准布局。岱山

---

① 测算时间为 2022 年 5 月 1 日上午 10 点。

岛上的县城人口稠密，相对集中布局了一批学校；而在衢山岛这一相对分离的副中心，集中布局了一批中小学和幼儿园，形成了一个偏离中心的相对完整的教育生态体系。

笔者2021年4月调研时，搭乘出租车在当地的村庄与大街小巷中穿行。村庄普遍的人去楼空的孤寂感，给人留下了深刻的印象。在小型的地理空间之中，人们更倾向于到城市与热闹的人群之中生活，单一的乡村生活日渐失去了吸引力。

衢山岛与岱山岛都不是空间特别大的区域。笔者在寻访当地的小学时，发现无论是在衢山岛还是在岱山岛，乡村小学的规模都急剧萎缩，生源流失甚至比陆地上的村小更加严重。在岱山岛，当地村庄的幼儿园修建得特别漂亮（见图6-19），村小则日渐凋敝，有人气的校园也都是小规模的学校。

图6-19 岱山岛上的乡镇中心幼儿园

图片来源：笔者2021年4月调研时拍摄。

当地的出租车司机告诉我："这些村小的孩子，都是外地人，都是在当地打工或者开商店的人的孩子。本地的孩子都到县城里了。"海岛小型的空间使人口与生源更加集中。商业化程度高的城镇生活具有天然的吸引力，处在商业中心的学校亦然，村落之中的孩子往往会被吸引到乡镇与城区的学校就读。

当然，海岛学校的空间特征更多地影响了低龄的学龄儿童，他们对距离的敏感性更高。对于高中生而言，空间距离的影响在变小。岱山县所有的高中都集中在岱山岛，分别是位于县城的岱山中学与东沙镇的东沙中学。其中，东沙中学（见图6-20）是以美术为特色的小型高中，每年有毕业生150人左右；岱山中学则正逐渐变为当地最好的高中。

图 6-20　浙江省东沙中学

图片来源：笔者 2021 年 4 月调研时拍摄。

这与陆地县域并无二致，县城高中集中了资源、师资、生源等优势，成为县里最好的学府，而乡镇的高中则寻求差异化的特色生存策略。高中更容易集中办学，更容易采取寄宿制，学生的年龄特点也减弱了距离的影响。

历史上，岱山县分别在衢山岛、岱山岛布局了若干所高中，形成了中心岛、副岛皆有高中分布的格局。后来，随着交通条件的改善，衢山岛到县城的时间距离急剧缩短，从 10 小时左右的人力舟楫距离，逐渐缩短为

1—2小时的汽轮时代的距离。这为高中生源流动带来了便利，但对衢山岛而言意味着致命性的生源流失。到县城就学、生活的诱惑，是在海岛生活的人们的人生第一站，它从底层逻辑上改变了生源的流向，使得县城中学获得了天然的优势。因此，即便是在历史上辉煌一时的大衢中学，随着生源的日渐萎缩也只能从原本的高中向完全中学发展，后来，高中部的学生逐渐减少。最终，处在衢山岛的大衢中学（见图 6-21）难以逃脱"高中进县城"的历史宿命，变成了一所完完全全的初中，虽然校名中还带着一点自信，显示出一种"自负"色彩——"大衢中学"。这是历史上一度宣布成立的大衢县①留下的遗绪与痕迹，也是传承下来的历史文化的底气。

图 6-21 衢山岛上的大衢中学

图片来源：笔者 2021 年 4 月调研时拍摄。

---

① 1962 年 6 月 1 日，国务院全体会议第 116 次会议通过了《国务院关于恢复浙江省鄞县等 8 个县设立大衢县和撤销舟山县的决定》。1962—1964 年，衢山岛与嵊泗县的洋山镇组成了大衢县，大衢县短暂存在了两年时间。

第七章
飞地的教育空间

飞地是行政区划中的特殊空间，是一种行政上的社会孤岛现象。全国大大小小的飞地类型多样，我们选取四个案例来分析飞地的教育空间类型。这四个飞地分别是隆德县温堡乡、汉沽管理区（汉沽农场）、天津铁厂和芦台经济开发区（芦台农场）。

第一节 隆德县温堡乡的学校分布

我们先观察第一个飞地个案——宁夏隆德县温堡乡。它是一块特殊的民族飞地，飞入了甘肃省静宁县境内。温堡乡一分为三，相互隔离，类似于海岛县域的主岛与离岛现象。行政区划上的空间分割类似于行政"海水"的阻隔，将不同行政区分割开来，形成了一种特殊的空间类型。行政区划上的飞地空间对学校的空间布局产生了深远的影响。

温堡乡的面积为80.53平方千米，人口有2.2万人，其面积与人口并无特殊之处，但其飞地面积达52平方千米。其东与隆德县山河乡接壤，南与庄浪县岳堡镇相接，西与静宁县古城乡毗邻，北与静宁县曹务镇镶嵌。温堡乡全乡共辖15个行政村，72个村民小组，是隆德县人口最多的乡镇。乡政府驻杜堡村，正好位于飞地的中心地带，乡政府距离县城35千米。[①]

---

① 参见隆德县人民政府网站。

在地理空间上，温堡乡由一块飞地和其他两块并不相连的非飞地组成，其中飞地位于甘肃省，面积为52平方千米，两块非飞地在宁夏回族自治区的边缘，与飞地之间隔着甘肃省的一些乡镇，相望而不接壤。这样便形成了一个乡镇三块地理空间的特殊现象，行政区划的无形阻隔可能在某种意义上接近于海水般的"硬隔离"。主岛与离岛之间的海水阻碍了交通，加大了两者之间的时间距离与社会距离，而行政区划的无形分割，使得温堡乡与甘肃省其他乡产生了行政上的障碍，民族习俗与文化上的差异更大。可以说，这不仅是一块行政飞地，也是一块社会交往与教育空间的飞地。

飞地的存在凸显了行政区划的分隔，这不可避免地影响着学校的布局。从已有的资料来看，温堡乡虽然只有2.2万人口，但建立了1所初中——温堡中学，还有至少12所小学，学校布点比较繁密。在空间特点上，这些学校是分散而接近村庄的，学校分布接近于居民定居点的分布。

温堡乡共有15个行政村，在2000年前后，全乡至少有13所完全小学与3所初级小学，基本上采取了一村一小学的布局方式。后来，随着布局的调整，学校数量出现了下降趋势。2014年，全乡有小学9所，幼儿园6所[①]，而人口在2.2万余人，义务教育阶段的学龄人口在2500—2600人，初中阶段约800人，小学阶段的学生在1700—1800人。根据上述数据推测，每所乡村小学的平均校额在100余人，学校并不算大，但布点比较均匀。

这样一种行政的边界加上民族文化的差异，使得学校的分布体现出高度自成一体的特点。隆德县出台的学校布局调整的文件之中规定"小学适当向人口聚居村集中、初中适当向县城归并"，并要"确定永久保留学校"，但全县还是保留了7所初中，其中县城3所、农村4所，温堡中学就名列4所永久保留的农村初中之首[②]。由此可见远离县城的温堡乡自成一

---

① 参见《蓬勃发展的温堡学区》（2014年，内部资料）。
② 参见《隆德县进一步推进义务教育均衡发展实施方案》（内部资料）。

体的教育体系。

2000年左右，在飞地之上有较多学校布点，其时还处在生育高峰年代，无论是出生率还是学龄人口都在历史的顶点：当年飞地上有12所小学，而在两个小型的"非飞地区域"——一处有2所小学，另一处有1所九年一贯制学校和1所小学。整个温堡乡形成了2所初中（含1所九年一贯制学校初中部）、16所小学（含1所九年一贯制学校小学部）的学校空间布局。根据《隆德县志》记载，温堡乡在1990年学校数量如下：小学16所，在校生共计1687人（隆德县志编纂委员会，1998）[495]；中学有2所——温堡中学在校生数为643人，凤岭中学在校生数为512人（隆德县志编纂委员会，1998）[503-504]，两所学校分别位于飞地和一块非飞地上，形成了一东一西遥相对应的空间格局。

2010年前后，伴随着城镇化的推进和出生率的下降，乡村的学校开始受到质量降低、声誉受损和生源减少三重打击，学校数量急剧下降：温堡乡的小学减少为9所，小学在校生人数为1023人，而幼儿园全部附设在小学之中，属于"校中园"——其中小学附设了6所幼儿园，在园幼儿239人[①]；而温堡中学为宁夏最南端的一所初中，学生人数为293人；全乡共有教职工113人[②]。

近年来，撤点并校的布局调整造成了学校数量的减少。2019年7月笔者对温堡乡一名校长的访谈显示：隆德县温堡乡有完全小学4所，教学点1个，初中1所。乡镇所在地人口和资源相对集中，学生数量主要存在以下情况。一是小学的规模，全乡只剩下小学生547人，附设的幼儿班共有幼儿225人。其中，温堡乡中心小学有小学生293人，幼儿114人；夏坡小学有小学生106人，幼儿34人；杜川小学有小学生86人，幼儿50人；温堡小学有小学生60人，幼儿15人；杨堡小学为教学点，有小学生2人，幼儿12人。二是初中目前只剩下1所，就是位于乡政府所在地的

---

① 参见《蓬勃发展的温堡学区》（2014年，内部资料）。
② 参见隆德县温堡中学宣传册（2014年，内部资料）。

温堡中学，但在校生只剩下54人，生源面临着流失殆尽的风险。

目前，全乡的中小学所剩无几，生源普遍存在萎缩现象。飞地类似于行政空间上的"海岛"，孤悬于县域之外（对于隆德县的温堡乡而言，其孤悬于省域之外），它需要一个相对完整的基础教育空间布局。因此，飞地空间布局了初中及4所小学，幼儿园附设在小学之内，但小学、中学主要向乡政府所在地集中，学校空间分布如图7-1所示。

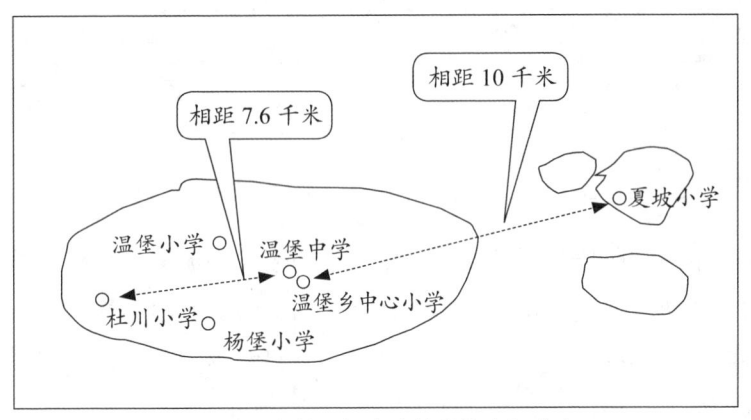

图7-1 当前温堡飞地的学校空间分布

在上述空间里，与乡政府所在地距离最远的小学是夏坡小学，距离在10千米，其他的处在飞地上的几所小学与乡政府所在地的距离各不相同，详见表7-1。

表7-1 温堡乡各小学与乡政府所在地的距离

	夏坡小学	杜川小学	杨堡小学	温堡小学	温堡乡中心小学
与乡政府所在地的距离（千米）	10	7.6	5.7	3.5	0.15

在城镇化的驱动下，大量学生流向了县城的寄宿制学校。2014年的资料显示，温堡乡中心小学辐射周边的杜堡村（2416人）、温堡村（812人）、田柳村（957人）和吴川村（2310人），总人口6495人，服务半径

为 5 千米，当时学生数为 380 人（含学前幼儿 91 人）[①]。可以看出，温堡乡中心小学的在校生数量出现了上升的趋势，这也符合学生向中心城区、中心乡镇流动的大趋势。但总体而言，全乡学龄人口从 1990 年的 1687 人减少为 2010 年的 1023 人，到 2019 年只有 547 人，其变迁趋势趋向于大幅减少，如表 7-2 所示。

表 7-2　温堡乡小学在校生和学校数量的变迁

	1990 年	2010 年	2019 年
小学在校生数（人）	1687	1023	547
学校数（所）	16	9	5

随着中小学阶段甚至幼儿园阶段学生的减少和流失，乡村小学普遍微型化与空心化，一到初中，学生往往会流向县城的寄宿制学校，造成乡村初中进一步空心化。在宁夏的许多县域，乡村初中的萎缩日益严重，温堡乡也不例外，2019 年，温堡中学只剩下 54 名学生。

一所乡村初中若只有 54 人的学生规模，意味着一个年级只有一个班级，一个班级只有 18 人。在这样一所没有平行班级的初中，教师往往超编严重，而学科缺编的现象也会并存，学校会陷入进退两难的境地。同时，伴随着学生的流失，教师老龄化的趋势也加剧了，平均年龄可能超过了 48 岁。

学校将在老龄化、生源不足造成的经费紧张、教师超编等诸多问题的蚕食之下，艰难维持生存的状态。这些问题结伴而来，将会造成学校教职工士气的普遍低落和办学声誉走向破产，乡村初中基本上处在"死亡"的边缘了——在可以预见的几年之中，如果没有特殊的扶持政策，如示范性高中的指标到校、公用经费倾斜等的支持，温堡中学将面临无学生可教的窘迫境地。

---

① 参见《奋进中的隆德县温堡乡中心小学》（2014 年，内部资料）。

第二节　汉沽管理区的学校分布

唐山市汉沽管理区总面积为 150 平方千米，大致上相当于 2 个平原乡镇的面积，其人口在 2018 年只有 4.8 万人，相当于一个中型乡镇。历史上其原属河北省直属农场，后下放到唐山市，其主体空间位于天津市宁河区（原宁河县）境内，并与唐山市丰南区交界。在行政隶属关系上，汉沽管理区是直属唐山的一个区划，但距离唐山市政府近 50 千米。

在地理空间上，汉沽管理区虽是一个独立的行政区划，但与唐山市区距离较远，其理论上是一个类飞地的地理空间结构。汉沽管理区的面积与人口规模只相当于一两个乡镇，加上距离市区远等，故形成了特殊的教育空间结构和相对独立的学校分布体系。

汉沽管理区下辖汉丰镇（辖 18 个行政村）、农垦公司（辖 12 个生产队）、振兴街道（辖 7 个社区），区政府驻汉丰镇，其中一块 11 平方千米的临津经济开发区完全飞入了天津市滨海新区境内。汉沽管理区前身为河北省汉沽农场，始建于 1951 年。2003 年 10 月，由省农垦局移交唐山市管辖，成立唐山市汉沽管理区；2014 年 11 月，获批成立河北唐山汉沽经济开发区。汉沽管理区现有管理架构为"三块牌子、一套人马"，由于距离唐山市区较远，中间被其他行政区如唐山市的丰南区和天津市的宁河区所分割，形成了一个相对独立的地理空间，学校布局便因此有了一个相对独立的体系。

根据唐山市汉沽管理区发布的文件，2019 年其学校分布如下：初中 1 所，即汉沽管理区第一中学；小学 9 所，其中分布在城区的有 3 所，分别是汉沽管理区第一小学、第三小学和第四小学，在汉丰镇下辖的 18 个行政村设置了 6 所农村小学，分别是闫庄中心小学、陡沽小学、么家铺小学、六间小学、大泊小学和皂甸小学；全区共有 3 所幼儿园，分别是第一幼儿园、第二幼儿园和第三幼儿园；职业学校 1 所。[①]

[①] 参见《汉沽管理区教育局 2019 年预算公开情况说明》。

从上述学校分布情况可以看出，汉沽管理区是一块地理空间上的飞地、一个孤岛式的行政区，飞入天津市宁河区，处于宁河区的半包围之中，被宁河区与丰南区分割成一个独立的行政单位。由于距离唐山市（接近 50 千米）和天津市（接近 90 千米）相对较远，就形成了为辖区内的孩子就学而设计的一个从幼儿园到初中甚至职业学校的相对完备的基础教育生态体系。统计资料显示，2015 年该区教师有 449 人，年末有初中生 928 人、小学生 2413 人、学前幼儿 1051 人。[①]

汉沽管理区 2019 年各学校学生人数的数据如下：汉沽管理区第一中学 1094 人；全区小学共 2424 人，其中第一小学 1077 人，第三小学 131 人，第四小学 162 人，闫庄中心小学（第二小学）160 人，大泊小学 302 人，么家铺小学 176 人，陡沽小学 153 人，皂甸小学 185 人，六间小学 78 人。笔者从理论上推测，汉沽管理区的学校布局如图 7-2 所示。

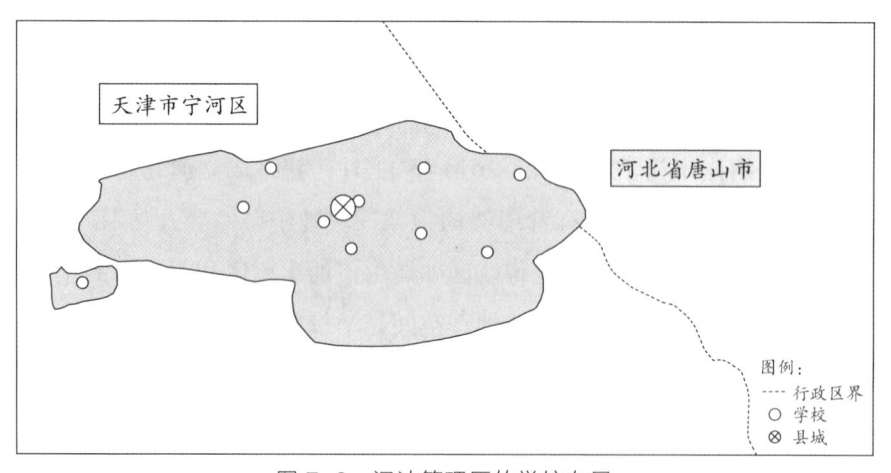

图 7-2 汉沽管理区的学校布局

汉沽管理区作为一个小型飞地，周边有其他行政区域阻隔，在当前以行政为主导的区域治理中，其所在区域需要建立一个相对独立与完整的基础教育系统——从教育局这样的教育管理机关到下属的学校系统（幼儿园、小学、初中、职业学校等）。同时，由于汉沽管理区的面积只有 150

---

① 参见《汉沽管理区教育局 2015 年决算公开》。

平方千米，户籍人口只有 4.8 万人，理论上只是一个中型平原乡镇的人口数量，这样的人口基数难以"供给"一所普通高中的发展（形成一所普通高中的人口基数一般要求在 5 万—8 万人），更不消说一所大学了。因此，在一所职业学校吸收一部分初中毕业的生源之后，其所在地的剩余生源若需上普通高中，就只有外流到唐山市属的高中或丰南区的高中去了。

但近年来，汉沽管理区的人口呈现出增长的态势。"七普"结果显示，2021 年度其人口接近 5.26 万人。出于这样的人口规模与开发区的经济实力、良好的财政及区域招商的需求，迫切需要在管理区建设一所高质量的普通高中，让区域基础教育拥有自成一格的完整体系，而非现在的非独立的体系——一个缺乏高中的教育生态体系，存在明显的短板与"断头路"。根据 2020 年唐山市发布的政策，汉沽管理区第一中学已经准备布局高中，转变为完全中学[①]。这一短板的解决，是其社会事业发展的重要一环，也显示出汉沽管理区在教育空间布局上特殊的努力与作为。

汉沽管理区的学校布局情况如图 7-3 所示，这与理论上的想象略有出入，特别是 11 平方千米的飞地空间并无一所学校，这多少有些出乎笔者的意料。但深入考察后发现，这主要是因飞地为工业开发区，水域占据了很大面积，而人口规模较小，且主要是外来务工的年轻非户籍移民，在教育行政部门或政策制定者的视野之中，其人口基数可能不足以支撑一所小学或者幼儿园所需的孩子的数量。非户籍移民与户籍人口的分野会影响学校的空间分布，也会影响教育资源的分配。

---

① 汉沽管理区第一中学从 2020 年起开始招收普通高中学生 120 人，只面向汉沽管理区招生。参见唐山市教育局发布的《关于做好 2020 年高中阶段学校招生录取工作的通知》。

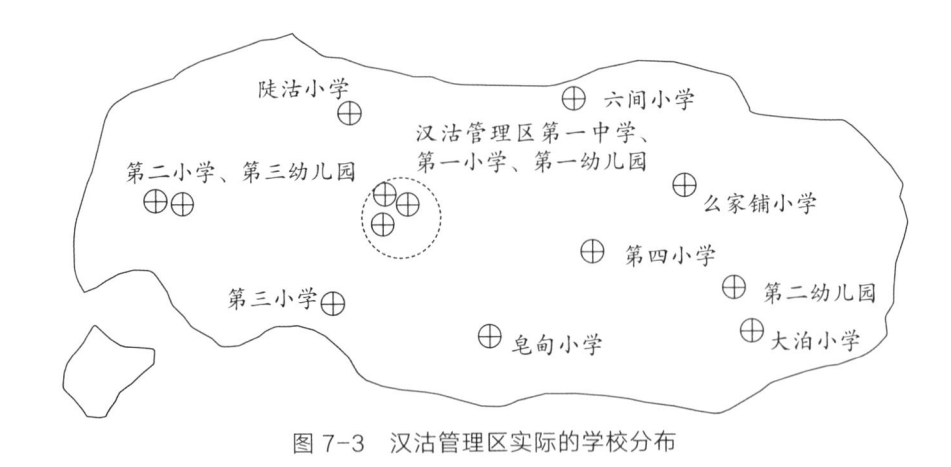

图 7-3 汉沽管理区实际的学校分布

在图 7-3 的学校空间分布之中，管理区政府驻地集中了全区最好的学校——汉沽管理区第一中学、第一小学、第一幼儿园，形成了县区优质教育资源的中心地。初中已经全部进入城区，周边的农村只保留了小学和幼儿园。就在校生规模而言，周边的小学、幼儿园与城区的学校基本上二分天下，各占据半壁江山。

作为一个狭长的空间区域，汉沽管理区的空间特点抵消了一部分生源集中的引力效应，延缓了城区学校生源的过度集中，也延缓了农村小学空心化的趋势。周边的村庄距离城区较远，离得最远的几所小学与幼儿园有大泊小学、么家铺小学、第二幼儿园等，大泊小学距离城区第一小学约 19 千米，第二幼儿园距离第一幼儿园约 18 千米，么家铺小学距离第一小学约 13 千米……。在骑自行车或者骑电动车的时代，村民将孩子送到城区读书需要跨越心理上的距离，且骑自行车的时间距离也在 1 小时以上，因此基本上不会出现生源集中的情况。

但在城镇化进程的驱动之下，在一个私家车日渐普及的时代，上学的时间距离已经大幅缩短了，基本上 20—30 分钟可达；与此同时，公共交通逐渐延伸到乡村，也缩短了路上所耗费的时间。因此，在汉沽管理区这样一个小型的空间区域，生源集中的趋势在未来将无可避免地加剧，城区学校的生源将会更加集中，而周边的小学会面临生源的流失。

第三节 天津铁厂的飞地学校

天津铁厂是天津的一块飞地，面积只有 4.8 平方千米，位于河北省涉县更乐镇境内，距离天津有数百千米之遥。铁厂是"三线建设"的历史遗留物。1969 年，经国务院、中央军委批准，在太行山深处投资 4 亿元建立了一座隶属于天津的现代化铁厂（蔡博峰，2009）。为了建设铁厂，当年天津几千名青年来此工作，一趟直达天津的列车也因此开通。1995 年 12 月，天津铁厂整合为天津天铁冶金集团，员工有 2.6 万人，再加上家属等社区人口，在涉县更乐镇厂区生活的天津户籍人数达到了 5 万人。

因为山水阻隔且路途遥远，这一块飞地的学生无法到天津上学，只能就近求学。尽管飞地嵌入的地域（如更乐镇）也有自身独立的教育体系，但因为体制的分割与隶属关系的严格界限，天津铁厂的儿童并不会到附近的镇上就学，甚至与周边村镇的社会联系都不太密切。出生于飞地的儿童，需要在一个小型的社区之内独立完成幼、小、中的教育历程。因此，需要建立一个具有飞地特色的相对完整而独立的教育体系，从幼儿园到高中等一应俱全。

由于是一个建立在太行山脚下的孤立社区，在早期就如同所有的计划经济之下的国企一样，铁厂需企业办社会：社区内需要配置学校、医院、酒店、商场、超市、公园等，生活设施与公共设施一应俱全。作为一个空降的移民社区，早期阶段以年轻人为主，随着年轻人结婚生子，教育的需求便应运而生了，学校的阶梯一步步搭建，由小学至初中：1969 年设立小学，1973 年设立天津铁厂第一中学（初中）。从 1969 年建厂到 1978 年 6 月，铁厂的基础教育仅有小学和初中，高中教育出于历史原因一直是空白。高中教育需要更多成本的投入与资源的供应，需要一定的学校规模，因此直到 1978 年，天津铁厂第一中学才附设了高中部，1986 年高中部才分离出来成为独立的天津铁厂第二中学。

在飞地，企业还需要成立教育行政机构。为管理学校，铁厂成立了天铁教育委员会。2000 年，铁厂有幼儿园 6 所，小学 6 所，初中和高中各 1

所，甚至更早之前还有职工大学和培训中心、党校等。随着学龄人口数量的下降，天铁教育委员会在 2007 年只下辖 5 所幼儿园（神山幼儿园、旁岐幼儿园、黄花脑幼儿园、寨坡山幼儿一园和寨坡山幼儿二园）、4 所小学（神山小学、旁岐小学、黄花脑小学、寨坡山小学）、2 所中学（第一中学与第二中学，分别为初中和高中）、1 所职业学校和 1 所党校。天津铁厂形成了从普通教育到职业教育，从幼儿教育到高等教育，从学校教育到职工培训的完整的教育体系。截至 2007 年 1 月，共有学生约 5600 人，教职工 747 人，有高级、中级职称的教职工计 353 人。

2017 年的数据显示，这块飞地社区有幼儿园 4 所、小学 3 所、初中 1 所和高中 2 所[①]。可见，飞地社区的教育系统是独立而完备的。

天津铁厂的生活区集中在工厂周边，形成了一个密集型的城市社区。其中的外来人口虽然身处偏远的山区，但依然带着城市的生活习惯和人际交往方式，整体地将他们自身的文化和语言在这样一个偏远社区之中扩展开来。天津铁厂的学校管理严格而规范，教学质量远远高于周边更乐镇的学校，形成了与周边社区学校对比鲜明的自成一格的教育教学方式。它的学校设施更加完备，有自身的课程体系，教师和学生操着一口"天津味"的普通话，形成了一个特殊的现代"部落"。他们成为一群现代社会空降至传统社区的"移民"，独立于当地的文化和教育体系。例如，天津铁厂第一中学距离更乐中学只有 1.5 千米，步行所需时间大概在 20 分钟，但因为行政区划不同，二者的教育体系并不相互兼容，前者是天津铁厂的子弟学校，学生拥有天津户籍并且将来会回到故土——地处海河之滨的城市，而后者是县域的一所乡镇初中，招收的是周边乡村的儿童。

天津铁厂兴盛之时有近 5 万人，其庞大的人口规模和远离天津市河东区的交通特点，造就了一个嵌入农村的独立的城市社区，一个嵌入山区的人口密集的城市街道——这一区域只能形成独立的教育体系和教育生态。

---

① 参见天津市教育委员会网站的"教育之窗"板块，其涵盖了小学、初中、高中和中等职业学校等的数据信息。

铁厂飞地有 2 所高中，一所为职业高中——天津铁厂中等专业学校，另外一所为普通高中——天津铁厂第二中学。后者成立于 1986 年，在 2017 年 4 月因天铁集团剥离企业办社会职能而划归天津市河东区教育局，更名为"天津市河东区天铁第二中学"。由于有天津市河东区的户籍，成绩最好的一部分学生会升入天津市的重点高中，由此产生了生源流失的现象。

总之，远距离的飞地不同于近距离的飞地。理论上，远距离的飞地犹如海岛之中与主岛距离遥远的小岛。其学校空间布局也类似于海岛县的学校分布，它会在自身空间领域独立创生出一个相对完整的教育系统，以满足社区内的基础教育需求。

第四节 芦台经济技术开发区的学校分布

唐山市芦台经济技术开发区前身为芦台农场，其身世变迁曲折，背后是一长串行政区划隶属关系的时间叙事。在最初设立时，芦台农场是劳动改造的场所，是一方对被社会认定"犯错"的成年人进行社会改造的"社会学校"，用以矫正那些行为"失范"的人。1950 年 3 月，芦台农场属中央人民政府农业部领导，1956 年改属国家农垦部领导，1958 年改属河北省农林厅领导，1959 年归属河北省宁河县管辖。1971 年 6 月，归河北省农垦局领导，1973 年 8 月改由廊坊地区管辖，1979 年，政务归唐山市管辖，生产经营、人事、财务由河北省农业厅管理和领导。2003 年芦台农场归属唐山市，成立芦台经济技术开发区。

唐山市芦台经济技术开发区的前身芦台农场，存在了半个世纪以上，后被河北省就近划归唐山市管辖。开发区总面积为 133 平方千米，人口为 4.1 万人，下辖 1 个镇、20 个行政村、1 个街道、9 个社区。

芦台经济开发区前身是劳改农场，所以长期以来土地多而人口少，村队的空间分布比较分散，居民点之间距离较远，形成了较为分散的聚落形态。这造成学校布局也相对分散：全区现有初中2所（城区1所，农村1所），小学9所（城区1所，农村8所），幼儿园4所，高中（职业中学）1所。2019年有义务教育阶段学生3547人，其中初中生780人，小学生2767人。

芦台经济开发区城区集中了1所高中（职业中学）、1所初中、1所小学和1所幼儿园；与此相对应，农村有1所初中、8所小学和3所幼儿园。与前面的汉沽管理区相对照，可以发现二者的空间特点相似，都是狭长的小型空间，区域面积和人口规模相仿（前者略大，为150平方千米和4.8万人，人口密度接近），但芦台经济开发区的学校分布更加分散，其城镇化率低于汉沽管理区，2020年城镇化率只有57.47%，而汉沽管理区为68.53%[①]，城乡二分的学校分布格局更加明显。同时，芦台经济开发区的城区位置偏向东南一隅，其生源与学校集中的趋势明显弱于汉沽管理区。

如果审视其学校的空间布局，部分小学与城区的距离较远，如张庄小学距离城区20千米，小埝小学距离城区18千米，等等。这样偏态的城区位置限制了生源的流动和集中，因此在中小学布局的时候更要考虑空间问题。

芦台经济开发区人口较少，只有4.1万人，人口规模相当于一个中等规模的乡镇，难以支撑一所普通高中的发展。20世纪70年代曾存在一所农场高中，但后来由于规模较小并且质量难于保证被撤并了。芦台经济开发区现在没有普通高中，只有一所中等职业学校。学生初中毕业后需要做出选择，要么去距离较远的唐山市区的普通高中就读，要么选择家门口的职业学校接受高中阶段教育。上述学校的分布情况如图7-4所示。

---

① 参见《唐山统计年鉴2021》。

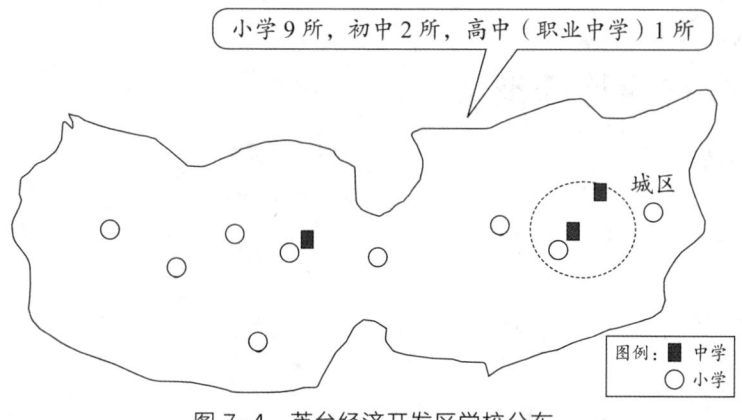

图 7-4　芦台经济开发区学校分布

该开发区的飞地类型不同于天津铁厂，也不同于汉沽管理区，其具有自身独特的学校空间分布样态。它距离唐山市区并不远，直线距离在 50—60 千米，但比汉沽管理区距唐山市区更远，在空间上是完全孤立的飞地空间。这个距离对中小学的孩子来说是一种挑战，因此它在高中、初中、小学、幼儿园布局方面形成了一个相对完整的空间体系。但它的人口规模又相对较小，很难形成一个完全独立的基础教育体系，如普通高中发展受限于人口规模与传统，学生在高中阶段就会脱离飞地去唐山市区或丰南区就学，或者在天津市宁河区就读高中，而幼儿园、小学和初中阶段的学生会在社区内就学。

第八章
学校分布的特殊类型

除了常规的轮廓接近于圆形的县域，还存在许多非常规形态的县域。这些县域不同于一般的平原县域或牧区县域，具有自身独特的空间特征。它们可能地处高原与荒漠地带或者地广人稀的高寒地带，或者为狭长的山区县域，或者为平原小县……。这些特殊的空间区域影响着学校的空间分布，造就了特殊的学校分布的空间形态。

第一节 高原与荒漠上的县域

高海拔地区主要的生计模式是游牧。这样的生计模式决定了其人口分布的空间特征，造就了这些县域的空间特殊性——它们无一例外是区域辽阔、地广人稀而人类聚落分布非常稀疏的县域。在这些县域内，人类的居民点分散而微型化，形成了辽阔的县域空间与巨大的乡镇区域。这些空间类型制约了学校的分布，县域之内逐步形成了以寄宿制学校为主的空间分布态势。

一、位于川藏交界地带的巨型县域：阿坝县

阿坝县是一个以藏族为主的少数民族聚居县，地处青藏高原的东南边缘地带，是四川省西部的一个高原县域。根据一份内部资料的记载，阿坝

县幅员辽阔,地广人稀,面积为 10435 平方千米,辖 21 个乡镇(场)、88 个村(社区、分场),平均海拔在 3000 米以上,最高海拔达 5141 米,总人口为 8.21 万人,全县有义务教育阶段学校 29 所,其中 19 所为乡镇中心校,校点布局分散,在校学生人数参差不齐。[1]

在这样一个地广人稀的县域,有 1 万余平方千米的广袤土地,但只有 8 万多人,其人口密度约为 8 人/平方千米,而 2019 年全国的人口密度平均为 145.8 人/平方千米。阿坝县的空间特点决定了其县城的人口规模较小。县城所在地阿坝镇的人口只有 11064 人(国家统计局农村社会经济调查司,2018b)[530],是一个典型的小型县城,人口密度只有不到 20 人/平方千米。除两个牧场之外,全县 19 个乡镇的面积与人口情况如表 8-1 所示。

表 8-1　阿坝县各乡镇面积及人口情况

乡镇	面积(平方千米)	人口(人)
阿坝镇	556	11064
贾洛镇	1086	6928
哇尔玛乡	59	4163
麦昆乡	226	3794
河支乡	187	3148
龙藏乡	499	3148
求吉玛乡	535	3673
甲尔多乡	188	3349
各莫乡	96	3357
德格乡	156	1986
四洼乡	197	2820

---

[1] 参见阿坝县教育局《关于进一步加强新时代乡村教师队伍建设的意见》(2019 年 5 月,内部资料)。

续表

乡镇	面积（平方千米）	人口（人）
安斗乡	307	2017
柯河乡	751	1775
垮沙乡	710	1525
安羌乡	344	2483
查理乡	666	3922
茸安乡	1004	3084
洛尔达乡	612	5248
麦尔玛乡	800	5332
平均	473	3832

数据来源：国家统计局农村社会经济调查司.中国县域统计年鉴2017：乡镇卷[M].北京：中国统计出版社，2018：530-531.

从表8-1可以发现，阿坝县各乡镇的平均面积约为473平方千米，相当于一个小型平原县域。与平原县域形成鲜明对照的是，乡镇人口平均只有3832人——这大致相当于一个平原地域的大型村庄。阿坝县全县只有88个（行政）村庄（含分场、社区）[1]，因此，平均而言每一个乡镇只有4.63个村庄，而每个行政村庄的人口约为827人。

小规模的乡镇人口、大型的区域面积、分散的居民点三者叠加的效应使得学校的空间布局陷入一种现实困境。当地教育局的一份内部材料写道："因乡中心校距离部分村最少距离达5公里左右，为方便管理学生，减轻家长接送学生负担，减少学生上下学安全隐患，19所乡中心校均实行寄宿制管理。"[2]采用寄宿制的办学方式，或者非正式的送教上门的流动教学点的方式，是解决空间距离问题的一种迫不得已的现实选择。

---

[1] 根据阿坝县政府最新的统计数据，全县调整后只有80个村庄。参见阿坝县人民政府网站。
[2] 参见《奋力拼搏，砥砺前进中的阿坝县民族教育》（2019年5月，内部资料）。

一个县域总是试图建立起完整的教育生态体系，涵盖幼儿园、小学、中学所有学段。2019 年，阿坝县的中小学发展到 29 所[①]，现有完全中学 2 所，全部位于县城所在地，但在校学生只有 755 人，平均一所完全中学不到 380 人的规模。由于县域内无中等职业学校，中等职业学校是在阿坝州设立的，主要借助四川省藏区免费中等职业教育计划（即藏区"9+3"免费教育计划）发展职业教育。

根据笔者了解到的阿坝县校点布局情况，阿坝县的县城集中了 3 所完全小学，19 个乡镇一共有 19 所中心小学，大致一个乡镇布局了一所小学，但个别乡镇没有小学。此外，村小布点很少，全县一共只有 5 所村小。

阿坝县的人口、居民点、城镇主要沿着阿曲河等河流分布，主要的道路也位于河谷地带。将两者相对照可以发现，阿坝县的学校集中在中部的河谷地带。这里也是村镇、居民点的集中之地，区域的主要道路也分布在这些地方。

因此，阿坝县的中小学空间布局是沿着河谷的乡镇分布的，主要的县镇也集中在阿曲河沿岸的主干道上，学校基本上沿河谷布局。其他不在河谷的乡镇学校，也大多在由主干道连接的乡镇所在地。

历史上，为了促进学校空间布局更加接近居民点，牧区学校一直是流动的、以非正式方式成立的。所谓学校的正规建制、规范的组织与教学方式等都是晚近的产物，历史上教师具有非正式的特点。对牧民及其子女而言，进入学校读书的机会并非生活中的必需品，而是一件奢侈品。在牧区县域，义务教育的逐步普及与正规教育体系的缓慢建立历经了时间的考验。这是牧区学校的历史传统，也是当地人的历史记忆。人们清晰地描述了这一状况：阿坝县民族教育从昔日的"马背学校""耕读学校""帐篷学校"跨越到崭新的现代学校，昔日文盲众多的茫茫草原，如今已是一派书

[①] 参见《奋力拼搏，砥砺前进中的阿坝县民族教育》（2019 年 5 月，内部资料）。

声琅琅、盎然生机、欣荣气象。①

阿坝县的学校一直发展缓慢，据县志记载，"民国31年（1942年）兴办私塾，1952年兴办第一所公办学校阿坝民族小学，现代教育从此起步"（阿坝县地方志编纂委员会，1993）531。阿坝县在民国时期只有一所私塾，并无新式小学，直到1952年2月，才举办了第一所公立小学的开学典礼，阿坝民族小学正式开学，共招收学生79名（阿坝县地方志编纂委员会，1993）532-533，这在平原县域是绝不可能有的现象。

从阿坝县的历史来看，其学校的空间布局的演变也不同于内地的平原县域，其小学数量的变迁如图8-1所示。

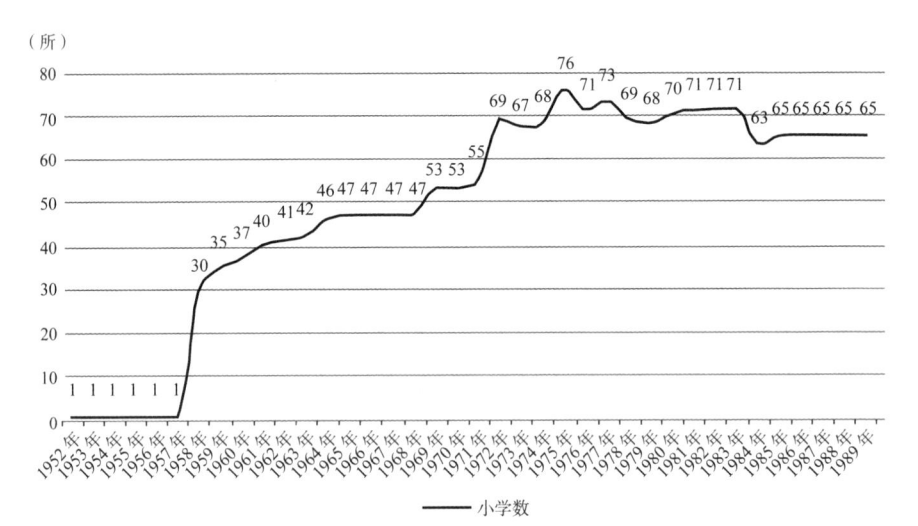

图 8-1 阿坝县的小学数量变迁（1952—1989年）

从图8-1可以发现，边远民族县域的小学数量一直在增长，其学校布点从无到有，从1952年的只有1所增长到1975年的76所，在20世纪80年代中后期一直保持在65所，小学并不像许多县域那样出现大幅撤并的现象。这一点是显著不同于全国大多数县域的学校空间布局的。直到2000年之后，学校的布点数量才开始有较为明显的下降。一个地广

---

① 参见《奋力拼搏，砥砺前进中的阿坝县民族教育》（2019年5月，内部资料）。

人稀的县域，其学校空间布局的阶段性特征与全国县域的整体趋势并不一致。

在中学阶段，阿坝县的中学出现得更晚，"1959 年 8 月，阿坝县民族小学附设一个初中班。中学教育起步"（阿坝县地方志编纂委员会，1993）[534]，其独立出来已经是三年之后的 1962 年了，甚至在几年后又出现了反复，直到 1973 年才开始有了高中班。阿坝县中学数量的变迁如图 8-2 所示。

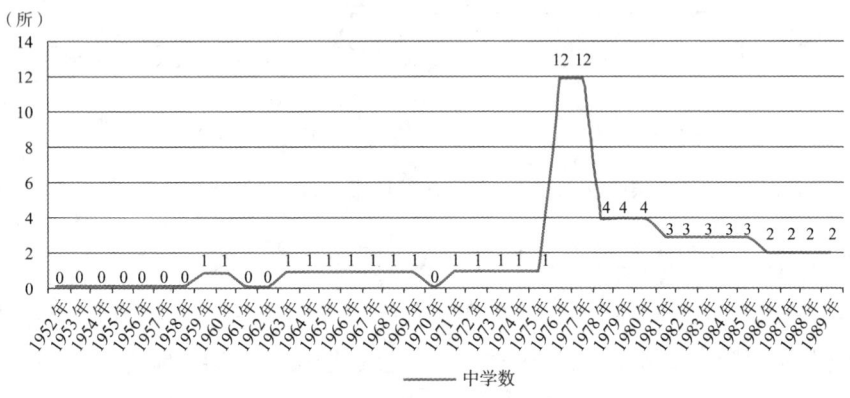

图 8-2 阿坝县中学数量变迁（1952—1989 年）

在阿坝县，幼儿园是一种新式教育机构，是一个晚近的产物。2019 年，全县基本形成了"以县城幼儿园为龙头，乡中心幼儿园为支撑点，村级幼儿园为服务半径"的学前教育三级保教服务体系，有各级各类幼儿园 68 个，在园幼儿 4372 人，教学班 132 个，公办幼儿园 62 所，学前三年毛入园率为 90.68%。① 可以看出，阿坝县幼儿园的建立与发展主要是近十年的现象，也是其经济社会发展到一定阶段的结果。在阿坝县历史上，幼儿园一度是一种可有可无的教育机构，除了 1960—1962 年一度达到了 41—47 所，数量一直极少，如图 8-3 所示。

---

① 参见《奋力拼搏，砥砺前进中的阿坝县民族教育》（2019 年 5 月，内部资料）。

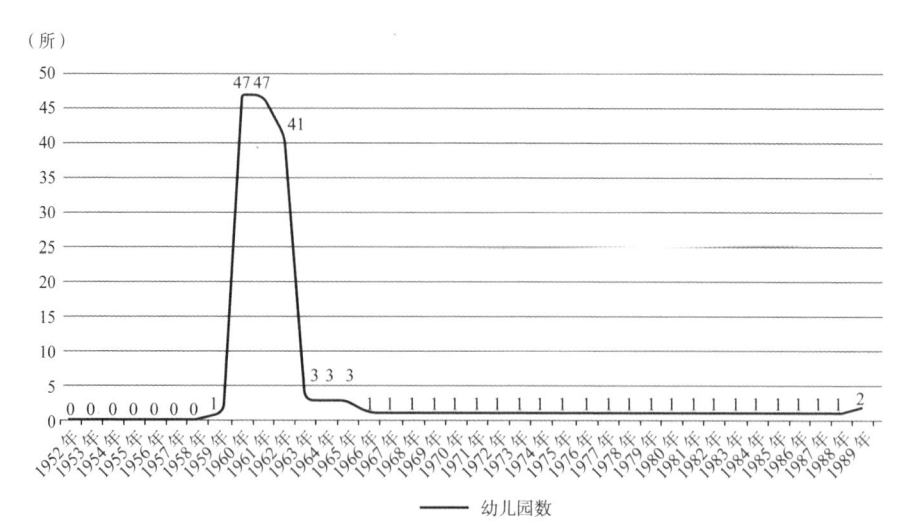

图 8-3　阿坝县幼儿园数量变迁（1952—1989 年）

数据来源：阿坝县地方志编纂委员会.阿坝县志[M].北京：民族出版社，1993：539-541.

目前是一个幼儿教育普及的时代，阿坝县的学前教育也开始大幅扩张，这与全国的趋势相一致。然而，寄宿制显然不适应现实需要和幼儿的身心发展状态，因此阿坝县建立了一个接近居民点的幼儿园空间体系。这些所谓的"幼儿园"实际上大多数是一种非常设的教育机构，采用灵活多样的方式进行幼儿教育，如送教上门——利用农牧民闲暇时间进行托幼服务等。就规模而言，县城有 2—3 所幼儿园，其余每个乡镇都分布了 4 所左右，而每一个幼儿园的孩子不超过 60 个。

二、高原县域：波密

波密县位于西藏自治区东南部的林芝市，地处喜马拉雅山北麓。全县总面积约为 1.6 万平方千米，人口超过 3 万人，318 国道从县中心穿过，人口与聚落主要分布于帕隆藏布江及其支流的两岸，形成了一条沿河分布的人类居住带。全县一共 10 个乡镇，基本上分布于河谷地带，形成了逐水而居的人类聚落格局。

波密县地域辽阔，人口以藏民为主。县城位于河谷中部，也是交通枢纽与中心地，县城所在镇有 13199 人，面积为 992 平方千米；其余的 9 个乡镇平均人口不足 2000 人，基本情况如表 8-2 所示。

表 8-2　2017 年波密县基本情况统计表

乡镇	面积（平方千米）	常住人口（人）	中小学数（所）	村庄（个）
扎木镇	992	13199	2	10
倾多镇	1880	4907	1	14
松宗镇	826	2261	1	9
古乡	890	1662	1	7
玉许乡	2389	6218	2	16
多吉乡	1223	3245	1	10
康玉乡	1646	1936	1	5
玉普乡	2074	1880	1	6
易贡乡	2770	1889	2	5
八盖乡	2059	1395	1	7
平均	1674.9	3859.2	1.3	8.9

数据来源：国家统计局农村社会经济调查司.中国县域统计年鉴2017：乡镇卷[M].北京：中国统计出版社，2018：606.

从表 8-2 可以发现，全县一共只有 13 所中小学，平均一所学校覆盖的人口接近 3000 人。但一所学校辐射的区域面积约为 1288 平方千米，远大于一般内地平原县域的面积。对于这样一个区域范围，波密县只能依赖于寄宿制学校来缓解上学距离过远的现实问题。

每一所乡镇的学校距离县城都非常遥远，因此，在波密县不会形成内地平原县域的生源向县城集中的效应，县城学校也不会出现大校额的现实问题。在空间辽阔的县域，超越了一定空间距离，到县城就学的心理距离过大的问题就出现了，因此波密县的边缘乡镇就脱离了县城的"向心力"，基本不存在所谓的县城学校的"虹吸效应"。县城的学校对于边缘乡镇的农牧民来说是一个非常遥远的存在，他们将孩子送进本乡镇的寄宿制学校，已经克服了非常远的心理距离。

学校沿着河谷的居民点布局，人类的道路也围绕着居民点建设，因此，学校主要分布在河谷与道路两旁。全县一共有19所学校，其中，初中与小学、幼儿园各有1所位于县城，乡镇小学11所，还有5所乡镇幼儿园。这些乡镇学校与县城的距离不等，如表8-3所示。

表8-3 乡镇学校到县城的距离

学校	与县城的距离（千米）	时间距离（小时）
倾多镇中心小学	36	1
玉许乡中心小学	75	2
玉许乡第二小学	87	2
松宗镇中心小学	41	1.5
多吉乡中心小学	75	2
康玉乡中心小学	140	6
玉普乡中心小学	75	2
古乡中心小学	36	1
易贡茶场小学	130	3
易贡乡中心小学	157	2.5
八盖乡中心小学	204	5

表8-3中的11所乡镇学校分布在9个乡镇，县城也有中小学各1所。全县没有高中，波密县的高中生需要到林芝市求学，全县也没有职业高中。这主要受制于小规模的人口（约3.1万人），波密县每年的新生儿只有300—500人，升入高中的可能不足一百人。因此，对于一个地广人稀的小型高原县域来说，高中基本上收归地市级城市管理，全地市才能支撑起一个完整的基础教育体系。

高原县域的人类聚落沿河谷水源分布，学校也会靠近这些聚落而分布。这样的空间布点显示了学校分布与地形的关联性，也是一种较为普遍的特征，四川的炉霍县也具有类似的特点。

三、炉霍县的学校空间分布

四川省炉霍县位于川西高原，全县面积为5978平方千米，下辖16个乡镇，171个行政村、4个社区，人口只有4.7万人，除了新都镇，其他乡镇的人口在1200—3200人，多数在2000人上下，如表8-4所示。

表8-4 炉霍县基本情况统计表

乡镇	面积（平方千米）	人口（人）	村委会（个）	与县城的距离（千米）	生计类型
新都镇	68	10739	7	—	农牧
斯木镇	109	2487	5	15	农牧
仁达乡	105	2415	4	30	农牧
宜木乡	172	2914	6	17	农牧
雅德乡	877	2804	6	56	农牧
泥巴乡	145	2336	4	16	农牧
卡娘乡	317	1263	4	75	农牧
洛秋乡	1112	2535	4	12	牧
旦都乡	120	2728	10	36	农牧
朱倭镇	103	2595	5	52	农牧
充古乡	32	1958	6	56	农牧
更知乡	580	1819	6	58	牧
宗塔乡	201	2105	4	65	牧
宗麦乡	760	3170	6	83	牧
上罗柯马乡	492	2482	4	28	牧

续表

乡镇	面积 （平方千米）	人口 （人）	村委会 （个）	与县城的距离 （千米）	生计类型
下罗柯马乡	785	3144	5	60	牧
平均	374	2968	5	—	—

数据来源：面积与人口数据参见国家统计局农村社会经济调查司.中国县域统计年鉴2017：乡镇卷[M].北京：中国统计出版社，2018：533-534.

由表 8-4 可以发现，炉霍县的乡镇平均面积在 374 平方千米，每个乡镇的平均人口却只有 2968 人。这是一个比较典型的由小规模人口乡镇组成的大面积县域，其学校空间分布的特征也由此产生了。

2017 年 10 月，炉霍县有公办义务教育学校 16 所，其中，完全中学 1 所，九年一贯制学校 1 所，初中 1 所，小学 13 所，另有小学教学点 3 个。全县义务教育阶段在校生 7464 名，其中小学生 5437 名，初中生 2027 名。义务教育阶段公办学校专任教师 494 名，其中小学教师 338 名，初中教师 156 名。[1]

根据炉霍县 2017 年学校的空间布局情况可以发现，县城有 1 所完全中学和 1 所小学，而其他 13 所小学（含九年一贯制学校小学部）、3 个教学点与 2 所初中（含九年一贯制学校初中部）则分布在各个乡镇与村庄。每一个乡镇基本上都有 1 所中心小学或九年一贯制学校，形成了一乡镇一学校的空间布局。在边缘的村庄，则分布着几个教学点来解决空间距离过远的问题。

当地为提升小学的规模效益，使一所学校具备一定的生机与活力，便创造性地对学校进行改造，再创造出了一种新型的学校联合体——小幼联合体。当地的文件这样描述："乡中心校小学高段集中办学后，我县按照'大而强、小而精'的配置目标，在做大做强城区学校和片区寄宿制学校的基础上，积极探索在乡中心校同一校（园）区开设小学三年、学前三年

---

[1] 参见炉霍县人民政府网站。

的'3+3'精品办学模式。"①近年来,这样一种特殊的学校组织形式,在地广人稀的荒漠区或交通不便的山区县域之中不断出现,都是为了解决规模不足的问题,也是一种在地的创造。从学术的角度而言,学校形式的变更使得在城市或者内陆没有的学校形式,在一些边远的地方出现了,这提醒研究者与理论工作者,学校的形式并不固定,新型的学校组织、制度往往在实践之中出现,并适应了当地的特点,形成了一种地方的经验与智慧。

在幼儿园的空间设置上,炉霍县近年来利用了政策空间来加大布点的密度,紧紧抓住集中办学的布局调整机遇,坚持就近入园原则,科学设置园点,提出"办强城关幼儿园,办好乡中心幼儿园,适度兴办集镇幼儿园,少建村级幼儿园"的建设构想,在实践中形成了农牧区集镇单设幼儿园、依托乡中心校建设中心幼儿园、人口集中村或多村联办微型幼儿园的"三类办园模式"。人口达200人、50户以上的村,实行"一村一办";人口不足200人、50户的村不设立幼儿园,推行"多村联办"。②

为了在解决幼儿园的密度问题的同时不降低学校的规模效益,使之相对集中办学,提升办学的投资效益,当地提出了在地化的学校分段体系:"鉴于我县乡镇平均人口少,人口密度低,绝大多数乡都适合依托乡中心校建设乡中心幼儿园,因而,注重科学设计以乡中心幼儿园为主体,适当建设集镇幼儿园和村级幼儿园的园点布局。……建成城关幼儿园2所,乡(镇)中心幼儿园16所,村幼儿园4所,从而构建'广覆盖、保基本'的学前教育公共服务体系。"③

幼儿园的空间分布不同于中小学,理论上应该更接近居民点与人类聚落,但在这样一个地广人稀的县域空间中,还是存在许多现实困难。因此,只能将幼儿园设置在乡镇的中心地带,尽可能接近乡镇的中心,但这

---

① 参见《创新办学模式,破解办园难题,全力推进农牧区学前教育健康快速发展》(2019年5月,内部资料)。
② 同①。
③ 同①。

种做法依然无法使幼儿园扩展到所有的聚落，也无法实现全域覆盖。

第二节 平原地带的小型农业县

在北方的一些省份，如河北省，许多县域都属于小型县域，冀中、冀南等平原地带的县域更是如此。在这些平原的农业县域，形成了300—500平方千米的小型空间领域及小型的人口规模。华北平原人口稠密，其县域历史悠久，河北省几乎成为全国县区最多的省份[1]。

据统计，河北省的总面积约19万平方千米，辖11个地级市。截至2020年底，全省辖49个市辖区、21个县级市、91个县、6个自治县，合计167个县级区划。全省辖1230个镇、713个乡、310个街道，合计2253个乡级区划。[2] 可以看出，河北省无论是县级区划数量（仅低于四川省的183个县区[3]）还是乡镇区划数量，在全国都属前列。

县域数量的增多必然带来县域面积的缩减，造就了一批小型的县域空间。这些小型县域的人口一般在30万—50万人。县域的空间范围与县域的人口数量基本上呈正相关，特别是在平原地带，基本有一个稳定的常数，县大则人口多，反之亦然。

根据笔者收集到的资料，在北方的许多小型县域，学校的空间布局更加体现出小型空间的特殊性。以河北省阜城县为例，其人口约为29万人，面积为697平方千米，下辖10个乡镇，阜城镇人口约为10万人，其余9个乡镇的人口基本上在1.0万—3.1万人。[4] 其中有5个乡镇的人口低于2万人，4个乡镇的人口在3万人左右，只有政府所在的县城人口超过了10

---

[1] 河北省的面积约为19万平方千米，其县区数量达到了167个，是全国县区数量较多的省份之一，仅次于四川省的183个，但四川省面积是河北省的2.5倍左右，其县域平均面积远远大于河北省。
[2] 参见《中国统计年鉴2021》。
[3] 同[2]。
[4] 参见《阜城县第七次全国人口普查公报》。

万人（见表 8-5）。

表 8-5　2021 年阜城县各乡镇人口数量

	阜城镇	古城镇	码头镇	霞口镇	崔庙镇	漫河镇	建桥乡	蒋坊乡	大白乡	王集乡	合计
人口（万人）	10.1	2.97	2.97	2.57	3.19	1.81	1.09	1.62	1.34	1.72	29.38

数据来源：《阜城县第七次全国人口普查公报》。

小型的县域空间与人口规模造就了学校空间布局的特殊性，如所有的高中和初中都集中在城区，造成了县城学校的生源集中现象，越高年级的生源越容易向县城学校集中。

阜城县人口规模不大但村庄众多，因此在每一个乡镇都设置了中心校这样的管理机构，它是教育局的派出机构，代表教育局来管理基层学校。其下属的小学一般有 5—10 所，既有公立学校，也有民办学校。此外，所有的乡镇都会布局若干所幼儿园。

县域学校的空间布局也会影响基层学校的治理模式。一般来说，学校空间布点在乡镇比较密的县域，需要保留乡镇教育管理机构，如中心校或学区、教育办公室等机构。阜城县的小学分散布局的特点，使得基层以乡镇为单位成立了中心校来管理众多小学及幼儿园，但中学只有 5 所，理论上便可以收归教育局统一管辖了。

与西部地区的大型县域相比，这些平原地带的农业小县的面积在 500 平方千米左右甚至更小，大致相当于一个西部牧区或高原县域的乡镇的面积，但人口却相对密集。因此，在小型的农业县域，一旦县城位于县域的中心，便容易使周边地区生源快速流失。即便县城处在"偏心"的位置，小型区域与平原地带的地理环境特点、交通与道路条件的改善等，依然会带动生源向城区学校聚集，造成乡村学校生源的流失。

阜城县的县城集中了 2 所高中，全县全部 3 所公办初中也都在这里，还有 8 所小学（含教学点），理论上还应该有一定数量的幼儿园。此外，每一个小型的乡镇都不再有初中，可以想见乡镇初中生源流失现象之严重。乡镇生源大量流失，会流向县城中学，也会流向周边县城学校或寄宿制民办学校，特别是在衡水这样一个民办教育极度兴盛的地市，乡镇初中生源的流失更为严重，这冲击了乡镇公办初中的办学秩序。

阜城县并非小型县域的典型，但由于区域生源竞争以及小规模人口的制约，其学校空间布局仍显示出了特殊的一面：中学集中于县城，小学呈现出适度集中的趋势，但限于狭长的地域空间及小学生的年龄特点，每一个乡镇都布局了5—10所小学及少量幼儿园。这些小学及幼儿园会尽可能接近居民点。阜城县学校的空间布局如图8-4所示。

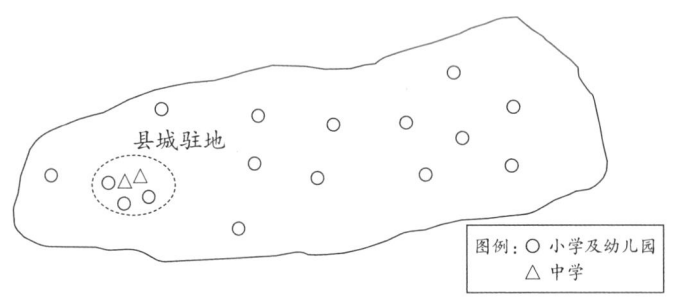

图 8-4　阜城县学校空间布局

另一个小型县域是山东省桓台县，其位于鲁中山区和鲁北平原的结合地带，隶属于淄博市。全县总面积为509平方千米，总人口为50.21万人。2018年，桓台县位列全国百强县排行榜第74位。2021年，桓台县有各级各类学校45所，教职工4666人，在校生53914人，此外还有幼儿园69所。[①] 随着城市化进程的加快，全县城乡教育发展越来越不平衡，尤其是办学条件、教师资源、生源数量、教育质量等不均衡的现象更加突出。在桓台县，县城学校的集中趋势非常明显，显示了小型县域的空间特点，也表现出了空间距离对生源流向的巨大影响。

---

① 参见《2021年桓台县国民经济和社会发展统计公报》。

第三节　不规则的区域：畸形空间

个旧市是云南省的一个县级市，本书将其作为县域样本进行分析。个旧市的地理空间具有特殊性，一则在于县城位于乡镇的中心，形成了一个嵌套的环形结构，县城位于内环，而乡镇锡城镇处于外环，形成了一个类似于同心圆的结构。这一空间特点使得县城与县城所在的乡镇形成了一定的空间竞争关系，乡镇的生源大幅集中到县城，从而给乡镇学校的发展带来了影响。理论上，这一空间结构类似于市县同城的模式，上一级行政区域的资源优势造成了其教育与学校的层级、资源和竞争优势，形成了一种优质师资和生源的集中效应。

个旧市的县城布局了14所中小学，其中中学3所，小学11所，形成了一个相对繁密的空间布局。在锡城镇的空间之中，由于其中心地的位置被县城所取代，因此锡城镇并没有中学，只在靠近县城的地方有几所小学。中学生理论上都会流向县城中学，这是县城与镇同处于一城的空间特点所造成的。

个旧市存在一个畸形的乡镇空间，这是其第二个空间特点。

在个旧市的乡镇中，存在一个类飞地空间——蔓耗镇，其空间区域狭长，被分成两个"孤岛"，其中一块土地类似于一块狭长的飞地。这一空间特点决定了这里的学校需要均衡布局，需要在两块相对隔离的空间区域都布局一些学校。因此，乡镇的长条状、有点畸形的空间特点，也会影响到学校的空间分布。

统计资料显示，个旧市最南端的蔓耗镇，全镇户籍人口在2017年只有6612人，面积达103平方千米（国家统计局农村社会经济调查司，2018b）[588]。截至2020年6月，蔓耗镇辖6个行政村，分别为黄草坝村、黄木树村、阿龙古村、蔓耗村、马堵山村、牛棚村[①]，共有19个自然村，

---

① 参见2020年统计用区划代码和城乡划分代码。

镇人民政府驻蔓耗村。蔓耗镇地处红河下游，境内河川众多，有红河、绿水河、浑水河、清水河等11条，红河流域面积为102.6平方千米。其地形为丘陵谷坡，主要山脉有西都底大山、阿龙古大山。

在平原地区，一所小学平均辐射的人口一般在6000人左右，在这样的人口规模之下，一所学校辐射的每年的出生人口在50—70人（以近十年来全国平均出生率8‰—12‰计算）。在乡村地区，生源会因外流而进一步减少。理论上，这一乡镇每年的学龄人口会低于50人，即一年招收约一个班级的学生。对于初中而言，其生源的流失程度一般高于小学，存在更严重的生源不足的问题。

现实总是与理论存在差异。由于空间的分离及地形特点，蔓耗镇的交通受到山川阻隔，村寨分布比较分散，自然村落的数量有19个之多。因此，蔓耗镇的学校布局需要在空间上相对分离。该镇共有1所中学，4所小学，其中2所小学处在类飞地的空间之中。这一空间布局可能适应了家校之间的距离，但会给学校的规模效益造成困扰。乡镇的人口与空间特点决定了其初中只能达到150—200人的规模上限，基本难于突破；而4所小学的规模可能皆不足100人。类飞地空间区域东西端狭长的特点，造成了交通的距离相对较远，最终造成了学校布点的相应增加。

第四节　河流与谷地的县域

学校的空间分布会受制于地形特点，也会受到人口空间分布的影响。

在西北的黄土高原及旱地农业区，人口与村落主要分布于河谷地带，这些地方接近水源，便于农业耕作。道路则沿着谷地，将村庄连接起来，形成了沿河谷而行的道路交通系统。最终，学校的空间分布就形成了一种沿主干道分布的格局，最主要的中小学皆处在河谷地带的道路旁。而当地人所谓的"塬"由于远离水源地而给耕作带来了困难，塬上的人口与村庄开始变得稀疏，学校呈现出小型化的特点，主要以教学点及小规模的学校为主。甘肃省的华亭、临洮等地都具有这一典型特点。

一、华亭：学校沿河与道路分布

华亭原为甘肃省平凉市的一个县域，2018年由县改市，其位于陕甘宁交汇之处，处于关山东麓。2021年，华亭全域面积为1183平方千米，共有10个乡镇、1个街道，常住人口不足20万人（2017年的户籍人口为19万人），其中城镇人口超过11万人[①]。全域有小学77所（含九年一贯制学校小学部），初中10所（含九年一贯制学校初中部及完全中学初中部），此外还布局了幼儿园88所。[②]

作为一个县级市，华亭的县城所集中的人口可能超过了总人口的40%，其城镇化率按常住人口计算超过了58%。因此，县城之外的10个乡镇，全部人口只有10余万人，平均每一个乡镇的户籍人口只有万余人。当地政府提出如下举措："有序推进农村人口市民化。有力有序有效深化户籍制度改革，放开放宽城市落户限制。以人的城镇化为核心，以基本公共服务均等化为关键，构建华亭中心城市、小城镇和农村新型社区等空间载体，增强中小城市人口承载力和吸引力，不断提升城市包容性，推动农民工特别是新生代农民工融入城市。"[③]在乡村振兴战略规划中，当地提出村庄要适度集中的思路，村庄的分布集中于主要道路："坚持集聚提升、城乡融合、特色保护、搬迁撤并工作思路，引导村民适度聚集、村庄沿国省县道路干线布局，分类有序推进乡村发展，分步骤实施村庄改造和建设。"对于需要搬迁的村庄，提出"对人口流失特别严重的村庄，将村庄搬迁与新型城镇化发展结合，逐步引导村民向城镇或保留并重点发展的村庄聚集"。

2018年之前，华亭的学校空间布局已经呈现出了沿着主要省、市、

[①] 参见华亭市人民政府网站。
[②] 参见《2020年华亭市国民经济和社会发展统计公报》。
[③] 参见《华亭市乡村振兴战略实施规划（2018—2022）》（内部资料）。

县的主干道分布的趋势。华亭的中小学主要分布于区域干道附近，处于交通便利之地。而主要道路又与河流的干流平行分布，形成沿河谷分布的道路系统。这些道路将主要的村落与大型的居民点连接起来，形成了当地主要的交通路网。

二、临洮：学校沿河谷与道路繁密分布

甘肃省临洮县城距兰州市80千米，因位于洮河下游而得名。全县总面积为2851平方千米，下辖18个乡级政区（12个镇、6个乡）、323个行政村，户籍人口为55.49万人。

临洮县位于黄土高原的西北边缘，当地政府描述县域地形为"黄土丘陵沟壑区"，用地质学术语可描述为"长梁状基岩丘陵上形成的黄土梁"。县域之内，河水经年累月地冲刷，形成了一种沟壑纵横的黄土高原地形区。

临洮县境内河谷密布。据当地官方资料记载，县域内洮河一级支流有78条，面积大于5平方千米的支流有45条，覆盖了2467.85平方千米土地，而长度在1000米以上的大小支毛沟共3839条，沟壑密度为1.44千米/平方千米。[1]县域内的人口沿河谷分布，村庄与聚落主要集中于洮河及其分支所在的河谷地带。"七普"数据显示，截至2020年11月1日零时，临洮县常住人口为480149人[2]，其常住人口数量低于户籍人口数量，反映出一种人口外流的现象。

地形区的复杂性对儿童上学造成了一定的影响，也直接影响了学校的空间分布。

临洮的学校分布具有与华亭类似的空间特点，但其学校布点更加繁密和分散，且数量远远多于华亭。在20世纪70年代中期，这样一个当时人口不足40万人的西北县域，学校空间布点数量一度达到上千所之多，其

---

[1] 参见临洮县人民政府网站。
[2] 参见《定西市第七次全国人口普查公报》。

中，1974年小学有850所，中学数量一度达到50余所，合计900余所（临洮县志编纂委员会，2001）[577-627]。

根据县志记载，1986年后全县教育事业取得长足发展。至2005年有中小学523所，在校学生110679人，教职工5909人（临洮县志编纂委员会，2010）[643]，而当时并非学校数量与规模最盛之时。2005年之前的很长一段时间，虽然在校生还在逐步增加，中小学普及率还在提升，但学校空间布点处于调整阶段，数量有减少的趋势。学校空间布点数量的减少主要是政策主导的，通过学校布局调整和高中扩招，中小学总数比2000年减少41所，普通高中在校生11887人，初中在校生26607人，小学在校生63480人，分别比1986年增加7686人、9706人、4089人（临洮县志编纂委员会，2010）[643]。

2000年，学校虽历经撤并但数量依然庞大。同时，伴随着乡级行政区划调整撤销，县里也撤销了一批学区：至2000年，全县有503所小学，在校生63685人，公办教师2153人，代课教师857人，同年秋季小学毕业生8777人，有8450人升入初中，升学率96.3%；2001年撤销沿川子、云谷、达京堡、卧龙、马家山、石家楼等6个学区，全县学区由34个减至28个，同年撤并村学（教学点）8个（临洮县志编纂委员会，2010）[643]。随着乡镇的撤销与减少，乡镇的教育管理机构学区不断进行调整，2004年，撤销潘家集、三甲、陈家嘴、刘家沟门、塔湾、何家山、五户、上梁、马家窑、改河等10个学区，学区减至18个（临洮县志编纂委员会，2010）[643]。现在，临洮县下辖18个乡级行政区划，其学区与行政区完全重合，也是18个。

临洮县地处中国的西北地区，学校布点繁密，可以被视为一个中国西部县域的典型个案，一个学校布点繁密的县域的样本。根据其县志上刊载的学校数据整理出的小学数量变迁情况如表8-6所示。

表 8-6　临洮县小学数量的变迁（1949—1985 年）

年份	小学数（所）	年份	小学数（所）
1949 年	253	1968 年	453
1950 年	242	1969 年	507
1951 年	243	1970 年	526
1952 年	255	1971 年	482
1953 年	244	1972 年	463
1954 年	245	1973 年	406
1955 年	249	1974 年	552
1957 年	289	1975 年	850
1958 年	414	1976 年	747
1959 年	456	1977 年	654
1960 年	458	1978 年	630
1961 年	348	1979 年	607
1962 年	249	1980 年	599
1963 年	255	1981 年	579
1964 年	338	1982 年	559
1965 年	360	1983 年	509
1966 年	374	1984 年	503
1967 年	388	1985 年	498

注：1956 年数据缺失。
数据来源：临洮县志编纂委员会.临洮县志[M].兰州：甘肃人民出版社，2001：587-589.

由表 8-6 可知，小学数量的极盛阶段是 20 世纪 70 年代中期，最高点在 1975 年，达到了 850 所之多，是现在小学布点数量的两三倍。20 世纪 70 年代后期，小学数量开始萎缩，从最高点的 850 所一路下滑，进入 80

年代后一直维持在500所左右,直到2005年减少到460所。

查询县域统计年鉴发现,总体上临洮县小学数量从20世纪80年代初到21世纪初,保持了一种相对稳定的状态,一直在500所左右。县志记载,2005年全县有完全小学357所,村学[①]103所,附设初中班小学10所,小学在校学生63480人,小学专任教师2658人(临洮县志编纂委员会,2010)[643]。

2000年之后,乡村公路开始延伸到每一个村落,造成了学校数量的又一轮下降,临洮县也未能幸免。临洮县的学校数量等基本情况变化如表8-7所示,其学校数量在1986—2002年为500余所,2003年下降到460所。

表8-7 临洮县小学基本情况变化表(1986—2005年)

年份	学校数（所）	班级数（个）	在校生（人）	校均规模（人/所）	平均班额（人/班）
1986年	522	2109	59391	113.8	28.2
1987年	522	2117	60133	115.2	28.4
1988年	520	2099	51016	98.1	24.3
1989年	518	2088	55860	107.8	26.8
1990年	504	2076	47762	94.8	23.0
1991年	504	2069	47435	94.1	22.9
1992年	507	2070	47004	92.7	22.7
1993年	507	2079	46362	91.4	22.3
1994年	506	2069	47971	94.8	23.2
1995年	507	2063	51232	101.0	24.8
1996年	507	2076	53749	106.0	25.9

---

① 当地人习惯将村小称为村学。

续表

年份	学校数（所）	班级数（个）	在校生（人）	校均规模（人/所）	平均班额（人/班）
1997 年	506	2127	56881	112.4	26.7
1998 年	507	2154	60221	118.8	28.0
1999 年	507	2173	60977	120.3	28.1
2000 年	503	2173	63685	126.6	29.3
2001 年	503	2153	65425	130.1	30.4
2002 年	503	2144	67803	134.8	31.6
2003 年	460	2242	68678	149.3	30.6
2004 年	460	2298	66473	144.5	28.9
2005 年	460	2495	63480	138.0	25.4

数据来源：临洮县志编纂委员会.临洮县志[M].兰州：甘肃人民出版社，2010：644.

20 世纪 80 年代，伴随着人民公社的解散及包产到户的农业生产方式的实行，小学生辍学人数开始上升。当时学校的空间布局基本上处在"一村一校"阶段，即一个行政村办一所小学。

笔者将表 8-7 的数据转为曲线图，可以更直观地展现出临洮县学校数量的变化与学校校额、班额的变化并不完全一致。虽然学校的数量在增加或减少，但学校的校额与班额都经历了 20 世纪 80 年代初的增加，80 年代中期到 90 年代中期不断下滑，到 90 年代中后期开始又有一轮上升，直到 2003 年，无论是班额还是校额都达到了历史顶点，之后又下降，如图 8-5 所示。

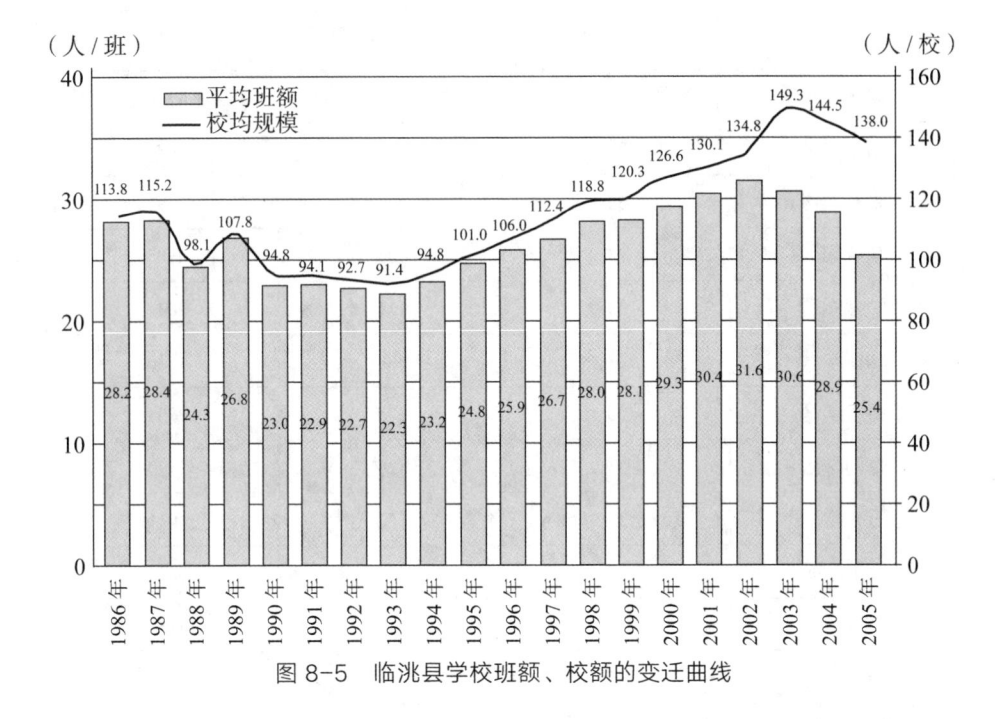

图 8-5 临洮县学校班额、校额的变迁曲线

可见，学校空间布局的调整似乎与学校内部的变迁趋势并不完全一致，其在相当程度上是由外部因素引起的。

2005 年，临洮县全县划分了 18 个乡镇行政区域，而大多数乡镇的小学数量都在 20—30 所。最多的一个乡镇——衙下集镇（对应学区为衙下学区，学区与镇的范围往往是合一的），其小学数量甚至达到了 35 所之多，其学校空间布点数量远超其他 17 个乡镇及其学区[①]。18 个学区的小学学校数、班级数、学生数等基本情况如表 8-8 所示。

表 8-8 2005 年临洮县各学区小学的基本情况

学区名称	学校数（所）	班级数（个）	学生数（人）
洮阳学区	33	289	11096
八里铺学区	22	134	3731

---

① 临洮县人民政府网站的资料显示，衙下集镇的面积为 148.13 平方千米，下辖行政村 22 个，人口有 4.2 万余人。

续表

学区名称	学校数（所）	班级数（个）	学生数（人）
新添学区	24	180	5336
太石学区	30	156	3694
辛店学区	33	183	4583
中铺学区	33	111	2047
峡口学区	22	90	1830
窑店学区	26	270	2754
龙门学区	33	126	2990
玉井学区	22	132	4011
衙下学区	35	170	5838
南屏学区	33	142	4137
康家集学区	18	91	2030
连儿湾学区	23	91	2131
站滩学区	22	92	1695
漫洼学区	14	70	1678
上营学区	24	100	2316
红旗学区	13	68	1583
总计	460	2495	63480

数据来源：临洮县志编纂委员会.临洮县志[M].兰州：甘肃人民出版社，2010：647-648.

临洮县是西北一个教育发达的县域，其文教历史久负盛名，在民国期间就有出国留洋的学生。1949年之后，县域之内的高中、初中数量一直较多。2005年，据县志记载，全县有高级中学1所、完全中学8所、独立初中30所，高中、初中在校学生分别为11887人、26607人，中学专任教师2090人（临洮县志编纂委员会，2010）[649]。其教育的繁盛远非一般的县域可比拟，中学具体变迁情况如表8-9所示。

表 8-9 临洮县中学数量的变迁（1986—2005 年）

年份	高中（所）	独立初中（所）	附设初中（所）	合计（所）
1986 年	7	23	19	49
1987 年	7	23	19	49
1988 年	7	27	16	50
1989 年	7	27	17	51
1990 年	7	28	18	53
1991 年	7	28	18	53
1992 年	6	30	12	48
1993 年	6	30	12	48
1994 年	6	30	12	48
1995 年	6	31	11	48
1996 年	6	31	11	48
1997 年	6	31	11	48
1998 年	6	34	9	49
1999 年	6	34	9	49
2000 年	6	34	7	47
2001 年	6	34	7	47
2002 年	6	32	8	46
2003 年	6	32	8	46
2004 年	7	31	10	48
2005 年	9	30	10	49

数据来源：临洮县志编纂委员会.临洮县志[M].兰州：甘肃人民出版社，2010：650.

一个常住人口不到 50 万人的西北地区县域竟然长期兴办 6—9 所高中，初中数量一度达到了 40 余所，其教育的繁盛景象超越了华北地区的大多数县域。

临洮县的学校空间分布主要受制于聚落与地形条件。临洮县南部人口与村庄繁密，北部则村庄稀少，学校的空间分布出现了南部繁密而北部稀少的局面。

临洮县的人口主要分布于洮河及其支流所在的河谷地带，而所有的公路及主干道都与河道平行而置，高度契合。河谷所在的山谷地带，是人类的重要定居点。段义孚曾经指出，山谷就像子宫和襁褓，凹陷的地形能保护和哺育生命（段义孚，2018）[175]。山谷是具有阴性而且神秘的场所，是人类生物性的保护所，"尺度适中的山谷和盆地对人类也具有很强的吸引力。它是一种生态高度多样化的环境，无论河流、洪泛区还是坡地，都能给人提供很多适宜的生存条件。人类在这些地方可以方便地获取水资源——由于人体无法长期储存水分，谷中的溪流、池塘和山泉则提供了即时的水源。……而也正是这种中等尺度的山谷与盆地环境才使得人类迈出了向着村庄农业式定居生活的第一步"（段义孚，2018）[174-175]。

临洮县学校的空间分布与河流、道路是一致的，都沿着主要的交通线分布。学校沿路分布源于学校教师的交通需求。2004年，临洮县教育局对中小学教职工编制标准进行调整，当时就发现了学校教师开始向沿路的学校集中。核编后，针对城区和川区，特别是离县城较近的川区公路沿线中小学超编的问题，当年解决了215名教师超编的问题（临洮县志编纂委员会，2010）[665]。这一超编现象源于教师通勤的需要，反映出教师愿意任教于公路沿线的学校，以便往返于学校与住家之间。

近年来，临洮县的学校数量依然众多。2018年，笔者曾经深入临洮县调研，发现其学校布点数量远较东部地区的县域为多。当地教育局相关科室的负责人告诉我："学校不能撤销，当地的孩子上学太远了，特别是那些处在塬上的孩子。"2017年末，全县共有各级各类学校223所，其中高中10所（含职业高中3所），初中25所，九年一贯制学校13所（初中合计38所），小学175所；此外还有教学点183个，幼儿园153所。①

---

① 参见《临洮年鉴2017》。

如果将临洮县放置在全国县域的平台上进行比较,可以发现其学校空间布点之密。2020 年全国共计 2844 个县区,一个县域的平均学校数量远远低于临洮县,如表 8-10 所示。

表 8-10　2020 年全国县域学校数量的平均数据与 2017 年临洮县数据之比较

	小学(教学点)	初中	幼儿园	高中
全国县域学校数量（所）	157979+90295（教学点）	52805	291715	14235（普通高中）+7473（职业高中）
平均数（所/县）	87.3（含教学点）	18.6	102.6	7.6
临洮县学校数量（所）	358	38	153	10

数据来源:《中国教育统计年鉴 2020》。

将全国的平均数据与临洮县的数据相比较,可以发现临洮县中小学的数量远远高于全国的平均水平,特别是小学布点的数量约是全国的 4 倍,初中数量约是全国的 2 倍。这一空间布局特点可能受其地形的影响,沟壑纵横的塬坝与河谷地形阻碍了交通,造成了儿童上学的不便;这一布局特点也来自其传统上学校空间密布的历史,即小型的村落与一村一校的学校布局传统。在村民与当地教育行政部门看来,学校的布局撤并存在诸多难题,需要保持现在的学校分布形态。

在临洮县,每一个乡镇都分布了多所小学及 1—2 所初中。笔者选取了临洮县一个边远的乡镇南屏镇,从其学校空间分布的情况,可以看出乡镇学校空间布局的密度。

南屏镇位于临洮县最南部,处于县境的边缘地带,其面积为 134.29 平方千米,辖 22 个行政村、200 个村民小组,户籍人口为 2.95 万人,人口出生率为 14.42‰。[①] 2017 年,南屏镇有小学 9 所、教学点 12 个,在校学生 1871 人;初中 2 所,为苟家滩初级中学和三甲初级中学,在校学

---

① 参见《临洮年鉴 2017》。

生 481 人。①

按 2017 年的出生率推断，南屏全镇每年新出生的人口为 425 人，全镇 21 所（个）小学（教学点）在生源全部留在本乡本土的情况下，平均每所小学或教学点的招生数量约为 20 人，实际上生源会外流到县城及其他城市，其每年招生数量更少。初中同样面临着生源不断减少的问题，即便在寄宿制的办学模式下，学生外流到县城及其他城市的情况也会存在。但南屏镇距离县城超过 30 千米，汽车车程在 1 小时左右，南屏镇的学生在当地就读中小学是符合现实情况的一种选择。南屏镇布局了 9 所小学、12 个教学点以及 2 所初中，远远超出了全国大部分乡镇学校的空间布局数量及密度。

三、江流密布的大县：龙川县

龙川县位于广东省东北部边缘地带，是广东最早立县的四个古邑之一。其地接江西之南端，是河源市下辖的一个县。龙川县江流密布，是许多河流的源头所在地，它位于东江和韩江的上游，县境内大小河流有 15 条之多，而以东江水系的东江河、韩江水系的铁场河及鹤市河为主要的江流。龙川县幅员超过 3089 平方千米，常住人口只有 60 余万人，外流人口有近 40 万人。②龙川县是一个大县，下辖镇级单位达到了 24 个，共有 315 个行政村，2017 年户籍人口有 100 万人之多（国家统计局农村社会经济调查司，2018a）[246]。

龙川县是一个人口大县，但乡镇辖区众多，其人口主要集中在县城，众多镇都成了小型乡镇，其面积及常住人口如表 8-11 所示。

表 8-11　2016 年底龙川县各乡镇面积及常住人口

乡镇名称	面积（平方千米）	常住人口（人）
老隆镇	106	228469

① 参见《临洮年鉴 2017》。
② 参见《龙川县第七次全国人口普查公报》。

续表

乡镇名称	面积（平方千米）	常住人口（人）
义都镇	101	18742
佗城镇	165	37938
鹤市镇	52	18234
黄布镇	56	10417
紫市镇	107	12250
通衢镇	105	18589
登云镇	70	16186
丰稔镇	135	26784
四都镇	81	10377
铁场镇	197	39906
龙母镇	151	26287
田心镇	88	27981
黎咀镇	132	11053
黄石镇	110	7158
赤光镇	142	42120
廻龙镇	84	22082
新田镇	71	15828
车田镇	312	50901
岩镇镇	122	13471
麻布岗镇	181	44153
贝岭镇	105	13762
细坳镇	152	14119
上坪镇	209	24622

数据来源：国家统计局农村社会经济调查司.中国县域统计年鉴2017：乡镇卷[M].北京：中国统计出版社，2018：413.

从表 8-11 可以发现，龙川县乡镇的面积属于正常之列，甚至一些镇的面积小于平原乡镇，如其中有 7 个镇的面积低于 100 平方千米，其余大部分在 100—200 平方千米。从人口来看，县城所在的老隆镇人口大量聚集，其规模达到了 22.8 万人，占全县常住人口的 30% 以上；而县城之外平均一个镇的常住人口不足 2.3 万人，平均一个乡镇辐射的行政村的数量为 13 个左右。

人口统计数据显示，龙川县的县城人口几乎处于滞涨状态，增速极低，乡镇常住人口进一步下降了，其乡镇人口流失的现象在加剧。这一现象突出表现在各个乡镇的人口逐渐减少，除了县城所在的老隆镇，其余乡镇的人口已经全部低于 3 万人，2 万—3 万人的乡镇只剩下 5 个，而低于 1 万人的乡镇为 6 个，有 12 个乡镇的人口在 1 万—2 万人，如表 8-12 所示。

表 8-12　2021 年龙川县乡镇常住人口数据

乡镇名称	常住人口（人）
老隆镇	238909
义都镇	12115
佗城镇	28890
鹤市镇	13075
黄布镇	10818
紫市镇	12220
通衢镇	17333
登云镇	14556
丰稔镇	16973
四都镇	6833
铁场镇	29600
龙母镇	19776

续表

乡镇名称	常住人口（人）
田心镇	17573
黎咀镇	11462
黄石镇	6863
赤光镇	21259
廻龙镇	12706
新田镇	7630
车田镇	29840
岩镇镇	8934
麻布岗镇	25253
贝岭镇	7844
细坳镇	8956
上坪镇	16053
总计	595471

数据来源：《龙川县第七次全国人口普查公报》。

在学校的空间分布方面，县城人口的集聚会造成学校数量增加，但龙川县学校空间聚集的现象并不特别明显，如2019年县城的义务教育学校为12所，只占全县义务教育学校数量的十分之一。县城学校的数量及比例并不占据优势，可能得益于县境幅员广大，县城偏置于东南一隅，而北部乡镇、村庄距离县城动辄在50—100千米之遥，其中最远的乡镇细坳镇与县城的距离达107千米，上坪镇距离县城90千米，乘坐汽车的车程都在1—2小时，而搭乘公共交通所需的时间都在2小时以上。这些空间上的限制条件在一定程度上缓和了生源及学校大幅向县城聚集的趋势。

县城之外的乡镇基本上采取"1+n"的学校空间布局，即1所初中与n所小学。

全县 110 所完整建制的中小学位于农村地区，此外还有农村的小学教学点 257 个，农村中小学及教学点两者合计共 367 所（个）。内部资料显示，龙川县的学校、教师等主要分布在农村地区：农村初中 28 所，农村完全小学 82 所，此外还有农村小学教学点 257 个；中小学教师 8534 人，其中农村中小学教师 4580 人；在校中小学生 109635 人，其中农村中小学生 44530 人。①

即便在当前的空间格局之下，生源向县城、向中心城镇集中的趋势依然势不可挡，已有从细小涓流汇集成汹涌江河之势。面对不断流失的生源，农村的小学面临生源不足的窘境和小型化的巨大压力，甚至面临空间布点不断被蚕食与消失的局面——"全县除 82 所完全小学外，仍有 257 个分散教学点，其中仅有 1 名学生的教学点就有 15 个"②。

对于当地政府而言，日渐小型化的教学点将会造成教学资源的严重浪费。无论是维持学校运营的费用，还是教师严重超编等，都会让小型的学校失去规模效益，其在财政、编制、教育资源等方面都会失去一大部分现实合理性。当地政府提出，要因应山区县域的空间特点，建立寄宿制学校，来缓解财政与编制的现实困局："要以建设农村小规模学校和寄宿制学校为突破点，有效整合乡镇教育资源。思考农村学校布局调整新举措，一方面，逐步合理撤并乡村教学点，各镇中心小学全部建成寄宿制小学，免费提供接送、住宿。另一方面，根据乡村教学点、乡村寄宿制学校和乡村完全小学布局，在人口相对集中、交通便利、公共服务完备、生源有保障的镇或较大行政村设置寄宿制学校并高质量办好乡村教学点。"③

此外，不仅学校数量在减少，乡镇中心校冗员的问题也变得突出。随着学校数量的减少，乡镇教育管理机构出现了人员超编的现象。为此，当地政府提出要推行乡村学校管理片区化，"将镇域内完全小学和教学点划分为若干个片区，将人口相对集中、交通便利、公共服务完备、生源有保

---

① 参见龙川县教育局《提升农村教育质量的做法与思考》（2019 年 5 月，内部资料）。
② 同①。
③ 同①。

障的行政村完小或教学点作为片区中心校,片区内乡村完小和教学点师资实行片区中心校集中管理,课表由片区中心校统筹安排"[①]。

地方政府与教育局面对区域教育形势不断变化的情况,需要做出因时而动的学校空间布局应对之策。这些调整之策,是地方当局基于地域性的空间与现实的一种干预,外界难以用一种客观的标尺加以评判。外界的评论是具有立场的,都是基于外部的视角,对身处内部的人而言可能是隔岸的火焰,明亮而远离事件现场。

龙川县学校空间布局的形成并非一蹴而就的,而是有迹可循的。在历史上,龙川县学校数量庞大,小学一度超过 800 所。考察其学校空间布局的历史,可以明晰其空间分布变迁的轨迹与趋势(见表 8-13)。

表 8-13 龙川县历史上的小学数量变迁(1950—2003 年)

年份	小学(所)	独立的教学点(个)	合计
1950 年	496	164	660
1955 年	247	223	470
1960 年	247	75	322
1965 年	215	97	312
1970 年	297	257	554
1975 年	294	540	834
1980 年	350	476	826
1985 年	357	472	829
1991 年	360	—	—
1995 年	365	·	
2003 年	398	—	—

数据来源:1985 年之前的数据参见龙川县地方志编纂委员会.龙川县志[M].广州:广东人民出版社,1994:396-397;1985 年之后的数据参见龙川县地方志编纂委员会.龙川县志:1979—2004[M].广州:广东人民出版社,2012:630-631.

---

① 参见《龙川县加快推进城乡教育优质均衡发展全力提升乡镇教育教学水平实施方案》。

不只小学的数量庞大,龙川县中学的数量也比较多。笔者根据县志记载的资料与数据,整理中学数量变化的情况如下(见表8-14)。

表8-14 龙川县的中学数量变化

	1950年	1955年	1960年	1965年	1970年	1975年	1980年	1985年	2000年	2004年
独立初中(所)	4	4	7	11	4	7	25	27	—	39
完全中学(所)	3	2	7	3	18	22	14	8	—	9
中学合计(所)	7	6	14	14	22	29	39	35	54	48

数据来源:1985年之前的数据参见龙川县地方志编纂委员会.龙川县志[M].广州:广东人民出版社,1994:396-397;1985年之后的数据参见龙川县地方志编纂委员会.龙川县志:1979—2004[M].广州:广东人民出版社,2012:630-631。

从中小学数量的变化轨迹看,学校数量最多的时候是20世纪70年代中期至80年代中期,小学的数量在800所以上,初中则在三四十所。

进入21世纪,龙川县学校的空间布局开始大幅缩减,其学校如同全国大多数县域一样经历了空间的萎缩和布点的大幅缩减,在2005年一度撤销了166所农村小学及教学点(龙川县地方志编纂委员会,2012)[633]。

作为一个人口大县,直到现在龙川县的学校空间布局还在进一步调整,其学校布点数量的调整与儿童的上学距离之间形成了一种现实矛盾。这一现实难题在一些南方山区县域也存在,如重庆市的秀山土家族苗族自治县与巫溪县。这两个县域学校数量庞大,而大量分散的教学点是其县城之外的乡镇学校布局的突出特征。交通距离长、村落分散、人口密度较低等因素,以及宗族与家族的文化因素等,共同塑造了南方地区一些县域的学校空间格局。

第五节 山区之县域

山区县域的学校空间分布主要受制于不同地形之中人类聚落的分布，亦受乡镇区划以及道路交通、空间距离等因素的影响。

一、北方的山区县：偏关县

山西省偏关县是一个小型的山区县域，其学校的空间分布基本上为一个乡镇一所小学的模式。全县共有 10 个乡镇，都是小规模人口的乡镇。小型乡镇的山区县域由于人口少，生源也少，同时聚落非常小，难以形成规模效益，大量村庄出现了人口外流的现象，人口流向了县城与城市，村庄与村落空心化，甚至一些小型山区聚落已经荒废，渺无人烟。这些小型乡镇的基本情况如表 8-15 所示。

表 8-15 偏关县乡镇面积、人口及行政村分布

	新关镇	天峰坪镇	老营镇	万家寨镇	窑头乡	楼沟乡	尚峪乡	南堡子乡	水泉乡	陈家营乡	平均
面积（平方千米）	180	65	214	210	149	280	150	132	130	170	168.0
常住人口（人）	15213	5997	6106	6364	13596	7777	3883	4075	3895	4439	7134.5
行政村（个）	47	16	21	20	33	45	16	17	11	22	24.8

数据来源：国家统计局农村社会经济调查司.中国县域统计年鉴2017：乡镇卷 [M]. 北京：中国统计出版社，2018：109；村庄数据参见行政区划网中的"偏关县行政区划"。

偏关县全县户籍人口为 10 万人（国家统计局农村社会经济调查司，2018a）[45]，但常住人口只有 71345 人，出现了大量户籍人口外流的现象。常住人口之中，除了县城所在地新关镇与窑头乡，其余乡镇的人口都不足 1 万人。相关资料显示，偏关县的大部分乡镇下辖约 20 个行政村，全县共有

248个行政村，平均一个乡镇辖24.8个村庄。[①]山区县域的村庄小型化现象突出，这给学校的空间布局带来了困难。

同时，从乡镇面积而言，偏关县乡镇的面积偏大，是一般平原乡镇的2—3倍，但辐射了24.8个村庄，每个乡镇的人口不足1万人。如果去除县城与乡镇所在地的一些人口，则大部分村庄的人口在200—300人。这些小型的行政村，有时包括了几个自然村落和小型的人类聚落，分散在山区地带，因此自然村落可能更加小型化，甚至只有100人不到。小型的孤立的居民点，主要依赖旱地农业，甚至只依赖雨水灌溉，收成与收入存在极大的不稳定性。随着农民收入主要依赖打工与商业收入，农村的不稳定性与风险更加突出，青年农民逐渐流失，居民点便走向了空心化甚至消失。

乡村人口外流、出生率降低与乡村生源不断流失，都使得当地的学校布局更加分散。历史上曾有过的一村一校的空间格局现阶段已经完全被抛弃了。山区的居民点原本就是小型化的，人口的规模集中效应本来就差，一旦出现大量人口外流的情况，小型居民点就会更孤寂与小型化，村庄将更易出现离心化的人口迁移趋势。因此，学校的空间布局在短短几十年内迅速从历史上的一村一校退化为一乡镇一校：一个乡镇只有1所小学，初中则几个乡镇布局1所，以缩短学生上学的距离。

历史上，偏关县的小学数量繁多，其空间结构基本上都是一村一校的布局模式，《偏关县志》记载，其小学数量一度达到了417所之多（牛儒仁，1994）[589-590]。偏关县小学数量的变迁情况如表8-16所示。

表8-16 偏关县小学数量的变迁（1949—1991年）

年份	小学数（所）	年份	小学数（所）
1949年	44	1952年	90
1950年	38	1953年	97
1951年	36	1954年	97

[①] 参见行政区划网中的"偏关县行政区划"。

续表

年份	小学数（所）	年份	小学数（所）
1955 年	129	1974 年	390
1956 年	180	1975 年	385
1957 年	184	1976 年	380
1958 年	284	1977 年	363
1959 年	249	1978 年	380
1960 年	267	1979 年	390
1961 年	267	1980 年	398
1962 年	256	1981 年	396
1963 年	274	1982 年	396
1964 年	332	1983 年	399
1965 年	346	1984 年	408
1966 年	337	1985 年	408
1967 年	339	1986 年	413
1968 年	339	1987 年	413
1969 年	339	1988 年	415
1970 年	346	1989 年	415
1971 年	346	1990 年	416
1972 年	385	1991 年	417
1973 年	391		

数据来源：牛儒仁. 偏关县志 [M]. 太原：山西经济出版社，1994：589-590.

在 20 世纪 60 年代到 90 年代初，偏关县的小学空间布点数量愈发超过了行政村的数量，其空间布局接近自然村落的分布，主要考虑接近山区的村庄及儿童的家庭，以减少他们上学的奔波。即便在中学阶段，学校的布点数量依然多于乡镇的数量，如在 1977 年，偏关县的中学数量达到 1949 年之后的最高点，有 88 所（牛儒仁，1994）[597]。下面选取四个较有代表性的年份的数据，从中可以看出偏关县中学的发展变迁（见表8-17）。

表8-17 四个年份偏关县的中学数量

	完全中学（所）	高中（所）	初中（所）	七年制（所）	总计（所）
1977年	4	11	22	51	88
1980年	1	6	27	—	34
1985年	1	—	15		16
1991年	—	2	15		17

数据来源：牛儒仁.偏关县志[M].太原：山西经济出版社，1994：597.

从以上中学、小学数量的变迁可以发现，偏关县的学校布局在20世纪70年代是最密集的，中小学的数量到了历史最高点。但与全国其他县域的不同之处在于，其小学数量在20世纪80年代还有微小的增幅，这是其学校空间布点的特殊之处。对于全国大部分县域而言，学校空间布点的数量在20世纪70年代中期达到巅峰之后，便开始下滑了。

进入2000年，在城镇化进程的影响下，在小型县域人口规模的制约下，在规模效益的教育管理思维的影响下，偏关县的教育不堪布点数量过多的重负，开始了大量撤并与调整。这一轮空间布局的调整与全国其他县域并无二致，甚至有过之而无不及。这些都造成了乡镇学校空间布点的大幅萎缩，一路下滑到历史最低点，甚至接近1949年的空间布点数量。2021年，偏关县所在的地级市忻州市的常住人口为268万人，而偏关县常住人口为7.3万人，只占忻州市的2.7%。[①] 忻州市的14个区县2021年末共有小学395所、普通初中164所、普通高中36所[②]，全市的小学数量甚至不及20世纪80年代初期的偏关一县，由此可见区域学校空间布点整体的萎缩程

---

① 参见《忻州市第七次全国人口普查统计公报》。
② 参见《忻州市2021年国民经济和社会发展统计公报》。

度。处在这样的区位与趋势中的偏关县，其学校空间布点数量的大幅减少也可以想象了。

小型居民点日渐衰败、乡镇人口偏少、公路逐渐延伸到每一个小村落、交通工具变革等一系列因素，共同促进了偏关县学校空间布局的调整，偏关县学校空间布局重新回退到"一乡镇一学校"的格局。为减少舟车劳顿，中小学普遍实行了寄宿制。

在这些人口稀少的小型山区县域，生源流失造成了学校逐步小型化与空心化的趋势，特别是高年级学生更容易流失，因此乡中基本上缺乏足够的生源供给，慢慢走向了微型化与单轨化，甚至会逐步走向消失的境地。随着学校的消失、撤并，原来布点分散的农村学校已减少了一大半，形成了"一乡镇一学校"的现实态势。这些学校沿交通线分布，因为它们基本上位于乡镇，而乡镇一般都在河谷地带的交通线上。

可以发现，学校的发展已经从过去"一村一校"的分布状态"进化"到"一乡镇一学校"的状态。这一空间分布格局，使得一所学校辐射的半径与空间区域急剧扩张了。这是城镇化与乡村人口大量外流背景下的无奈现实，小型化的居民点分散且不成规模，山区距离远而交通不便，只能依赖于集中于乡镇的寄宿制学校。这一策略缓解了学校辐射范围大幅扩张所带来的紧张感，也规避了儿童上学距离过大可能带来的现实问题。

总之，在一些小型乡镇的县域之中，学校与人口之间的敏感关系日益显著，特别是一些小型的山区聚落，随着年轻人的大量外流，其社区活力显著下降，农民抛荒土地而流向城里，村落一步步走向了式微与消亡。在许多北方的山区聚落，小型的居民点已到了荒废与否的临界点。日常之时，村落一片寂静而无车马喧闹，甚至连小型的商店都没有，因人烟稀少而逐渐走向荒废。居民点的日渐荒废加剧了人口的流失，这将把学校导向无生源的境地。随着村落的荒废，村小基本上都被撤并了，小学日渐退回到乡镇所在地，而中学会逐渐向县城聚集，形成了学校沿路、沿中心乡镇所在地点状分布的格局。

二、高原上的山地县：通海县

云南省通海县是另外一个学校沿路分布、沿居民点分布的例子。

通海县由盆地、中山、河谷三种地形区构成，地处云贵高原，海拔在1600—2000米，属于亚热带半湿润高原季风气候区。其境内的杞麓湖水域面积为35.54平方千米，河流分为湖盆区内河和曲江及其支流。湖盆区河流有中河、大新河等，而曲江河及支流有曲江河、路南河、库南河、大箐河、小三家河、改水沟和清水河。[①]

这样的地理特征造就了通海县独特的村落空间格局，其人类聚落点主要分布在盆地及河谷之中，而山地地形区则相对稀疏。此外，通海县还存在一个蒙古族聚居乡——兴蒙乡，其人口规模与面积极小。这影响了乡镇学校的空间分布。

通海县的面积为721平方千米，2016年底，共有户籍人口29万人，下辖7个乡镇、2个街道（国家统计局农村社会经济调查司，2018a）[323]，7个乡镇的面积与常住人口如表8-18所示。

表8-18　通海县各乡镇的面积与常住人口

	杨广镇	河西镇	四街镇	纳古镇	里山乡	高大乡	兴蒙乡
面积（平方千米）	99	187	75	12	100	101	5
常住人口（人）	51809	50296	44452	13075	8705	11565	5734

数据来源：国家统计局农村社会经济调查司.中国县域统计年鉴2017：乡镇卷[M].北京：中国统计出版社，2018：576.

从表8-18可以发现，通海县是一个人口较为密集的县域，乡镇的面积及人口差异非常大。面积最小的兴蒙乡只有约5平方千米，次小的纳古镇只有12平方千米，这样的行政区划可能主要受制于民族的空间分布

---

① 参见通海县人民政府网站。

特点。兴蒙乡为蒙古族聚居区，其下辖3个村庄，人口不足6000人。而纳古镇则是回族聚居的乡镇，其下辖纳古纳家营村、纳古古城村2个行政村，形成了7个自然村落，人口约1.3万人。

2018年，通海县有义务教育阶段学校60所，其中初中8所，小学52所，此外还有教学点1个。复杂的高原山区的地形，大小不一的行政区划，不同地形区的居民点空间分布，共同构成了影响学校空间布局的外部因素。

三、中部山区县：洛宁县

河南省洛阳市洛宁县的学校基本上也是沿路分布，形成了县城集中分布、乡村散点分布的格局。

洛宁县地处豫西山区，处于洛河中上游，总面积为2306平方千米，其辖18个乡镇、388个行政村，户籍人口达52万人之多[1]，但常住人口只有38万人[2]。全县地貌总体呈"七山二塬一分川"，是典型的山区农业县、林业县。洛宁县境内河流众多，主要的人类聚落，如村庄、集市、县城等都分布于洛河两岸及其支流所在的河谷地带。

由于地处山区，洛宁县的交通要道都是顺河而下，基本与主要的河流平行，大型的居民点及村落则分布在道路沿线，由道路连接起主要的集市、乡镇及大型居民点，主要的学校基本上都分布在当地交通要道的两侧，形成了沿路、沿中心地而分布的空间格局。

因地处山区与河谷，洛宁县的居民点趋向于小型化且非常分散。全县行政村达到了388个之多，平均每一个行政村户籍人口只有1300余人（若排除县城人口10万人，其余乡村户籍人口只有42万人，平均每村只有1000余人左右）。理论上，洛宁县的学校空间分布需要非常低的集中度，才可能更接近山区之中分散的居民点。统计数据显示，洛宁县学校分

---

[1] 参见洛宁县人民政府网站。
[2] 参见《洛阳市第七次全国人口普查公报》。

布相对分散，有义务教育学校 97 所［算上教学点为 194 所（个）①］，其中小学 61 所（不含 97 个教学点），初中 36 所。义务教育学校寄宿生 20497 人，占义务教育阶段在校生总数的 26.44%；小学寄宿生 8803 人，占小学在校生总数的 24.10%；初中寄宿生 11694 人，占初中在校生总数的 67.33%。②

　　小学布点数量不足，只能依赖寄宿制来补充空间布局的空缺，因此，洛宁县的小学高年级大多实行寄宿制。初中阶段，基本上每一个乡镇布局 1 所初中或者 1 所九年一贯制学校。但长远来看，小学阶段的教学点处于生源严重不足的困境：2018 年全县共 78 个教学点，只有学生 1816 人，平均每一个教学点只有约 23 人。③教学点数量不断上升，小学的数量不断下降，学校的规模效益影响了学校的发展，也会影响学校的空间分布。那些小型化的、处于边缘村庄的教学点及小规模学校，随着时间的推移将会变得更加小型化，学校会分布在更接近交通要道和乡镇的地方，接近当地的基层市场及中心地的集市。

---

① 2021 年的教学点数量为 97 个，多于下文提到的 2018 年的 78 个，这也反映出学校小型化之后，小规模的学校逐渐被调整为教学点，失去了独立的学校建制。
② 参见《洛宁县教育体育局关于印发 2021 年洛宁教育事业发展统计公报的通知》。
③ 参见洛宁县人民政府网站。

第九章
乡镇与学校分布

乡镇作为基层行政区划的最底层组织，其幅员大小、所处区域及人口规模等对学校空间布局影响深远，需要进行详细的考察与研究。

第一节 乡镇学校空间分布的历史一瞥

新式学校最初进入乡村之时一直是地方性事业，由地方士绅举办并借助于地方资金。在清末与民国时期，学校所在地的士绅、乡绅是劝学所的主要成员，而劝学所是当时成立的具有教育行政机构色彩的半官方机构。当时学校的学董、各县的视学等都由乡绅担任，办学资金等也由地方筹集。因此，学堂最初移植而来之时，地方学校兴盛与否基本取决于地方的势力，取决于地方支持与否。

1949年之后，学校的空间布局在基层稳步扩张，直到遍布全国几乎所有的村庄空间，但学校数与学生数相对而言并不多。

以安徽省涡阳县的高公区（后更名为高公镇）为例，当地的学校主要分为三类——完小、中心初小、常设民校（一般设完小、初小、民校），学校基本上按乡分布，一乡一校。这受制于当时的交通方式，主要基于步行的空间范围，当年乡镇的范围普遍较小，一般乡镇只有3—5个村庄。这是1949年前后典型的小型乡镇模式的写照。

在当年学校逐渐普及的现实背景之下，学校布局主要基于乡镇的空间而展开，初小、高小成为当时学校的主流模式。初小主要在乡镇之内，而完小或者高小需要跨越乡镇的边界才能建立起来。从学校布点来看，高公区下辖12个乡镇，但完小只有2所，分别是区政府所在地的一所8个班级共346人的完小和一所驻扎在另外一个乡政府所在地的6个班级共247人的完小。这是当地最大的两所完全小学，其余皆是初小、民校等。1952年，全区学校一共有19所，学校还没有完全在每个村落中普及，而是一种跨越村庄的学校——类似于今天许多地方的乡村小学，是一种联村学校。

另外一个例子是涡阳县楚店区（后更名为楚店镇）。该区有16个乡，但完小只有3所，此外有中心初小3所、一般乡小12所。1952年，涡阳县一共划分为20个区，分为239个乡、5个镇，一共有4506个自然村。因此，平均一个区下辖11—12个乡，一个区平均涵盖约225个自然村，而每一个乡平均管辖近20个自然村。

从楚店区的学校分布来看，全区一共有18所小学，基本上平均一乡1所小学（该区下辖16个乡），最终形成了1所小学辐射近20个自然村的格局。楚店区的学校分为三类：一般乡小、中心初小、完全小学。这更加印证了小学分布的政策理念与核心原则，当时还没有村小的概念，更多是基于乡镇来布局学校空间，因此才有了"一般乡小"的概念，且乡小是处于中心初小之下的一种学校类型，表明乡小更多是初等小学的建制，距离中心小学还有较大的差距，更不要说完全小学了。

从学校分布来看，一般学校之间的距离在1.5—4.5千米。这是因为走读的性质决定了学校的分布，在步行作为最基本与日常的出行方式的时代，学校的布点受到这一外界的主流出行方式的制约。对于初小（1—4年级）的孩子而言，4.5千米大概需要步行一小时，这几乎是儿童出行的上限了。当年的这一距离空间标准，即便放在当今的乡村中小学，时间上的限制也依然存在，只有借助自行车、摩托车、汽车等交通工具，或者由成人接送，才可能挣脱空间距离的限制。对高公区的学校空间距离进行计算，可以得到以下结果：

学校规模：19所学校，总规模1732人，校均学生约91人。

班级数：共50个班，校均2.63个班。

学校间距离：学校布点之间的总距离为80千米（160华里），共有29条联系线，每两个校点之间平均距离为2.76千米（5.52华里）。

从高公区的案例可以发现，在20世纪50年代初期，学校的校均规模只有约91人，校均只有2—3个班，学校之间的距离在2.5—3千米。而将校均距离折半计量，就是儿童就学的距离，即在1.25—1.5千米。这就是当时小学儿童的上学距离，或者说基本上是初小孩子上学的距离。

在当时的历史背景之下，初小儿童以男性居多，年龄大概在6—13岁，且年龄一般较现在1—4年级的儿童偏大一些。当时，步行的距离限制了学校的布点范围，这也是步行上学时代的一个明显特征。在那样的年代，学校为了普及会牺牲一点建制的完整性，如初小普遍不够完整，大部分初小的班级数为2个左右。这是一个时代的学校的结构性特征。

在以上两个区之中，学校只有初小、完小两种类型，在乡这样的行政空间区域并没有初中。1949年之后，初中还没有深入"乡间"，中学还留在县城所在地甚至地级市。即便在后来的20世纪50年代末期，也只有个别民校开始举办初级中学。

第二节　镇辖区与学校分布

乡镇是中国基层的一个行政区域，也是最小的行政单位，在宪法上具有独立的行政地位。我国宪法第三十条表述如下："中华人民共和国的行政区域划分如下：（一）全国分为省、自治区、直辖市；（二）省、自治区分为自治州、县、自治县、市；（三）县、自治县分为乡、民族乡、镇。"这与人们平素的印象不一致，在地方行政区域划分之中，地市层级并不具有独立的宪法地位，但乡镇却是宪法规定的三级行政区划。

一、乡镇的空间类型

乡镇空间大小不一，总体趋势是乡镇的数量在不断减少，乡镇空间在变大。1951 年，乡镇的总数量一度达到了 218642 个；2000 年乡级行政区划单位为 50769 个，其中包括 20312 个镇、23199 个乡、1356 个民族乡、5902 个街道[①]；而 2020 年底全国乡镇区划数量只剩下 38741 个，涵盖如下乡级行政区划单位：21157 个镇、8809 个乡（其中有 7693 个乡、153 个苏木、962 个民族乡、1 个民族苏木）、8773 个街道、2 个区公所[②]。乡镇数量近二十年总体的变迁趋势如图 9-1 所示。

图 9-1　乡镇数量变迁图（2002—2020 年）

数据来源：国家统计局网站。

与"胡焕庸线"两侧的县域一样，乡镇空间大小与人口密度呈负相关：西部的乡镇面积大而人口少，东部则反之。按照中西部县域空间的平均值，在"胡焕庸线"两侧寻找两类乡镇的平均线，可以找到如下两种空间

---

① 参见中华人民共和国民政部网站。
② 同①。

类型。西部主要是大型的乡镇，空间巨大但人口较少，如表9-1所示。

表9-1 "胡焕庸线"西北半壁部分省份的乡镇人口及面积

省份	人口（万人）	面积（万平方千米）	乡级区划（个）	乡镇人口（万人）	乡镇面积（平方千米）
内蒙古	2403	118.3	1024	2.3	1155
西藏	366	122.8	697	0.5	1762
甘肃	2501	42.6	1356	1.8	314
青海	593	72.2	403	1.5	1792
宁夏	721	6.6	241	3.0	274
新疆	2590	166.5	1128	2.3	1476
平均	1529	88.2	808.2	1.9	1128.8

数据来源：《中国统计年鉴2021》。

在"胡焕庸线"西北半壁的乡镇，其空间大型化与人口小型化现象非常明显，平均乡镇面积为1128.8平方千米，乡镇人口不足2万人。若排除宁夏、甘肃这样的农业省份，西北半壁乡镇的平均面积与人口分别达1546.3平方千米与1.7万人。

而在"胡焕庸线"东南半壁的乡镇，其人口数量大幅上升，面积大幅下降，取几个有代表性的平原省份为例，如表9-2所示。

表9-2 "胡焕庸线"东南半壁部分省份的乡镇人口及面积

省份	人口（万人）	面积（万平方千米）	乡级区划（个）	乡镇人口（万人）	乡镇面积（平方千米）
江苏	8477	10.72	1258	6.7	85
浙江	6468	10.18	1365	4.8	75
山东	10165	15.79	1822	5.6	87
河南	9941	16.70	2453	4.1	68

续表

省份	人口（万人）	面积（万平方千米）	乡级区划（个）	乡镇人口（万人）	乡镇面积（平方千米）
湖北	5745	18.59	1251	4.6	148
广东	12624	17.97	1611	7.8	112
河北	7464	18.88	2254	3.3	84
平均	8697.7	15.5	1716.3	5.3	94.1

数据来源：《中国统计年鉴2021》。

从"胡焕庸线"两侧乡镇的平均面积看，两者差了10倍多，西北半壁乡镇的空间面积巨大。从人口而言，东南半壁的乡镇平均人口约是西北半壁的2.8倍。两种不同的乡镇空间类型，其差异源于"胡焕庸线"两侧人类生计模式的差别，也与地形、民族文化等社会文化因素有关。这两种乡镇空间类型迥异，人口密度差异极大，从而造成了当地学校空间布局差异极大。

二、乡镇人口、地形区与学校布局紧密相关

乡镇往往根据其人口、地形与区域面积来布局学校，这也是农村学校布局调整中易被忽视的关键因素。

义务教育阶段的学校布局是人为计划与决策的结果，这主要依赖于地方政府特别是教育局的决策。但在现实中，乡镇政府作为一级政府与国家行政体制的末梢，在教育布局中明显是利益相关方，其对辖区之内的教育布局具有关键性影响。在历史上，乡镇一直是中小学的管理者和教育的提供者，即便是现在，许多乡镇政府也设有分管教育的副镇长或委员（副乡长或委员），协助教育部门与乡镇学校及其外部环境建立联系，并对学校和教育产生影响。因此，乡镇的辖区和人口分布等因素，往往会对学校布局产生巨大的影响，但这种影响并没有被人们意识到并加以重视。

在实际的布局调整中，学校布局和乡镇的行政辖区往往被结合起来考

虑，行政区划在很大程度上影响着学校布局调整的步伐。学校的布局在某种意义上离不开乡镇的建制调整，虽然有些地方在推进学区制管理，但依然存在需要乡镇协助管理学校的外部环境的问题。

在我国不同的地形区，乡镇的人口规模、地形都存在很大差异。一般而言，北方平原容易出现大乡镇模式（河北省除外），但丘陵和山区一般多是小乡镇模式，这些乡镇的人口、地理环境对教育布局产生了强烈的影响。

三、小型乡镇的学校空间分布

乡镇作为一个行政单位，对教育布局的影响非常明显，其中小型乡镇对学校布局的影响最为明显，乡镇人口与学校布局关系密切。笔者调研发现，小乡镇的模式会影响学校的布局，中学的布局尤其会受到乡镇人口的影响。

从宏观数据而言，乡镇人口与学校的设置关系密切。我国的行政管理体制有许多地方性的特色，乡镇的建制便是如此。在许多省份，基层乡镇行政组织是小乡镇模式，而另外一些省份则是大乡镇模式。这其中乡镇建制的辖区和人口的依据何在？这一点笔者并没有找到相关的文件或依据，但在河北、四川、江西、湖南等人口大省，乡镇数量庞大，一般都以小乡镇的建制为主，河北省的小乡镇、小县城便是一种典型。

上述四个省份的乡镇平均人口规模一般在 2 万人左右，如四川省荣县有 40 余万人口，下辖 21 个镇和街道，平均每个乡镇的人口在 1 万—2 万人；江西省弋阳县的人口为 30 余万人，下辖 17 个乡镇，平均每个乡镇的人口在 1 万—2 万人；湖南省临湘市的人口为 40 余万人，下辖 14 个镇和街道，平均每个镇或街道的人口在 2 万—3 万人；河北省吴桥县的人口约为 28 万人，下辖 10 个乡镇，平均每个乡镇的人口在 2 万—3 万人。表 9-3 是四个省份乡镇的数量及其典型模式，可以看出基本上是一种小型的乡镇模式。

表9-3 四个省份2020年乡镇的数量与平均人口

省份	人口（万人）	乡级区划数（个）	乡镇人口（人口/乡级区划数，万人）
河北	7464	2254	3.3
四川	8371	3230	2.6
江西	4519	1566	2.9
湖南	6645	1940	3.4

数据来源：《中国统计年鉴2021》。

表9-3中四个省份的乡镇人口的平均数量是根据省份年末常住人口的总数计算的，但因为城市下辖的街道的人口也被计算在内，而街道的人口一般多于乡镇人口，因此总体上每个乡镇的人口数量应该低于上述平均数，实际的乡镇人口一般在3万人左右甚至更少。全国平均一个乡镇的人口在3.6万人，而由表9-3可知，人口比较密集的、以农业为主的四个省份的乡镇人口平均数都低于这一平均数，其乡镇属于较典型的小乡镇模式。这是分析目前的乡镇人口和学校数量的一种经验数据。

鉴于城市化率的大幅提升，人口向城市聚集，基层乡镇的户籍人口大量外流，因此上述省份的乡镇常住人口可能更少。因小型乡镇辖区人口太少，生源严重不足，农村学校布点开始减少，学校出现了小型化趋势，这也直接造成了学校教师超编严重。西部一些省份小型乡镇的特征更加明显，如表9-4所示。

表9-4 西部部分省份2020年乡镇平均人口

省份	人口（万人）	乡级区划数（个）	乡镇人口（人口/乡级区划数，万人）
甘肃	2501	1356	1.8
宁夏	721	241	3.0
青海	593	403	1.5

续表

省份	人口（万人）	乡级区划数（个）	乡镇人口 （人口/乡级区划数，万人）
云南	4722	1410	3.3
陕西	3956	1313	3.0

数据来源：《中国统计年鉴2021》。

在我国西部的这些省份，乡镇小型化趋势更加明显，平均人口在2.5万人左右。这些乡镇的人口少于中东部的平原小型乡镇，小规模人口与相对较大的乡镇面积相叠加，对乡镇学校的均衡布局提出了更大的挑战。

上述小型乡镇的学校布局具有独特的空间特点，需要根据乡镇人口、空间、地形等因素进行综合分析。兹举几例进行讨论。

（1）陕西省安塞区只有十几万人口（这在陕北是中等程度的人口规模），一个乡镇的人口在1万—2万人。1万多人的乡镇，每个年级的初中生在120人左右，实际上半数以上都外出了，这造成学校一个年级的人数在60人以下。在农村和乡镇地区，一所中学没有平行班级，会极大地影响学校的人气与资源流向。

（2）湖南省临湘市一个乡镇的人口在2万—3万人，生源严重不足，这造成了过去"一乡镇一初中"的布局模式出现困难。因此，当地采取的方式是：设立九年一贯制学校或者让4—9年级独立成校（一种新型的分段制学校）并建在乡镇所在地，有1—3个教学点分布在村庄。

（3）四川省荣县一个乡镇的人口在1万—2万人，造成了学校的大量撤并，形成了"一镇一校"的布局模式。

（4）河北省吴桥县由于乡镇人口少，学校管理和布局采用了学区制的模式，超越了乡镇来布局学校。

上述教育模式和布局都是当地应对人口不足乡镇的学校布局调整的一种策略，但实际效果如何需要时间的检验，也需要根据具体情况进行分析和审视，不便一概而论。

小乡镇的学校分布方面，以横山区为例，其原是陕西省榆林市的一个县，于 2016 年废县设区，成为一个市辖区。2019 年末，全区户籍人口为 38.36 万人，但常住人口只有 31.64 万人[①]，下辖 18 个乡镇街道（办事处），面积为 4333 平方千米，是一个面积较大的县域。2016 年底，该区 13 个乡镇的面积、人口与村庄数量如表 9-5 所示。

表 9-5 2016 年底横山区各乡镇面积、人口及村庄数量

乡镇名称	面积（平方千米）	人口（人）	村庄（个）
石湾镇	171	12972	15
高镇	255	11819	20
武镇	250	17036	45
党岔镇	180	25135	29
响水镇	281	19243	16
波罗镇	317	18744	24
殿市镇	232	17083	29
塔湾镇	365	12231	13
赵石畔镇	454	23600	12
魏家楼镇	329	15310	12
韩岔镇	468	27785	19
白界镇	375	60307	22
雷龙湾镇	368	10114	12
平均	311	20875	21

数据来源：国家统计局农村社会经济调查司. 中国县域统计年鉴 2017：乡镇卷 [M]. 北京：中国统计出版社，2018：624.

由表 9-5 可知，横山区平均每个镇的面积为 311 平方千米，人口为

---

① 参见《榆林市横山区 2019 年国民经济和社会发展统计公报》。

20875 人，下辖 21 个村庄。可以发现，横山区的乡镇面积巨大而人口规模相对小型化，其乡镇的面积远远大于平原县域的乡镇。横山区乡镇的平均面积在西部县域之中处于常规水平，其乡镇在西部的乡镇之中也不属于过小之列。

从学校的空间分布而言，这样的乡镇空间范围及人口数量限制了学校的数量。对于一个平均人口为 2 万余人的面积广大的乡镇，其学校的布局不同于平原地带的乡镇，具有自身独特的空间特点。横山区的每一个乡镇都成为学校布局的基层空间，一个乡镇一所中学、一所小学（或一所九年一贯制学校）、一所幼儿园，而在乡镇的其他村落中已经没有了乡村小学存在的空间。

从空间距离上进行分析可以发现，横山区乡镇的平均面积在 311 平方千米，下辖 21 个村庄，一个乡镇辐射了宽广的村落空间。这一空间特点决定了其学校布局一旦集中于乡镇，客观上就需要寄宿制学校来解决远距离交通问题。对于一个乡镇而言，假设其镇位于区域的中心，其周边的约 20 个村庄与镇所在地的距离如图 9-2 所示。

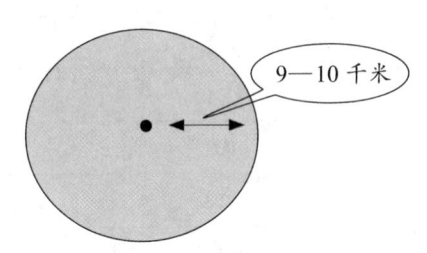

图 9-2　乡镇与村落的距离

在图 9-2 所示的空间区域之中，乡镇学生的上学距离一旦超过了 5 千米，就势必需要寄宿制来解决交通问题，缓解上学距离的负担。这样，横山区实际上形成了一个在县城所在地集中布局城镇学校的"面状"格局，而在每一个乡镇则形成了学校相对集中在乡镇所在地的"点状"分布格局。鉴于横山区的每一个镇都有一定的人口规模，因此中小学在各个乡镇基本上没有出现缺席的现象。这与横山区的大区域空间直接相关。

第三节 大乡镇学校分布

大乡镇户籍人口充足，从规模效益的角度而言，其更容易办成规模适度的中小学，形成良好的学校分布格局和教育生态链条。

乡镇人口作为一所学校外部的重要变量，影响着初中的布局。全国的许多省份基本上都是大乡镇模式，以中东部的一些人口大省为例可以审视这些省份的大乡镇模式对教育布局和教育生态的影响。部分大乡镇模式省份的乡镇人口数量如表9-6所示。

表9-6 2020年部分大乡镇模式省份的乡镇人口数量

	常住人口（万人）	乡级区划数（个）	乡镇人口（常住人口/乡级区划数，万人）
福建	4161	1107	3.8
河南	9941	2453	4.1
浙江	6468	1365	4.7
安徽	6105	1501	4.1
湖北	5745	1251	4.6
山东	10165	1822	5.6
江苏	8477	1258	6.7
广东	12624	1611	7.8
全国	141212	38741	3.6

数据来源：《中国统计年鉴2021》。

从表9-6可以发现，各个省份乡镇人口的平均数有很大的差别，即使是在这些大乡镇居多的省份，不同省份之间也有明显差异：广东省、江苏省和山东省的乡镇人口平均数在5万—8万人，而福建省、河南省、安徽省等保持在4万人左右的规模，其余省份接近5万人。

实际上的乡镇人口数量要低于这些数字，因为这些数据将城区街道的人口也计算在内了，而城区街道的人口相对密集，且人口流入区的省份有大量的外来人口，如广东省、浙江省、江苏省等，其乡镇的户籍人口数量往往低于上述数据。

人口和生源是影响学校布局最重要的因素。在乡镇行政辖区的制约下，基本形成了"一乡镇一初中"的分布格局，而小学则分布在村落周围。大乡镇由于生源充足，一般来说初中的规模相对较大，容易产生一定的规模效益，形成良性循环。但在安徽省、湖北省、山东省等地，存在一些非常大的乡镇，一个乡镇的人口在6万—8万人，甚至有些达到了10万人以上，显然"一乡镇一初中"不再合乎实际，需要根据人口对中小学重新进行布局。但是，在学校的布局调整中，乡镇政府承担着征地、谈判等工作，学校布局调整离不开乡镇的支持。教育局撤并学校一般都需要地方政府来协调村民关系，特别是新建学校，必须要乡镇来协调征地等相关事宜。

笔者发现，在山东省、河南省、安徽省的大乡镇，可以实现"一乡镇一初中"甚至一个乡镇两所初中的模式，中心小学在乡镇也可以做大规模，实现规模效益。一般而言，在这些平原农业地带，人口出生率较高，乡镇面积较大，人口较多，这为乡镇的中小学布局提供了充足的生源，便于乡镇形成一个良好的中小学系统。在这些大的乡镇，如果以5万人计算，义务教育阶段的学生数量一般在5000人左右，其中，初中生在1500人上下，小学生在3500人左右，一般可以形成一所初中和多所小学的学校布局模式。这些人口为形成一个良好的义务教育生态系统奠定了生源的基础，也为中心校在乡镇范围内的资源调配奠定了基础。

第四节　南方发达乡镇的学校分布

1985年后，教育分级办学分级管理的地方分权改革日渐深入，乡镇被授予了举办与管理本乡镇区域义务教育的权限，成立了隶属于乡镇的教育办公室等机构。2002年，大部分乡镇教育办公室调整为隶属于教育局的中心校（中心小学、学区管理中心等），乡镇失去了区域教育的人事、财政、管理等权限，乡镇举办教育的积极性被束缚了。

以县为主的体制对于全国绝大部分地方来说是重大的政策调整，也明确了义务教育的国家责任，但遇到的一个问题是如何发挥乡镇的教育积极性。在南方发达省份，如浙江省、广东省等，乡镇经济力量强大且具有举办教育的积极性。因此，广东省部分地区名义上去除了乡镇教办，但在许多地方依然保留了乡镇的教育管理权限，中小学的管理权限并没有被收归县教育局，出现了教育行政的在地性色彩。在珠三角地区一些类似于"乡镇教办""教办主任"等的教育管理机构与职位还存在，不过有些改头换面为"乡镇教育局"等教育机构，它们还一直在履行着实际的教育管理职能，存在所谓"名亡实存"现象（陈丽君 等，2011）。许多乡镇政府成立了隶属于乡镇人大的文体教育局，并在其下设事业单位教育管理中心，来统一管理乡镇的所有学校，其权限涉及教师工资、学校建设、校长任命等，相当于一个小型的县区教育局。一些人口动辄50万人的大镇，如广东省中山市小榄镇，就保留了教育办公室，其2010年常住人口为50万人，公私立中小学39所，学生4.6万人，俨然一个小县教育的体量与规模（唐竞瑜 等，2010）。

笔者在佛山市等地调研发现，这些地方的教育管理权限层层下放，甚至高中一度都在乡镇，直到近几年才收归县区教育局，但目前高中以下的学校全部由乡镇教育管理中心管辖。历史上，乡镇教育管理中心又被称为乡镇教育局，中心主任被称为局长。这种地方化的教育管理模式与整个政府行政管理体制是一致的。佛山市的一些乡镇保留了与县区政府对应的管理科室，公务人员编制动辄在二三百人，财政收入数亿元。这种地方性的体制，在中央统一管理的行政体制下，保持了适度的灵活性和地方性色彩，适应了珠三角地区巨型乡镇的流动性与多元性。

在浙江省，一些乡镇善于借助镇政府对当地教育的规划，如幼儿园建设主要由乡镇投入等，发挥"财大气粗"乡镇的优势，为地方教育出力。在县区与乡镇之间的关系、权限范围等方面，多元的体制可能更有利于教育的发展。

第五节　城区集结块状与乡镇点状分布

在一些县域中，学校空间分布呈现出在县城所在地集结块状分布与在县城之下的乡镇点状分布的状态，这在山区的县域更加明显。

对于山区的小型人口乡镇而言，其乡镇空间区域偏大，居民点往往分散而缺乏足量的人口。这造成学龄人口的体量小，往往难以支撑一所成规模的中学。学校的规模一旦下降，往往会造成优质师资的流失与教师超编，最终导致初中生源流失，形成一种乡下中学独木难支的恶性循环局面。一旦初中消失，乡镇只剩下小学与幼儿园，即便是小学也会向乡镇所在地集中。

一、南方山林乡镇：神农架林区

神农架林区是一个省辖县级行政区域，隶属于湖北省。全域面积为3233平方千米，2016年的户籍人口只有不到8万人。神农架林区共辖8个乡级行政区（国家统计局农村社会经济调查司，2018a）[217]，包括6个镇、2个乡（含1个民族乡），分别是松柏镇、阳日镇、木鱼镇、红坪镇、新华镇、九湖镇、宋洛乡、下谷坪土家族乡。每一个乡镇的面积与人口与如表9-7所示。

表9-7　神农架林区的乡镇面积与人口

	松柏镇	阳日镇	木鱼镇	红坪镇	新华镇	九湖镇	宋洛乡	下谷坪土家族乡
面积（平方千米）	336	260	454	742	229	348	648	216
人口（人）	30576	10947	10707	4927	3530	4189	6508	5440

数据来源：国家统计局农村社会经济调查司.中国县域统计年鉴2017：乡镇卷[M].北京：中国统计出版社，2018：367.

神农架林区是一个山林区域，地广人稀，多数乡镇都呈现出人口严重不足的状态。除了县城所在地松柏镇，只有阳日镇与木鱼镇的人口达到了1万人。松柏镇面积为336平方千米，人口3万余人，除了松柏镇、阳日镇与木鱼镇，其他5个乡镇总计只有2万余人，平均一个乡镇只有4000余人。因此，除了县城所在的松柏镇，其余每一个乡镇都可以算是小型人口乡镇，而区域面积又在400平方千米上下，可以说是地广人稀。

地形方面，神农架林区位于山地与河谷地带，交通非常不便，村庄或居民点之间相对隔离。这一分割的居住环境与人口分布，也会影响学校的空间布局。这一空间特质，加上地形上的山林相隔，增加了学校空间布局的难度。

在乡镇之上的县城，学校空间布局的大趋势是向县城集中：县城作为人口的聚集地，集中了3所幼儿园、6所小学和4所中学（初中1所，九年一贯制学校初中部1所，普通高中和职业高中各1所）。县城之外的各个乡镇，作为区域的小型中心地，一般都会有1所独立设置的幼儿园与1所中心小学，有些偏远乡镇会布局1所九年一贯制学校与1所中心幼儿园，以缓解边缘乡镇的初中生全部集中到县城的压力。同时，部分乡镇会在其他中心村集中布局1所小学，并在小学之内附设1所幼儿园，形成联合办学的形态与格局，可谓一种幼小相连接的"联合体"学校形态。这样一种幼儿园与小学的联合办学，保证了规模效益，节省了另外建园、建校的财政压力。这样，就形成了县城集中布局、乡镇点状布局的态势。

在神农架林区，每一个乡镇都分布着数百个小型的居民点——村庄，如在红坪镇就有100—150个村落，每一个小型的村民聚落只有十户八户，完全是南方山地的一个小型村落，一个聚落的人口只有30—50人。这样的小型山地村落居民点非常分散，不利于人口的集中，难以形成大型村落与中心地的集市。如在红坪镇，除了乡镇所在地独立设置了1所小学和1所幼儿园，其辖区内还设置了"小学＋附属幼儿园"这样特殊的学校联合体。即便如此，在乡下设置的3所联合体学校，每所辐射的人口依然只有 1000 人，其所在地每年的新生儿只有 10 个左右，幼儿园与小学的联合体学校的校均规模只有 100 人左右。这对于林区生师比与教师编制而言都是一种沉重的压力。

在这样一个人口分散的林区，只能通过分散学校布点来缓解区域面积大带来的压力以及聚落的孩子上学距离过远的问题。在林区，只能通过寄宿制等手段，来解决一些小型聚落学校布点不足的问题。为了解决学校的布点与规模效益问题，当地创造出了一个新的学校联合体形式——幼儿园与小学的联合体，一种新型的学校分段形式，这是在城市或者人口密集的平原地带非常罕见的学校形式。

二、南方山区乡镇的学校分布：长阳县的乡镇

另外一个学校空间布局为城区集结块状分布与乡镇点状分布的县是长阳土家族自治县（以下简称长阳县）。长阳县是一个山区县，与神农架林区一样，县城处在县域的"偏心"位置，远离县域空间的几何中心。长阳县辖 8 镇（龙舟坪镇、高家堰镇、磨市镇、都镇湾镇、资丘镇、渔峡口镇、榔坪镇、贺家坪镇）与 3 乡（大堰乡、鸭子口乡、火烧坪乡），共有 154 个行政村，人口约为 40 万人。

县城位置的偏移使得全县人口不易向城区集中，中小学的生源也是如此。全县面积达 3436 平方千米，平均每个乡镇的面积约 312 平方千米，除个别乡之外，大部分乡镇人口在 2 万—4 万人。各乡镇的基本情况如表 9-8 所示。

表 9-8　长阳县的乡镇人口与面积

	龙舟坪镇	高家堰镇	磨市镇	都镇湾镇	资丘镇	渔峡口镇	榔坪镇	贺家坪镇	大堰乡	鸭子口乡	火烧坪乡
面积（平方千米）	341	214	227	525	372	294	531	347	247	233	105

续表

	龙舟坪镇	高家堰镇	磨市镇	都镇湾镇	资丘镇	渔峡口镇	榔坪镇	贺家坪镇	大堰乡	鸭子口乡	火烧坪乡
人口（人）	105092	18724	28131	46745	37654	31523	38099	25505	32018	21381	7752

数据来源：国家统计局农村社会经济调查司.中国县域统计年鉴2017：乡镇卷[M].北京：中国统计出版社，2018：352.

从表9-8可以看出，长阳县大部分乡镇都是面积较大的山区乡镇，一部分乡镇所在地位于山区的一块平地上，被称为"某某坪"。学校的空间分布方面，县城集中了多所学校，此外每个乡镇都分布了1所小学与1所幼儿园，形成了县城集中分布与乡镇点状分布的格局。在长阳县这样一个相对大面积的县域之中，形成了县城所在地集结块状分布与十几个乡镇所在地点状分布的空间格局，"面+点"相结合的空间特点非常突出。

乡镇的点状布局基本上体现为一乡镇1所小学与1所幼儿园，此外，一部分乡镇还在乡镇所在地之外布局了1所小学或者幼儿园。长阳县有154个行政村，每个乡镇大约有14个行政村。因此，每一个乡镇的小学或幼儿园理论上都要辐射周边的14个村庄。同时，作为林区山地，长阳县与神农架林区一样，其县域之内的自然村落非常小而散，一个行政村往往又涵盖了10余个自然村落或者村民小组，因此，1所小学或幼儿园所辐射的自然村落可以达到几十甚至上百个。在自然聚落的小村环抱中，小学与幼儿园点状分布的空间特点更加明显。

三、北方山区乡镇学校的分布：隰县

第三个乡镇学校呈点状分布的县域是山西省隰县。这是一个人口规模小的山区县域，其乡镇学校的空间分布呈点状，一个个"据点"分布在乡镇所在地与道路两旁。

小型山区县域的农村学校分布会向乡镇所在地集中，而乡镇大多位于交通便利的"通商大埠"之地，便于辐射周边的村庄，形成一个基层市场

中心地。人口与集市的相对集中也促进了人口的聚集，学校自然也会向这些中心地集聚，隰县就形成了这样一种乡镇和学校均沿路分布的格局。

隰县作为一个处在河谷地带的县域，其县城大致处于县域空间几何意义上的中心之地，且处在交通干线上，交通相对便利。在一个 1400 平方千米的县域空间中，这在一定程度上会促进初中生源向县城集中。因此，除了县城所在地，其余乡镇初中的生源流失加剧，全县的初中绝大部分都"进城"了，乡下只有 1 所公办初中和 1 所民办初中，乡镇初中在不远的将来可能会逐渐消失。

隰县的户籍人口只有 11 万人，集中在交通沿线，居民点也集中在沿河谷分布的交通线上。全县一共有 8 个乡镇，97 个村委会，多达 355 个自然村[①]。县城学校集中分布，而农村学校基本上沿着两条交通线呈点状分布，学校与教学点被道路串联起来。

这种点状分布的格局受制于居民点的微型化。如大部分居民点太小，多为 200—300 人的小型自然村落，即便是行政村也大多不足 1000 人，因此一个乡镇只有 1 所中心小学，而在村落周边沿路设置了一系列教学点。

四、北方山区的乡镇学校分布

密云是北京市的一个远郊区，2015 年 11 月才由县改区，是北京最晚由县改区的县域之一。密云地处华北平原与燕山山脉的交界之地，其自然地貌特征为"八山一水一分田"，山区面积约占全区面积的五分之四。全域户籍人口为 44.1 万人，共有 20 个乡镇街道，330 个行政村，其基本情况如表 9-9 所示。

---

① 参见《隰县第三次全国农业普查主要数据公报（第一号）》。

表 9-9　密云的基本情况

总面积（平方千米）	2229（其中：山区 1772 平方千米，平原 263 平方千米，水库湖区 194 平方千米）
户籍人口（万人）	44.1
常住人口（万人）	52.8
乡镇（个）	18
街道（个）	2
行政村（个）	330
社区居委会（个）	93

数据来源：《北京市密云区统计年鉴 2021》。

密云是北京最早进行学校空间布局调整的县区，其经验模式曾被作为一种典型予以学习与推广。在北京的 16 个行政区中，密云的面积是最大的。

2020 年底，密云有高中阶段学校 4 所，在校生 5657 人；初级中学（不含九年一贯制学校）17 所，在校生 9465 人；完全中学 1 所，在校生 871 人；小学 40 所，在校生 22392 人；幼儿园 77 所，在园幼儿 14686 人，其学校情况如表 9-10 所示。

表 9-10　密云 2020 年底各类学校的基本情况

学校类别	学校数（所）	在校生数（人）
小学	40	22392
初中	17	9465
九年一贯制学校	2	768
高中	4	5657
完全中学	1	871
幼儿园	77	14686

数据来源：《北京市密云区统计年鉴 2021》。

密云位于山区与平原直接交汇的地带，北倚燕山山脉，中北部主要为山区与密云水库所覆盖，在山区形成了分散的小村落，人口密度相对较低。

密云北部主要为山区，其乡镇面积大而人口稀疏，因此每个乡镇的人口总量远小于南部的乡镇。在北部大型乡镇，学校空间分布反而呈现出一种"0+1"或"1+n"模式，即没有中学只有1所小学或者1所初中加上1—2所小学。在西北部接近水库的山区，学校最少，往往一个乡镇只有1所小学。而在东北部的乡镇，学校的分布基本上呈现出"1+n"模式，这些乡镇的人口、村落普遍较西北部的乡镇多。

密云的南部为一片相对开阔的平原区，地处华北平原的北缘。在这片地域中，村落与人口呈现出密布的状态，村庄大型化与乡镇人口聚集的趋势比较明显，但乡镇的面积开始变得狭小。这一空间格局影响了乡镇学校的空间布局。笔者发现，这些平原镇或者平原与山地混合的镇，其学校空间格局为"1+n"模式，多为1所初中加上2—4所小学的格局，甚至有一个大镇穆家峪镇有2所初中与3所小学[①]。这些距离县城非常近的乡镇，其学校数量远比边缘山区乡镇的多。

2020年底，密云共有20个乡镇行政区划，户籍人口呈现出北疏南密的特点，分布情况如表9-11所示。

表 9-11　2020年底密云各镇街户籍人口

镇街名称	户籍人口（人）
鼓楼街道	80481
果园街道	36864
檀营地区	5320
密云镇	7514
溪翁庄镇	21150

---

① 穆家峪镇位于山区与平原的交汇之处，镇人口规模达3.3万余人，且面积较大，平原与山区各分布了1所中学。

续表

镇街名称	户籍人口（人）
西田各庄镇	39837
十里堡镇	22037
河南寨镇	24750
巨各庄镇	23799
穆家峪镇	33010
太师屯镇	31827
高岭镇	17683
不老屯镇	23815
冯家峪镇	9065
东邵渠镇	12352
大城子镇	15710
北庄镇	8588
新城子镇	11606
古北口镇	9415
石城镇	5862
合计	440685

数据来源：《北京市密云区统计年鉴2021》。

若将密云的户籍人口规模、地形区与学校的空间分布并置，可以发现，除县城所在地之外的乡镇，其南部平原镇或平原与山地混合的镇，是学校数量最多的地域，其人口规模也是最大的。这些镇的人口、学校分布等情况如表9-12所示。

表 9-12　密云南部镇人口、面积与学校分布情况

	西田各庄镇	穆家峪镇	十里堡镇	溪翁庄镇	巨各庄镇	河南寨镇
人口（万人）	4.0	3.3	2.2	2.1	2.4	2.5
面积（平方千米）	130	102	31	88	108	67
行政村（个）	26	22	12	14	26	28
地形区	山地平原	山地平原	平原	丘陵平原	丘陵平原	平原
学校分布	1+4 模式	2+3 模式	1+2 模式	1+2 模式	1+3 模式	1+3 模式

数据来源：乡镇面积数据参见国家统计局农村社会经济调查司.中国县域统计年鉴2017：乡镇卷[M].北京：中国统计出版社，2018：50；行政村庄的数据参见2020年统计用区划代码和城乡划分代码；其他数据参见《北京市密云区统计年鉴2021》。

密云的乡镇学校空间布局鲜明地体现出了地形区的影响，显示了山地与平原地区人类聚落分布的巨大差异，以及在这样的空间分布差异中学校空间分布的特性。此外，南部和北部乡镇的学校，其办学模式也存在差异，北部山区为一乡镇一小学或一乡镇一初中加上小学的空间布局，这要求学校以寄宿制为主体。但南部平原地区的乡镇学校，其办学模式就以走读为主，家校距离较山区大大缩短了。

平原乡镇与山区乡镇之间这样鲜明的分野也是密云学校空间布局的一个鲜明的特征。但密云的学校空间布局的形成并非一日之功，其在历史上与大多数县域一样，也是一村一校的状态。

密云的学校空间布局调整曾一度超前，从2005年就开始大规模进行乡镇寄宿制学校建设，在北京市的远郊县中成了一个经典的案例，被媒体广泛报道与称颂。根据当时的媒体描述，密云也曾经是一村一校的县域："上世纪80年代初，为了使人人有学上，密云县的山区农村几乎村村建学校。到80年代末期，全县共有中小学近400所。学校布局分散，规模小，不少学校是只有一名教师的'单人岗'学校，最小的学校只有七八个学生。"（蔡继乐 等，2006）

2000年之后，出生率大幅下降，学校空间布局调整具有迫切性。乡

镇学校的大规模调整与县域和人口的演变高度相关。2005 年密云的新生儿数据可以印证这一点，如表 9-13 所示。

表 9-13 密云 2005 年底出生人口的情况

乡镇及街道	出生人口总数（人）	出生率（‰）
鼓楼街道	372	5.14
果园街道	146	5.23
密云镇	70	8.49
溪翁庄镇	188	8.82
西田各庄镇	404	9.92
十里堡镇	207	10.62
河南寨镇	201	8.51
巨各庄镇	152	8.41
穆家峪镇	167	6.71
太师屯镇	83	7.96
高岭镇	152	8.56
不老屯镇	167	6.76
冯家峪镇	83	8.43
古北口镇	54	5.94
大城子镇	120	6.84
东邵渠镇	102	7.90
北庄镇	60	6.64
新城子镇	84	6.61
石城镇	53	9.39
檀营地区	27	6.17
县直非[①]	144	—

数据来源：《密云统计年鉴 2006》。

① 指处于县城之外的非乡镇直属事业单位。

从表9-13可以看出，2005年密云的新生儿只有3000余人，出生人口较过去已经大幅缩减，这给学校的空间布局带来了直接的影响。在当时学校布点数量巨大的情况下，许多学校面临着严重的生源不足的问题。从管理的角度而言，学校面临着严重的效益不足的问题，面临着严重的财政、编制与校舍空间浪费的问题。许多小型乡镇的出生人口不足百人，而乡镇学校却分布了十几所，学校生源日渐枯竭。因此，当地政府提出了学校空间布局调整的政策："县政府几经研究后，确定了'山区办寄宿，平原搞联办'的工作思路，明确农村每个乡镇办一所中学、一所中心小学，下辖一至两所完全小学的布局调整目标。"（蔡继乐 等，2006）

密云的出生率比大多数县域更早开始下降，这是都市边缘县域的社会特征，也是现代化带来的现代性症候之一。在城市化进程中，出生率下降是必然趋势。

学校空间布局调整之后，密云的学校数量大幅下降，2005年，其学校数量如表9-14所示。

表9-14 密云2005年底学校数量

学校类型	数量（所）
普通中学	23
完全中学	2
初级中学	18
高级中学	3
小学	50

数据来源：《密云统计年鉴2006》。

2001年前后，密云的学校空间分布经历了大规模调整，可以说走在了几乎所有县域之前。经过几年的时间，其小学布点数量大幅减少。最终在2005年只剩下50所小学，18所初级中学。若排除城区的中小学，乡镇的中小学数量约在45所，平均一个乡镇只有2—3所学校。追忆历史，密云的学校空间布点曾非常繁密，但从 20 世纪 80 年代开始，其布点数量的萎缩已然成了一种新的常态。

在 20 世纪 80 年代，学校的布局缩减是全国性的，密云的学校也身处其中。1980 年，按照"高小集中，初小分散，减少复式"的原则，密云开始对全域的小学布局、干部、师资及设备进行调整，加强各乡镇中心校的建设。1983 年，初步形成了以各乡镇中心校为核心的小学教育网。（密云县志编纂委员会，1998）[515]

1948 年底之后，密云的学校发展进入了一个新的阶段，学校数量增长迅猛，1976 年，小学的数量达到了一个顶点——610 所，初中在 1975 年达 94 所，中小学的整体数量一度超过了 700 所。密云的中小学在 20 世纪 70 年代中期布点数量最多，那时正是中国出生率与新生儿数量的高峰时代，学龄人口大幅增多。密云的学校历史变迁如表 9-15、表 9-16 所示。

表 9-15　密云小学办学历史变迁

	1949 年	1952 年	1956 年	1958 年	1962 年	1965 年	1976 年	1980 年	1985 年	1990 年
学校（所）	293	373	400	386	431	463	610	501	390	297
教学班（个）	—	—	—	870	1184	1221	1802	1879	1572	1721

数据来源：密云县志编纂委员会. 密云县志 [M]. 北京：北京出版社，1998：528.

表 9-16　密云初中办学历史变迁

	1949 年	1952 年	1959 年	1962 年	1965 年	1975 年	1980 年	1985 年	1990 年
学校（所）	1	1	9	14	24	94	55	51	46

数据来源：密云县志编纂委员会. 密云县志 [M]. 北京：北京出版社，1998：528.

从密云学校的空间布局之中可以看见，北京市作为首都，其乡镇的学校空间布局与全国的大趋势并无差异。其乡镇的学校空间从1948年开始扩张，一直到20世纪80年代萎缩，在2000年之后又开启了一轮大规模的撤并。密云的乡镇人口更快地进入了低增长的轨道，其学校空间布局的调整也较其他县域更早地进入了大量撤并的轨道。

北京市另一个山地与平原结合的远郊区县是平谷（2002年撤县建区，本书将其作为县域样本进行讨论）。平谷共辖18个乡级政区、273个村民委员会，人口为45万人。根据2021年底的统计数据，全域有幼儿园91所、小学29所、初中14所（包含九年一贯制学校2所）、高中4所、十二年一贯制学校1所[①]。官方统计的资料将学校的类别按小学与幼儿园分开设置，与实际情况并不一致。

平谷东部、北部为山区与山前丘陵，南部为冲积平原，其地形的空间结构和学校的空间布局与平原乡镇的学校空间布局模式不同，这一点大致类似于密云。结合当前普及学前教育的政策，平谷创造了一种新兴的学校形态——小幼联合体的学校，以化解山区乡镇与村庄学龄人口严重不足的现实问题。

平谷也是一个位于山地与平原交汇地带的县域，其县城偏置于县域南部，地理位置上偏向于都市的边缘区域，其南部乡镇多为平原，北部则为山区乡镇。学校的空间分布方面，平谷南部为"1+n"的空间布局模式，即1所初中（或者九年一贯制学校）加上若干所（2—3所）小学或者小幼联合体学校，或者2—3所幼儿园。在南部乡镇，学校接近村庄与乡镇所在地。北部的小型乡镇人口少而居民点分散，学校的空间布局为"0+n"模式，大部分乡镇中学已经被裁撤了，村庄之中的主要学校形态为小幼联合体学校，乡镇所在地则布局了乡镇中心小学与幼儿园。

平谷在历史上也是一个学校分布甚广的县域，采用"一村一校"的布局方式。如在1978年，平谷有小学288所，基本上是一个行政村1所学校，

---

① 参见北京市平谷区人民政府网站。

中学数量在 1978 年时为 66 所，每一个乡镇都布局了至少 1 所中学。平谷的小学数及在校生数的变迁如表 9-17、图 9-3 所示。

表 9-17 平谷小学数及在校生数的变迁（1978—2020 年）

年份	小学数（所）	小学在校生数（万人）
1978 年	288	3.82
1979 年	287	3.93
1980 年	285	3.96
1981 年	284	3.94
1982 年	284	4.02
1983 年	284	4.05
1984 年	282	3.67
1985 年	281	3.45
1986 年	282	3.55
1987 年	281	3.59
1988 年	276	3.82
1989 年	268	4.14
1990 年	264	4.52
1991 年	255	4.52
1992 年	231	4.64
1993 年	217	5.05
1994 年	213	5.44
1995 年	209	5.57
1996 年	206	5.66
1997 年	198	5.77
1998 年	186	5.39

续表

年份	小学数（所）	小学在校生数（万人）
1999 年	172	4.76
2000 年	157	4.07
2001 年	131	3.57
2002 年	122	3.18
2003 年	108	2.75
2004 年	102	2.58
2005 年	96	2.39
2006 年	86	2.23
2007 年	78	2.03
2008 年	67	1.85
2009 年	60	1.67
2010 年	50	1.59
2011 年	50	1.56
2012 年	44	1.55
2013 年	43	1.60
2014 年	42	1.67
2015 年	42	1.73
2016 年	43	1.78
2017 年	46	1.79
2018 年	46	1.84
2019 年	46	1.90
2020 年	46	2.01

数据来源：北京市平谷区人民政府网站。

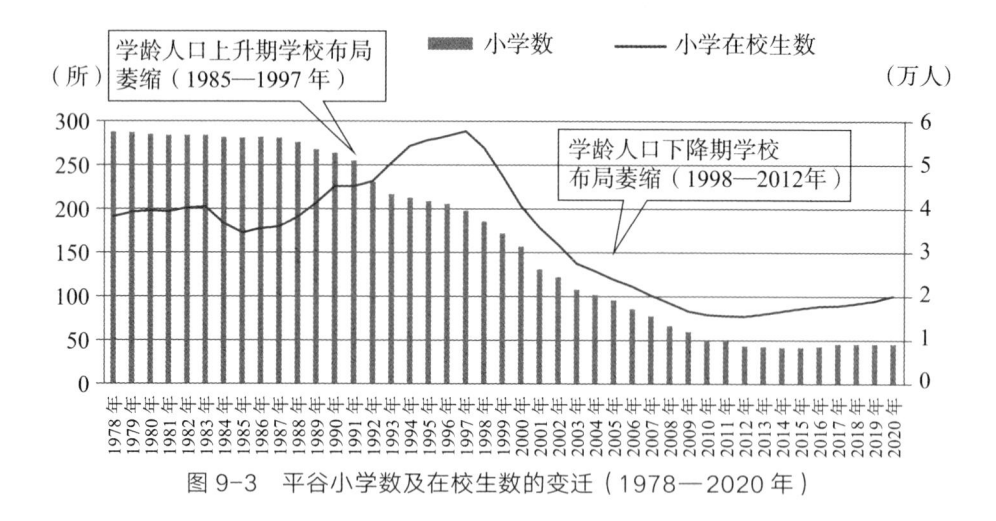

图 9-3 平谷小学数及在校生数的变迁（1978—2020年）

平谷的小学数量从1978年的288所一路下滑到1997年的198所，20年间减少了90所，小学数量降到了200所以下，然后继续大幅下降，2007年小学数量下降到78所，在2010年之后逐步稳定，基本在50所左右。

小学空间布局的调整并非必然是生源数量下降引起的，生源数量上升的阶段依然存在学校布点的大规模调整，如1985—1997年间的布局大规模萎缩现象。从1978年开始，小学在校生数基本处于稳步攀升的趋势，最终在1997年达到了最高峰，即5.77万人，此后小学在校生数开始不断下滑。这一现象与密云、与全国的趋势一致，都是在生源大规模增长阶段发生了学校布局的大调整，大量学校被撤并（见图9-3标注），尽管在第二阶段学校的空间布局与生源的下降趋势渐趋一致，如1998—2012年小学布局的不断萎缩（见图9-3标注）。这两个阶段的布局调整引人深思：为何学校在生源不断上升时被大量撤并？其中深层次的原因何在？

中学的调整与小学的步调大致相似。中学在1978年之后开始不断被撤并，学校数量出现了下滑，这是20世纪70年代大量社办高中被撤并或恢复为初中引发的。但相对于小学，中学数量在20世纪80年代中期便基本上调整到位了，学校数量一直保持在30所左右，直到近十几年才又开始进一步减少。这一轮减少主要是乡镇中学被撤并与消失的结果，并非出于其他原因。中学数与在校生数的变化如表 9-18 和图 9-4 所示。

表 9-18　平谷中学数及在校生数的变迁（1978—2020 年）

年份	中学数（所）	中学在校生数（万人）
1978 年	66	3.31
1979 年	50	2.85
1980 年	48	2.26
1981 年	46	1.91
1982 年	41	1.61
1983 年	40	1.42
1984 年	36	1.87
1985 年	36	2.21
1986 年	32	2.50
1987 年	31	2.55
1988 年	32	2.29
1989 年	32	2.04
1990 年	29	1.80
1991 年	29	1.79
1992 年	29	2.00
1993 年	29	2.16
1994 年	30	2.42
1995 年	30	2.63
1996 年	30	2.75
1997 年	30	2.70
1998 年	31	2.76

续表

年份	中学数（所）	中学在校生数（万人）
1999 年	32	3.13
2000 年	33	3.67
2001 年	33	3.86
2002 年	33	3.89
2003 年	33	2.63
2004 年	31	3.65
2005 年	31	3.15
2006 年	30	2.65
2007 年	29	2.34
2008 年	25	2.09
2009 年	22	1.85
2010 年	19	1.70
2011 年	19	1.53
2012 年	20	1.46
2013 年	21	1.27
2014 年	20	1.20
2015 年	20	1.09
2016 年	19	1.04
2017 年	19	1.05
2018 年	19	1.07
2019 年	19	1.12
2020 年	19	1.16

数据来源：北京市平谷区人民政府网站。

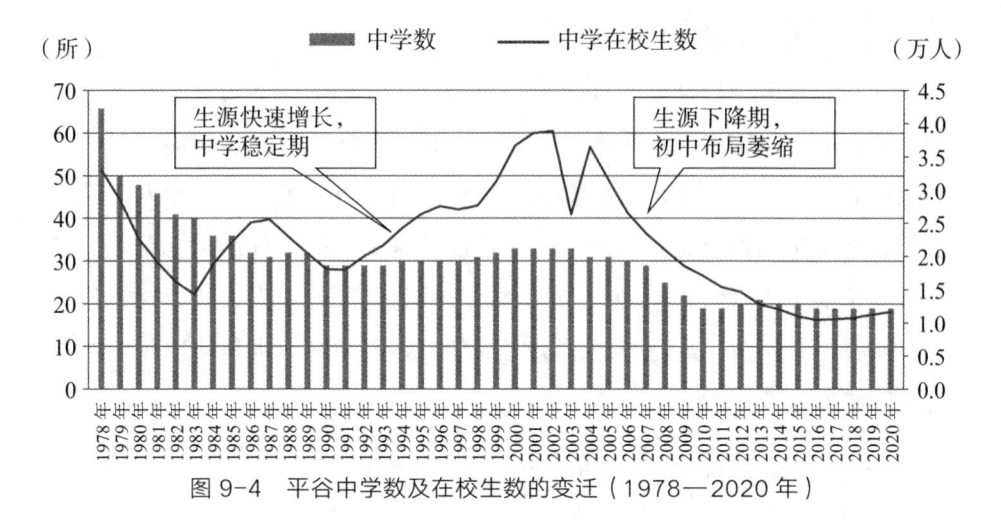

图 9-4 平谷中学数及在校生数的变迁（1978—2020 年）

与小学类似，中学的在校生数量与学校布局调整的趋势也不完全一致。20 世纪 70 年代高中的普及造成了在校生数量庞大，20 世纪 80 年代中学被撤并伴随着高中生数量的减少，20 世纪 80 年代中期中学生的数量有了小幅反弹，但学校的数量在减少。中学在校生数量的变迁，在 20 世纪 80 年代中后期主要取决于初中学生的规模，高中在 20 世纪 80 年代重新成为一种精英化的教育形式，乡镇高中几乎消失殆尽。中学的在校生在 2002 年达到了最高点，有 3.89 万人之多，2004 年之后便一路减少，最低点为 2016 年的 1.04 万人。

观察平谷中学布局调整与生源的变迁，可以发现中学数量减少与生源的变迁趋势并不完全一致，这与小学空间布局的调整类似，但并不如小学那样完全突兀地背离，也难于截然划分为两个不同的阶段。20 世纪 80 年代初生源下降与布局调整的趋势一致，但随后在校生增加而学校布局数量继续下降，1991—2002 年，生源整体上稳步增长，从 1.79 万人增加到 3.89 万人，但中学的布局基本保持了相对稳定。最终，中学生源从 21 世纪初的最高峰一路下滑到 2016 年约 1 万人的低谷，其间在 2003 年出现了一个异常的数据，生源数量为 2.63 万人，这可能是地方性原因导致的，如小学五年制改为六年制的后续效应等，具体原因不详。总之，平谷中学在校生数的变迁一波三折，波峰波谷不断往复，但中学布局调整的大趋势相对稳定，数量一直在稳步下降。

平谷的乡镇学校空间布局带来的启示是，学校的空间布局具有其内在的与外在的影响因素，学生数量的变化在某一时期并非影响布局调整的最关键的要素，还有历史的、社会的、文化的因素以及道路与交通方式等的影响，甚至布局调整也是历史上学校过度扩张造成的一种结果。总之，将影响乡镇学校或者学校空间布局的因素归结为单一的因素，或者认为其只由一两种因素所决定，这样的非历史的分析是危险的，也是简单化地处理现实问题的鲁莽行为。

五、山区小型乡镇：宁陕县

陕西省宁陕县地处秦岭中段南麓，面积为3678平方千米，辖11个镇、68个行政村、12个社区，户籍人口只有约7万人，是一个典型的幅员较大而人口较少的山区县。从地形上看，其县志上记载："县境内秦岭主脊横亘北境，平河梁纵贯中部，北高南低，山岭纵横，河流深切，多呈'V'形河谷。……本县境内河流具有山溪性特点，山高水高，河流落差大，……县境内地域辽阔，山大人稀。历代政府'鞭长莫及'。"（宁陕县地方志编纂委员会，1992）[1-2]

2019年，宁陕县对全县的中小学及幼儿园的布局调整做出了规划。当时的数据显示，全县一共布局学校48所，其中高中1所、初中3所、九年一贯制学校1所、小学21所、幼儿园22所，此外还有教学点16个。全县各个学段的学生合计不足万人（9317人），含高中生1417人、初中生1676人、小学生4171人、幼儿2053人；教职工不足千人，共计869人。① 转换一下描述就是，宁陕县共布局高中1所、初中4所（含九年一贯制学校初中部）、小学38所（含教学点与九年一贯制学校小学部）、幼儿园22所。

宁陕县的县城聚集了三分之一的在校生，其主要的中学，如宁陕中

---

① 参见《宁陕县中小学幼儿园布局调整规划（2019—2023）》。

学、职业高中及城关初中都布局在县城，此外还有小学与幼儿园各1所。笔者发现，在县城之外的各个乡镇，学校的空间布局呈现出如下几种类型。第一类是所谓的"0+1+n"模式（不计幼儿园），在这些乡镇里，没有初中，只有一所中心小学及1—3个教学点。第二类是"1+1+n"模式，即一所初中与一所中心小学以及若干个教学点。第三类为"1+1"模式，即只有一所九年一贯制学校，个别乡镇会存在教学点，这类乡镇往往人口极少。

山区小型县域的乡镇的学校空间分布受到该乡镇地形、空间面积与人口分布特征的影响。如果我们对宁陕县的11个乡镇进行分析，就会发现其具有与众不同的特点。

从表9-19可以看出，虽然宁陕县全县的户籍人口约为7万人，但实际上出现了人口外流的现象：全县的常住人口不足6万人，县城所在的乡镇聚集了一半多人口，其余10个镇的总人口不足3万人，平均每个镇不足3000人，其中新场镇只有695人，可以算是全国范围内比较小的乡镇。

表9-19　2021年底宁陕县各乡镇常住人口数量

乡镇名称	常住人口（人）
城关镇	30154
四亩地镇	3145
江口镇	7236
广货街镇	3590
龙王镇	2726
筒车湾镇	3786
金川镇	2489
皇冠镇	1394
太山庙镇	3114
梅子镇	1576

续表

乡镇名称	常住人口（人）
新场镇	695
合计	59905

数据来源：宁陕县人民政府《第七次全国人口普查公报（第二号）：全县人口情况》。

人口规模小且分散分布更加剧了居民点的分散、孤立与稀疏。全县平均每个乡镇的面积为334平方千米，平均每个乡镇有6个行政村，而每一个行政村有若干个散居型自然村落。根据2020年的统计公报，全县有村民小组357个，这意味着每一个镇约有32个自然村，每个行政村辐射5个以上的自然村。①

在这样的乡镇空间中，学校空间分布与分散的人口分布、小型化的居民点之间存在一种特殊的紧张关系和一种难以解决的现实焦虑。从理论上分析，在这样的空间中，学校的分布难以接近村落的空间，当地只能依赖于寄宿制，只能在乡镇所在地集中布局学校。我们将上述空间特点转化为示意图，如图9-5所示。

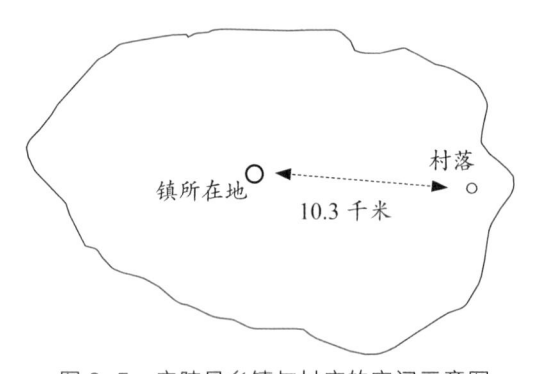

图9-5 宁陕县乡镇与村庄的空间示意图

在图9-5之中，在334平方千米的镇域范围内，有6个行政村，分布着32个之多的自然村落，而非县城所在地的乡镇平均人口不足3000人，

---

① 参见《宁陕县2020年国民经济和社会发展统计公报》。

这样，平均每一个村落的人口不足100人。在这样分散的乡镇空间之内，2019年宁陕县平均每一个乡镇义务教育阶段的学校布点数为：

38所小学（含教学点与九年一贯制学校小学部）÷11镇≈3.5所/镇

4所初中（含九年一贯制学校初中部）÷11镇≈0.4所/镇

从上述数据可以看出，平均每个乡镇的中小学数量不足4所。这些学校分布在334平方千米的土地范围之内。这就决定了每一所小学辐射的面积为近100平方千米，而中学辐射的面积则超过了800平方千米，只能两三个乡镇合办一所寄宿制初中。

从每一个乡镇来看，每一所小学需要辐射约2个行政村、9个自然村。但非县城所在地的乡镇常住人口平均不足3000人，小学平均数量仅3.5所，故每一所小学辐射的常住人口数量只有约857人。即便以每一乡镇的平均户籍人口计算，每一所小学辐射的户籍人口也只有1000多人。[①]在这样一个空间范围之内，乡镇与边缘的村落的距离在10千米以上，山路交通不便，道路蜿蜒曲折，由此可以想见儿童上学距离的遥远。因此，在目前的人口规模小型化及不佳的道路条件之下，只能依赖寄宿制学校来克服遥远距离带来的问题。

现实之中，宁陕县每年出生的人口严重不足。户籍人口的减少依然困扰着小型县域，它们似乎与孤悬于海上的海岛县一样，都不得不忍受人口不断流失的痛楚。2020年末，全县户籍人口为70055人，比2019年减少507人[②]，2021年末全县户籍人口为69709人[③]，比2020年又减少了346人，两年合计减少了853人，超过了全县户籍人口数的1%。不断流失的人口持续影响着县域的规模效益，影响着县域的人气与商业氛围，从长远而言对学校的空间布局也将产生巨大的影响。

---

① 根据2020年的数据，宁陕县乡村户籍人口为43126人。参见《宁陕县2020年国民经济和社会发展统计公报》。
② 参见《宁陕县2020年国民经济和社会发展统计公报》。
③ 参见《宁陕县2021年国民经济和社会发展统计公报》。

户籍人口的流失关系到长远的社会经济与教育的发展，近在眼前的问题则是县域人口的出生率与新生儿的规模。2020年，宁陕县的出生人口只有619人①，这意味着全县的38所小学将在未来六年"瓜分"这619个孩子，平均1所学校约16个孩子。这显然给小学的规模效益带来了严峻的挑战。

宁陕县的新生儿数量不足、户籍人口外流的现象已经持续多年了。2016年，全县的户籍人口为72589人，但还是比2015年减少了1310人，当年出生人口为661人，出生率为10.12‰。②宁陕县户籍人口的外流与减少从2015年就开始了，当年户籍人口还有73899人，但比2014年减少136人③，这是户籍人口逆转并进入下降趋势的开始。2011—2014年，户籍人口还处于缓慢增长的轨道之中，如2011年末，全县公安户籍总户数25445户，户籍人口74387人，比上年增加119人，出生人口657人，人口出生率为10.08‰。④近十年来，宁陕县每年的出生人口在650—750人，并呈现出略微下降的趋势。

新生儿不断减少，路况改善，人民对美好教育的需求日益强烈，这些都会引发择校行为。在城乡教育资源难免不均的现实背景下，边缘村小、教学点将首先遭遇生源断流的危机。一些教学点可能只剩下三五个甚至一两个孩子，即便是中心小学或者完全小学，也都面临着生源不足的问题。为此，当地制定了学校空间布局调整的规划，扩大县城学校的容量，适度减少乡镇学校的空间布点数量，以不断改善学校的空间布局，提升办学效益。

《宁陕县中小学幼儿园布局调整规划（2019—2023）》提出，"到2023年，全面解决'择校热''大班额'问题，使全县学校布局日趋合理"，"到2020年，基本补齐两类学校短板，办学条件达到省定标准，基本实现

---

① 参见《宁陕县2020年国民经济和社会发展统计公报》。
② 参见《宁陕县2016年国民经济和社会发展统计公报》。
③ 参见《宁陕县2015年国民经济和社会发展统计公报》。
④ 参见《宁陕县2011年国民经济和社会发展统计公报》。

城乡教育一体化发展。到2023年，学校校舍基本满足学校教学需求"。在中学阶段要"恢复县中等职业技术学校"，初中长期保留城关初级中学、江口中学、太山庙中学、蒲河九年制学校。而小学阶段增加一所县城小学——宁陕县第二小学，其余21所小学不变，减少1个教学点，长期保留15个教学点。

学校的布局规划需要考虑时空的限制条件，同时需要在国家的政策空间之内进行。办好两类学校是国家政策的明确要求，即农村小规模学校与乡镇寄宿制学校，因此宁陕县在学校空间布局中几乎将所有的教学点与中心小学都保留了，并对其寄予了厚望：基本补齐两类学校短板，基本实现城乡教育一体化发展。

根据当地制定的学校布局规划文件，2023年宁陕县的教育基本状况如表9-20所示。

表9-20 宁陕县2023年教育基本状况预测

县区	学前教育		义务教育						高中教育			特殊教育		
	园数（所）	在园幼儿数（人）	教学点（个）	教学点学生数（人）	小学（所）	小学在校学生数（人）	初中（所）	初中在校学生数（人）	校数（所）	在校学生数（人）	其中寄宿生数（人）	校数（所）	在校学生数（人）	其中寄宿生数（人）
宁陕县	23	2220	15	110	22	3671	4	2288	2	1788	1350	0	0	0
总计	23	2220	15	110	22	3671	4	2288	2	1788	1350	0	0	0

数据来源：《宁陕县中小学幼儿园布局调整规划（2019—2023）》。

但现实与人为的设想与计划总是存在差距。2021年的数据显示，全县共有学校27所，包括：普通中学5所，其中高中阶段1所、初中阶段4所（含蒲河九年制学校）；小学30所（含小学教学点8个）[①]。从以上数

---

① 参见《宁陕县2021年国民经济和社会发展统计公报》。

据可发现，经过两年时间，教学点的数量实际上已经减少近一半，只剩下了8个。在这场生源危机中，小型教学点总是最早受到侵扰，最先遭遇生源匮乏的危机，是水桶的最短之板。

宁陕县的学校空间布局历史，是一部从扩张到急剧萎缩的历史。宁陕县历史上也是一个教育发达的县域。新中国成立之后，学校的数量不断上升。20世纪90年代之前宁陕县初级小学演变的情况如表9-21所示，从中可以窥见宁陕县学校空间扩张的历史趋势及其生源发展变化的大致脉络。

表9-21 宁陕县部分年份初级小学情况表

年份	学校数（所）	学生数（人）	公办教职工数（人）	民办教师数（人）
1950年	17	505	41	—
1956年	88	3302	135	29
1978年	252	10786	257	307
1985年	255	11679	298	310
1987年	246	9794	285	293

数据来源：宁陕县地方志编纂委员会.宁陕县志[M].西安：陕西人民出版社，1992：504.

当地人将四年制的小学称为初级小学，这一称呼直到20世纪80年代末修县志时依然保留，由此可见其学校分类的概念不同于其他县域。笔者推测，这可能与山区县域和乡镇存在着大量不完全的小学——四年制小学有关。20世纪50—60年代之前在全国盛行的四二制小学，到80年代时在其他地域完全被废除，但在宁陕县，四年制学校形态（教学点）与名称一直延续到20世纪80年代之后。除了初级小学，宁陕县还有所谓的"完全小学"，当地人也称之为"中心小学"，其发展演变情况如表9-22所示。

表 9-22　宁陕县部分年份完全小学情况表

年份	完全小学校数（所）	学生数（人）
1950 年	5	—
1954 年	20	—
1958 年	28	—
1972 年	29	—
1987 年	28	3757

数据来源：宁陕县地方志编纂委员会.宁陕县志[M].西安：陕西人民出版社，1992：502.

上述完全小学并不涵盖在初级小学之内，1987年两者相加一共274所，由此可见历史上宁陕县的小学数量之多。1987年，初级小学与完全小学的在校生数分别为9794人与3757人，合计13551人，平均一个年级人数达2710人（按五年制计算）。由此可以推出宁陕县20世纪80年代的出生率远远高于目前不足10‰的出生率，出生的孩子远多于当前。

宁陕县的初中数量1956年之后基本处在上升态势，1978年达10所。之后开始了布局调整，学校数量减少为7—8所，如表9-23所示。

表 9-23　宁陕县部分年份中学情况表

年份	校数（所） 初中	校数（所） 高中	学生数（人） 初中	学生数（人） 高中
1956 年	1	—	109	—
1958 年	2	—	254	—
1970 年	4	1	730	46
1978 年	10	3	2122	739
1982 年	8	1	1493	235
1985 年	7	2	1832	360
1987 年	8	2	2042	297

数据来源：宁陕县地方志编纂委员会.宁陕县志[M].西安：陕西人民出版社，1992：508.

与全国趋势一致，宁陕县在20世纪80年代进行了学校布局调整，学校一点点变少。2011年，全县有各级学校59所，其中普通中学6所，小学21所[①]。截至2012年，宁陕县有普通高中、职中各1所，初中5所（含九年一贯制学校2所），小学27所，教学点14个，在校中小学生8044人；幼儿园33所（公办29所，民办4所），在园幼儿1481名。[②] 此后，学校布局有所调整，但总体说来，学校的空间布局调整基本上进入了稳定期。

第六节　西部条状乡镇空间与学校的特殊性

大型乡镇有人口规模大小之分，也有空间大小之分。人口是影响学校分布的主要因素，但空间因素对学校分布的影响也非常大。理论上，乡镇空间的大小与人口一般呈负相关，乡镇面积大反而可能人口少，反之亦然。东部平原县域的乡镇面积往往只有几十平方千米，人口却在5万—10万人；西部牧区县域的乡镇面积可能为300—800平方千米，但人口往往不足万人，甚至只有三五千人。这些人口规模小而幅员辽阔的乡镇，其学校空间布局主要依赖寄宿制来实现。

在较大型的县域空间中，乡镇也是呈条状分布，一般是沿山或者谷地划分行政区界，形成一个条状的空间区域。海东市平安区原称平安县，地处湟水之滨，西距西宁市只有约30千米，其区域总面积超过700平方千米，平均海拔在2100—2300米，辖3镇5乡，111个行政村，总人口只有约11万人（国家统计局农村社会经济调查司，2018b）[658]。本书将平安区作为县域样本进行探讨，其各乡镇的面积、人口等基本情况如表9-24所示。

[①] 参见《宁陕县2011年国民经济和社会发展统计公报》。
[②] 参见《宁陕县教育事业发展"十二五"规划（草案）》。

表 9-24 平安区各乡镇的基本情况

乡镇名称	面积（平方千米）	人口（人）	村庄（个）
平安镇	106	53400	15
小峡镇	59	12193	12
三合镇	148	11519	18
洪水泉乡	78	1862	15
石灰窑乡	74	8778	14
古城乡	95	11156	14
沙沟乡	85	9841	10
巴藏沟乡	89	3751	13
平均	91.75	14062.5（不计平安镇为8442.9）	13.9

数据来源：国家统计局农村社会经济调查司.中国县域统计年鉴2017：乡镇卷[M].北京：中国统计出版社，2018：658.

从上述空间来看，平安区的乡镇空间并不大型化，乡镇平均面积只有91.75平方千米，相当于一个稍大一点的标准平原乡镇。这是西部县域中比较少有的小型乡镇的县域空间，小型乡镇的学校容易集中布局于乡镇所在地，形成中心小学或者寄宿制小学。但是平安区乡镇的空间类型是带状或长条状的，造成了中心与边缘聚落的距离较远。这样的空间区域加上人口的分布相对稀疏，对学校的空间布局提出了挑战——条状的区域不利于学校的布局，也加大了空间上的距离感。

此外，这些乡镇地处河谷或高原的沟壑，交通的便利性大大降低。平安区有5个乡镇是回族乡镇，人口相对集中分布，也需要在学校的空间布局上进行综合的平衡。因此，这些条状的交通不便的乡镇，其学校布局基本上是在乡镇集中设立了中心小学，在乡镇内部的村落分布一些教学点，形成一所中心小学加数个教学点的空间布局模式。

第十章
村庄与学校分布

日出而作，日落而息。村庄的生活与生产是围绕土地进行的，这使得农民的生活被"捆绑"在土地上，费孝通先生称之为乡土中国（the earth-bounded China）。土地作为不动产是无法移动的，农民的生产是围绕着土地而进行的，因此往返于田间与炕头成为其最基本的生活方式。

第一节 村庄的大小及空间范围

村庄的大小受制于农业生产方式。围绕土地的耕作与生产，农民往往会一日六次往返于居住点与田埂之间，在田地与村庄之间形成耕作的范围与村庄的边界，而这样的耕作范围是由徒步的时间距离决定的。在一天有效的时间之内，除去8小时左右的睡眠，剩下16小时左右，在16小时之内再去掉3—4小时的"新陈代谢"等，其余12—13小时就是有效的劳作时间。交通的时间就隐含在这有效的劳作时间之内，其所占比例具有天然的限制。从理论上而言，农民的耕作时间与去田地花费的交通时间，会形成一种相对稳定的比例结构，如一天1.5小时可能达到了交通时间的上限，占据了有效耕作时间的九分之一至八分之一[1]。一旦超出这样的时间比

---

[1] 通勤时间占比是一个现实问题。研究表明，世界各个大城市通勤时间单程在45分钟左右，一天在1.5小时左右。中小城市通勤时间更短，一般在1小时之内。因此，（转下页）

例，就超越了人类活动的经济理性，也不符合空间理性的原则。

一两小时的徒步的距离范围就形成了村庄的最外围边界。在空间理性的制约下，根据几何空间的原理，村庄边界只有近似于圆形才可以用最小的"周长"形成最大的土地面积，因此理论上村庄将形成一个大致呈环形的空间结构，土地环绕在村庄周围，以便于村民的徒步耕作。这样接近环形的空间范围，如理论上没有山川河湖阻隔的所谓均质的平原地区，在周边村庄的空间挤压之下，会形成一种克里斯塔勒所说的六边形或圆形的空间结构。相对于基层市场的空间结构，徒步耕作更是一种日常的、最频繁的"通勤"形式，最容易形成一种接近圆形的空间范围与结构。

即便在平原地带，中国南方和北方的村庄的徒步通行的难度也不一样。在相同的时间内，如一天1.5小时的交通时间之内，旱地的平原更容易行稳而致远，村民能够跨越更远的空间距离，而在多雨和以河湖为主的水乡与水田，徒步的交通距离就会有限许多。一天1.5小时左右的交通时间，一天六趟往返于田地与家庭之间，就形成了一个村民的基本的通勤圈，也是一个村庄的耕作的边界。一天六趟往返，每趟的时间为15分钟，徒步15分钟的空间距离形成了村庄的空间边界（见图10-1）。

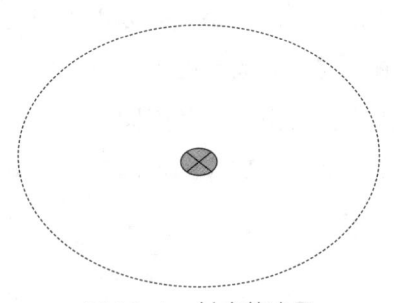

图10-1　村庄的边界

一个成年人正常行走的平均速度为4—5千米/小时，15分钟的交通

（接上页）前现代化时期的村庄，其徒步的通勤时间按1小时计算，可能比较合理。参见何明卫，赵胜川，何民.基于出行者认知的理想通勤时间研究[J].交通运输系统工程与信息，2015（4）：161-165,180；孟斌，郑丽敏，于慧丽.北京城市居民通勤时间变化及影响因素[J].地理科学进展，2011（10）：1218-1224.

距离为 1—1.25 千米。这样一个接近六边形的村庄，面积为 3—4 平方千米。这是一个村庄理论上的空间范围与边界。但不同的人，其一日之行的边界存在差异，所在地的地形也存在差异。如果我们忽略个体的体力差异，只看地形等宏观因素的影响，那么中国的南方与北方则有明显差异。南方为水乡，河湖密布，道路曲折而不便于直线行走，其交通距离远而迂回曲折，因此其村庄范围会相应地变小，如只有 1—2 平方千米。相对地，北方的旱地一马平川，徒步通行相对无山川河流阻隔，便于直线陆路交通，村庄的范围会稍大，可以达到上述理论的上限，如 3—4 平方千米。

一个范围为 3—4 平方千米的村庄，理论上其可耕地范围为 4500—6000 亩，但村庄宅基地占据了五分之一的空间，道路占据十分之一，其他坑洼、水渠、非耕地等占据十分之一[①]，剩余的土地才为可耕地空间，即有 2500—3500 亩可耕地。这样的范围就是一个村庄可耕种的土地，也是可养活的人口数量的基础和先天的限制性因素，决定着其养育人口的上限。在南方，这样的可耕地规模可以养活更多人口，其土地的产出率更高，当地气候给农作物提供了更长的生长期。但南方复杂的地形不便于长距离徒步，因此其村庄范围可能更小，如远小于理论上的 3 平方千米。这造成了居民点更加分散，村庄的范围更小，因此自然村落的人口更少。

在这样的耕作范围之内，南北方及不同地形区形成了不同的居住方式和不同的村落形式。这样的人类聚落的不同形式，也会影响学校的空间分布，影响学生的上学距离。

---

① 村庄的非生产的土地空间，包括居住空间及非居住空间，如宅基地、街巷、道路、坑洼、林地、村庙、坟地、学校、水井等。这些非生产的土地空间是村民日常的生活空间，总体上占据村庄面积的三分之一以上。2016 年全国共有 261.7 万个村庄，其占地面积为 1392 万公顷，平均每一个村占地 5.32 公顷，约为 80 亩，而一个村庄的人口为 291 人，村庄人均占地面积为 0.27 亩 / 人（用地面积不含村庄之外的道路等），若算上道路等非生产用地，应接近三分之一。参见《2020 年城乡建设统计年鉴》。

第二节　学校辐射的村庄数量日渐增多

近 30 年来，伴随着城市化的大趋势，自然村及其户籍人口的数量总体呈下降趋势。全国自然村的数量从 1990 年的 377 万个下降到 2020 年的 236.3 万个（见表 10-1）。这是近 30 年的一大变化。伴随着自然村的减少，村庄户籍人口总量也在减少，但平均每一个村的人口数量在增加，从 209 人/村增加到 2020 年的 329 人/村[①]。村庄户籍人口的增加并不意味着当地常住人口的增加，村庄的常住人口下降到 286 人/村。每一个村庄都出现了大量村民外流的现象，人口从村庄转移到城镇之中。

表 10-1　2020 年中国行政村与自然村数量

行政村			自然村
500 人以下	500—1000 人	1000 人以上	
68983 个	115430 个	308839 个	2362908 个
14.0%	23.4%	62.6%	

数据来源：《2020 年城乡建设统计年鉴》。

从全国的情况看，2020 年共有约 49 万个行政村，一个行政村平均涵盖 4.8 个自然村。但因为南密北疏的自然村落的空间格局，一般南方村落会更多、更分散，特别是山区与水乡更是遍地小型化村落。从行政村的大小来看，其户籍人口数量不一，大部分行政村超过了 1000 人，占所有行政村的六成以上，其余 500 人以下、500—1000 人的行政村分别占了 14.0%、23.4%。按照全国 10‰ 的出生率计算，1000 人及以下的村庄每年的出生人口不足 10 人，若成立一所完全小学，就算在校生全部留在当地也不过 60 人，其无可避免地会成为小规模学校。即便一个行政村的人口达到了 2000 人，按照近 20 年的平均出生率（12‰）计算，一年新生儿的数量也在 24 人以下，即便全部生源都留在当地的村小，学校的总规模也

[①]　参见《2020 年城乡建设统计年鉴》。

只有 144 人 / 校。随着城镇化的推进，村庄的青壮年人口与孩子外流现象持续加剧，有三分之一到二分之一的孩子外流到县城、地市甚至省城就学，留在当地的孩子越来越少了。这就是当前村小面临的生源枯竭的现实。

生源枯竭造成了村小的大规模萎缩，全国的行政村数量已经远超出了小学的数量。2020 年，全国普通小学只有 15.8 万所，即便算上小学教学点 9.0 万个，小学布点的数量也只有 24.8 万所（个），而全国的行政村数量为 49 万个，两者相差近一倍。理论上，平均两个行政村才有一所小学（含教学点），而一所小学平均辐射的自然村的数量为 9.5 个。这数据涵盖了城市小学的"水分"，如去除城市小学，一所农村小学辐射的村庄数量更多。如果去掉城镇小学，根据教育统计年鉴的数据，2019 年全国农村小学只有 8.9 万所，加上 9.0 万个教学点，则村小为 17.9 万所（个），每所完全小学辐射的自然村数量为 26.5 个，如算上教学点，一所村小辐射的自然村数量则下降为 13.2 个。

总体上，当代的小学数量已经大幅萎缩了，在每个行政村布局 1 所小学或 1 所幼儿园的时代，已经远去了。

第三节　南北方人类聚落差异及学校分布

南北方的村落之间存在鲜明的大小差异。同样的地形条件下，南方的居民点更加繁密，北方的则相对而言较稀疏。这主要受制于土地的生产力，受制于特定气候条件下农业产量的限制。整体而言，南北方人口密度存在显著的差异。

一、南北方村庄的大小之别与学校分布

南北方的村庄面临着不同的地理环境，江南多水渠湖泊等，村庄往往沿着河湖、山丘与道路而分布。这样的交通空间造成了南方村落小而孤立的特点，一个村庄往往成为一个宗族的聚落。一旦村庄变大，农业交通的

距离就更远了，因此，南方便分出许多自然村落，成为老村庄之外的新的居民点。北方则以旱地为主，平原道路无山川与水泊阻隔，加上历史上的匪患侵扰，其村庄多是大型的团村及杂姓村，村庄大而范围较广。此外，旱地的道路对交通距离的敏感度远远低于水路，因此北方的村庄更趋向于大型化。

无论是南方还是北方的村落，千百年来步行往返于田地与村庄的农业耕作方式，决定了村落田地的范围上限。传统农业时代，村民需要一日两趟或三趟往返于家与田地之间，村庄范围不能超越其步行的距离上限，因此村庄空间的大小具有先天的限制。同时，在农业时代，村庄的人口规模也具有先天的限制。在步行的农耕时代，太大的村庄与太远的田地都会造成村庄的分裂。在北方村庄的空间范围之内，农业养育的人口一般在1000—3000人[①]。

由于村庄的大小存在差别，在过去，北方的学校倾向于一村一校的空间分布，一个村庄基本上布局一所完全小学。在北方平原地带的村庄，一般也不存在所谓的教学点，大部分学校都是完整设置的。在南方，村落的空间小，小型化的自然村庄居多，一村一校的空间分布遇到了许多问题。因此，即便在历史上，这些地域也需要小型的教学点以及1—3年级、1—4年级、复式教学等"不完整"的学校形式，来弥补小村庄布局分散的不足。

二、南北的宗族差异与学校分布

中国南北方文化差异明显，在村庄方面，一个明显的差异是江南宗族

[①] 在北方，比如华北的一个村庄，其中房屋、宅基地、街道等约占去村庄空间的三分之一，剩下的三分之二为耕作的空间。因此，一个村庄的面积如果在1—3平方千米，则其中耕作的田地在1000—3000亩。如果单纯依靠农业糊口，一人的口粮田地应不低于1亩地。因此，1—3平方千米的村庄最多养育1000—3000人。南方作物的生长期长，其田地单位面积产量高于华北地区，而其村庄范围小于华北地区，所以同样单位面积的田地养育的人口多于北方；东北、西北地区的农业周期为一年一熟，其村庄范围大而人口只有华北地区的二分之一不到。

主义盛行的村庄多，宗族势力比较强大；而北方自然村与行政村合一的比例很高，多为杂姓、多姓的大村，宗族势力相对而言比较孱弱。

笔者查阅了近年来的县域教育地图，发现南方的学校相对分散，布点多而繁密，一所学校辐射的空间范围小；北方则反之，在华北、东北等地区，学校布点少而相对集中，学校辐射的半径比南方学校大。这是南北方在学校分布上较为明显的空间差异。

学校布点的分散与集中取决于人类聚落的分散或者集中的态势，特别是村落分散或者集中的态势。村落与学校之间交通的便利程度、宗族势力、山川河流的阻隔与儿童的心像地图等，都会影响学校的分布。

以山东省广饶县为例，当地一个乡镇会有一两所学校，比如乡镇所在地有初中与中心小学或者九年一贯制学校，近年来还建立了乡镇中心幼儿园等。乡镇之中村小的数量在急剧减少，一个乡镇一般只有2—5所甚至更少。

但在南方，或者说在接近水稻产区的农村地带，学校与村落之间形成了一种紧密的依赖关系。一村一校是一种常态，虽然随着出生率的下降而出现了学校数量减少的趋势，但学校分布的范围依然非常广，依然没有远离居民点。这一方面是因为南方有更多的山川阻隔，存在河流与湖泊等儿童步行的风险之地，另一方面也与宗族的团结相关，村庄的团结顶住了学校撤并的压力。例如，广西横州市（原为横县）与湖南桂阳县的学校布点十分密集，形成了一个乡镇有多达几十所学校且呈散点分布的空间格局。

在这样的县域，中小学和教学点的分布动辄在100—300所（个），学校的小型化和班级的微型化现象明显。学校分布的范围很广，有效缓解了上学的空间距离感，降低了学生在南方水乡与山地间往来的风险，也提升了教育的普及程度。但这往往牺牲了学校的规模效益，也牺牲了一部分教育质量。在未来的发展中，这些县域的学校可能会面临教育质量的挑战，也可能会面临空心化、教师超编和校园毫无生机与活力等一系列不确定情况。

三、统计数据上"南密北疏"的证据

在宗族主义盛行的村庄里,学校撤并面临着村庄势力的强力羁绊,学校裁撤难度大,客观上造成了南方学校布点更多且更分散。南方农村小学规模较小,布点特别分散。我们选取了2014年海南、福建、广东、江西、湖南等省份的小学布点数据,结合区域人口的情况进行对比分析,计算出学校数与人口的比值(百万人口小学数),结果如表10-2所示。

表 10-2 强宗族势力地区的学校数、人口及百万人口小学数

省份	小学数（所）	教学点数（个）	小学与教学点合计（所）	人口（万人）	百万人口小学数（所）
江西	9764	7144	16908	4480	377
海南	1619	926	2545	936	272
湖南	8560	7716	16276	6611	246
福建	5167	2529	7696	3945	195
广东	10731	5624	16355	11489	142

数据来源：小学数量数据来源于《中国教育统计年鉴2014》,人口数据来源于国家统计局网站。

从表10-2可以看出2014年部分南方省份平均每百万人口之中小学分布的密度,这也是衡量小学布点数量的基本指标。理论上,江西省学校布点最密,海南省次之,而湖南省、福建省处于中间,广东省的布点反而最少,每百万人只有142所小学。这些学校数量反映出当地学校与村落之间的整体关系,广东省学校布点数量下降可能与其高度的城镇化水平直接相关,人口的大量转移造成了高度城镇化,城市学校整体规模较大而学校布点数量整体有所下降[1]。

在海南省和福建省的一些县域,宗族和家族势力发达,基本上是在自然村的基础上形成了行政村,甚至一个村庄就是一个行政村,但行政村

---

[1] 2018年广东省的城镇化率为70.7%,位居全国第四,仅次于北京、上海、天津三个直辖市,高出全国平均水平(59.6%)11.1个百分点。

的人口基本上达不到 2000 人以上的规模，造成了小型村的大量存在，村小的空心化问题最严重。笔者在海南省 D 县调研时发现，村小规模在 100 人以下是一种常态，教师往往有 9—10 人，而每个班级的学生不足 15 人。这样的小型村小自然缺乏人气和经费资源的供给，教师老龄化也非常严重，教学积极性和主动性严重不足。在这些宗族文化力量较强的村庄中，村民相对团结且具有集体主义情结，形成了一姓一村的格局。在一所乡镇的中心小学，笔者发现了寄宿学生的名单。从名单中可以发现，一个宿舍 9 名学生有 7 名是叶姓，2 名是王姓，并且可以看出叶姓与王姓是分别属于一个家族或者家庭的：王姓为千字辈分，叶姓属于三个家族或者辈分相连的家族，如绵熙、绵泽、保山、保宏。从学生的姓氏与名字可以看出学生来源与学校分布的关系。

福建泉州地区的 H 县经济发达，但村小的布点依然很多，一个乡镇有 7—8 所村小，基本上每一两个村庄保留 1 所村小，这是当地宗族势力发达的一种反映，也是当地对不足 100 人的村小公用经费按 200 人计算的鼓励性政策的实施结果。

一般而言，在这样的宗族势力强大的南方村落，一个乡镇的学校呈多样化分布，其模式如图 10-2 所示。

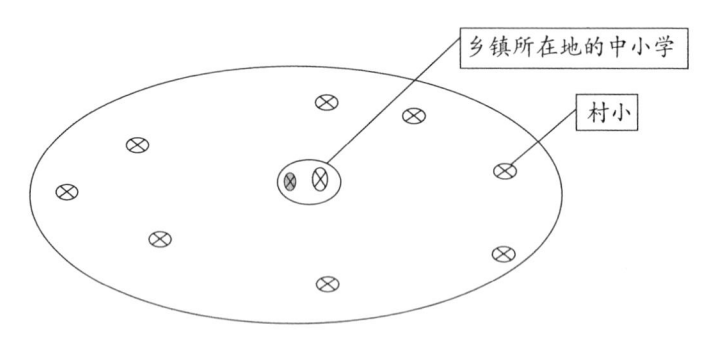

图 10-2　强宗族势力乡镇的学校分布：乡镇所在地的中小学与多点分布的村小

而在吉林、辽宁、山东、四川等省份，其村庄大而宗族势力弱，村际关系相对和谐，形成了以基层市场为中心的人际交流圈，因此撤点并校进行得非常深入，出现了学校联村办学、多村联合办学等情况。部分省份学校数与人口的比值如表 10-3 所示。

表 10-3 弱宗族势力地区的学校数、人口及百万人口小学数

省份	小学数（所）	教学点数（个）	小学与教学点合计（所）	人口（万人）	百万人口小学数（所）
辽宁	4429	295	4724	4391	108
山东	10770	2229	12999	9789	133
吉林	4806	108	4914	2752	179
四川	6959	8905	15864	8140	195
河北	12529	6274	18803	7384	255
河南	25578	8483	34061	9436	361

数据来源：小学数量数据来源于《中国教育统计年鉴 2014》，人口数据来源于国家统计局网站。

在表 10-3 中，河北省、河南省均为特例，特别是河南省的百万人口小学数甚至高于南方省份，其主要原因在于城镇化水平较低、经济发展水平较低与撤点并校的力度较小等，这些都造成了小学在基层依然布点广泛。这与北方整体上宗族势力弱的趋势并不一致。但近年来，河南省小学撤并力度加大，如小学在 2018 年只剩下 1.86 万所，比 2014 年减少了 7000 余所[1]。如果按 2019 年的数据计算，河南省的百万人口小学数减少到了 330 所[2]，实际上百万人口小学数有所下降。

北方省份的人口小县一旦位于平原地带，其乡村学校的撤并在某种程度上就会比较容易，这造成了学校总量的减少。而在南方宗族色彩浓厚的村落之中，地方宗族势力发达，村小撤并容易出现困难，可以说村小的布局与当地的聚落分布紧密相关。综上所述，南北方的村落分布会影响学校的分布，也会影响一个乡镇学校撤并的情况。

---

[1] 参见《2018 年河南省教育事业发展统计公报》。
[2] 根据《2019 年河南省教育事业发展统计公报》，该年度河南省有小学 1.81 万所，教学点 1.37 万个；根据《2019 年河南省国民经济和社会发展统计公报》，该年度全省常住人口为 9640 万人。由上述数据可计算出百万人口小学数约为 330 所。

第四节　散居与学校布局的关系

学校撤并与人口、地形和宗族势力关系密切。

村庄分为不同的类型，北方平原多是团村，而南方丘陵地带多为散居型村庄，这些村庄往往是多姓村或者杂姓村，宗族势力较弱。由于缺乏宗族的纽带，村庄往往会陷入孤立的、碎片化的状态，缺乏一种统一的力量来凝聚村庄。在这些地方，小学集中和撤并相对容易，集中办学的趋势会愈发明显。但撤并的幅度过大，往往也会造成上学交通不便、距离过远和家庭的教育负担加重等一系列常见的社会问题。

在四川省荣县的丘陵地带，农村聚落分布呈现出鲜明的南方水稻产区的特点：由于水源分布极广，降雨比较集中，村落会分布在丘陵边缘的高地，这样才不至于被水浸淹。当地并不存在自然村的概念，而且村落的分布是散点式的、非单姓的：村庄往往散布在方圆 0.5—1.5 千米的范围之内，往往是多姓村、杂姓村，村庄之内或之间并不存在过于强烈的宗族情绪和宗族矛盾。在这样的村庄，学校的撤并或者合并相对容易，因为村庄内缺乏明显的家族势力。

这样的村落分布自然会影响到村小和中学的分布。考虑到分散的村落和微型的乡镇，荣县教育布局采用了"一镇一校"的九年一贯制模式，将所有的孩子都集中到乡镇上学。

在道路交通方面，荣县当地农村几乎见不到自行车，人们出行基本上依靠双脚步行，有少量的汽油摩托车，电动自行车几乎看不到——当地人认为电费太高。在笔者看来，电动自行车不多见的原因在于丘陵地带坡路较多，电动自行车动力不足难以通行。种种因素造成了当地学生上学距离过远（见图 10-3），因此在"街上"（当地称呼乡镇为街上）有大量租房居住的学生和老人。

在散居型村庄中，宗族势力不强，教育行政部门在学校撤并上具有支配性优势，因此学校撤并往往以行政部门的意志为主，较少受到村落与宗族的阻挠、牵制，相对而言也缺乏一种平衡与制约的力量。因此，在非宗

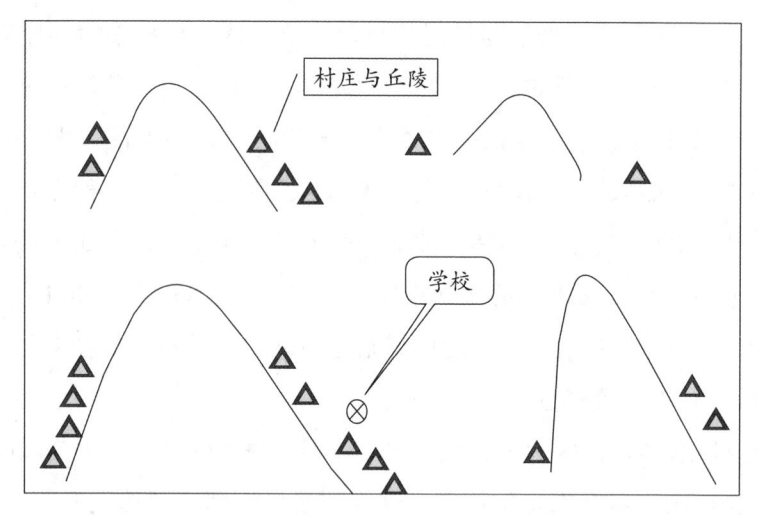

图 10-3　荣县丘陵地带的村庄与学校分布

族化的多姓村庄，学校布点与撤并非常行政化，也造成了过度撤并的现象。

过度撤并的现象给村落儿童的就学带来了压力，从小学阶段开始就需要借助寄宿制或者校外租房寄养等方式，这使得乡村儿童过早脱离乡村社区和家庭的生活，也增加了生活与求学的成本。

第五节　南方散居的宗族村落

村庄居住格局受制于一日可数次往返的空间范围的大小，而"一日往返距离之内，可东可西，可南可北，是一个可称方圆的空间范围"（韩茂莉，2017）[6]。理论上，村庄会处于耕地的包围中，位于村民耕地的中央位置，这是由步行交通的便利性决定的。因此，村落是适应农业生产的方式而形成的，其大小取决于许多复杂的历史与社会文化因素，其位置除了受交通便利性的影响，也受制于安全与历史等复杂的因素。

村庄大小受制于地形与交通的便利性等因素。在我国，北方多形成多姓或杂姓村庄，而南方水乡多形成独姓的小型村落。

最早对聚居与散居进行探讨的可能是法国的人文地理学家德芒戎。他在 1925 年就注意到了聚居与散居的村落现象，认为村落聚集的原因主要有以下四点：靠近水源的需要、防卫的需要、节约土地与种族传统的影响（德芒戎，2011）[136-145]。他认为在透水岩石如喀斯特地形区，人们只有通过深井或泉才能取水，因此人们会聚居到水源附近。水的这种专制，在干燥地区是很明显的，比如希腊、北非、意大利；相反，在西欧常常下雨的湿润国家内，水所表现出的专横程度就差多了。（德芒戎，2011）[137]他也论述了为了防御匪患或敌人，地中海某些国家的居民不得不聚集在大村庄内，这是出于安全的需要。

南方以水稻耕作区为主，交通主要依赖河道，受制于多雨与陆路泥泞等条件，村庄一般在农田的周围。这样的居住法则会制约大村落的形成。这样的居住格局主要以小村落与分散型居住的形式存在，一旦村庄过大就会扩展耕地范围，给村民往返田间地头带来不便，在这样的情况下，村庄往往会出现分裂，形成另外一个自然村落。德芒戎写道，在中国和印度，村庄是农村文明的古老背景，还存在一些无村居习惯的地区。在中国，从长江流域向南，房屋在经过农耕整治的坡地上分散成小群，稀疏分布在一些园圃和农田中间（德芒戎，2011）[151]。

理论上，村庄的大小取决于居住地与田地之间的距离，村庄过大则交通的成本加大，不便于耕作，因此，前现代社会的村庄具有天然的规模的界限。在水田区域，陆路交通更加不利，因此村落的规模更小，村民更靠近农田居住。在丘陵地带的分散型村庄，就是南方小型散居农村的一种类型。

在散居型村庄，每一个村庄都是小型的，而一个行政村往往由多个自然村组成。居住分散给学校的选址带来了挑战，特别是当出现了宗族势力的时候，学校的空间调整会更加困难。因此，在现实中，学校布局形成了联村办学的模式：村小一般位于社区的中心位置，便于四周村落的儿童就学。

江西省弋阳县的丘陵地带形成的就是相对分散的自然村模式，一个行政村往往包括 5—10 个自然村，这些自然村分布在行政村周边，村小一般位于与各自然村等距的位置，这样便于各个村庄的儿童上学。

另一个例子是贵州省绥阳县的青杠塘镇，该镇的面积为 230 平方千米，而人口不足 3 万人，其地形为山区与丘陵混杂，下辖村庄数量众多。在这样的乡镇中，学校靠近村庄分布，但大部分又不在村庄中，与村落保持一段距离。

第六节　南方的自然村与学校分布

安徽省利辛县地处平原地带，行政村辐射周边 3—8 个自然村，村庄的分布影响着村小的分布。利辛县自然村落的人口在 200—300 人，一般村小辐射周边 5000—6000 人的村庄范围，村小位于社区中心的空旷地带，处于孤立的田野之中或者村支部附近，如图 10-4 所示。

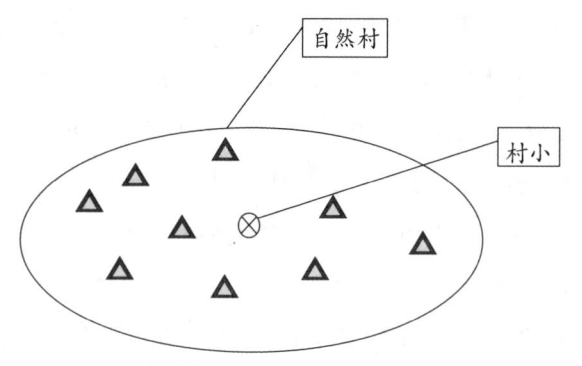

图 10-4　安徽省利辛县自然村与村小的布局模式

在平原地带，北方和南方不同，中学和小学不同。皖北一带的小村落人口基本在 100—500 人，以独姓村为多，这样的自然村需要联村办学，若按 300 人左右计算，一所学校需辐射周边 15—20 个自然村落。这样，一所学校辐射的周边村落就呈现出一种类似于美国学者施坚雅所说的"正六边形"的空间结构，一所学校辐射周边约 18 个村庄，对应 6000 人左右的人口规模。学校的分布很可能与基层市场（集市或中心地）重叠，形成一种类基层市场的学校空间范围。

在论述基层市场空间结构时，施坚雅建立了一个数学模型：一个基层市场第一圈辐射 6 个村庄，第二圈辐射 12 个村庄。因此，一个基层市场大约辐射周边 18 个村庄，形成了一个正六边形的集市空间。施坚雅认为，一个集市辐射 18 个村庄，这是一个接近于中国基层市场的经验数据（史建云，2004）。

基层的学校在 1949 年之后逐渐实现了普及，其空间分布在 20 世纪六七十年代之后一度接近于一村一校的空间格局。但随着近 20 余年的学校撤并，学校空间分布已经越来越接近于基层市场的空间结构了——学校在被撤并的过程中，逐步形成了在中心地（集市）聚集的空间结构，往往一个基层集市就是一个中心村（可能是一个集市），它往往也成为中心小学甚至中学的分布地。这与施坚雅研究的基层市场（集市）的分布基本相同。在施坚雅的研究中，20 世纪 40 年代的基层市场面积大部分在 30—96 平方千米，空间距离的范围为 3.4—6.1 千米，人口规模为 7000 人。而最典型的基层市场就是 18 个左右的村庄，1500 户人家，分布在 50 平方千米的土地上，人口规模在 7000 人左右（施坚雅，1998）[43-44]。当年的基层市场，其人口密度远低于当代的村庄，其面积略小于或者相当于一个小型乡镇的面积——一个典型的平原乡镇面积一般在 70 平方千米。但学校一般孤立于村庄之外，分布在田野中，以便于周边村庄的儿童就学。基层的中心小学一般会辐射周边 4000—6000 人，在皖北的平原地带，许多地方提出了一所学校辐射 6000 人的原则。

杨庆堃被认为是中国最早对集市进行开创性研究的学者。他 1931 年开始研究山东省邹平市的乡村市集，并在 1934 年完成其硕士论文《邹平市集之研究》。他认为每一个经济细胞都有自己的运营边界（杨庆堃，1934）。基层的市集的范围大小具有定数，杨庆堃发现一般的市集辐射的地域人口为 6000 人，在距离范围方面，"五里半径"是一个市集活动最小的自然单位，在这以五里为单位的地域中，一个市集的供给已能应付里面人口的需要，若再增多则供过于求，而起竞争。（杨庆堃，1934）市集总是位于交通运输通路系统中最便利的一点，其所居的交通运输系统的地位的重要性和市集的活动范围、市集的性质等都有直接的关系（杨庆堃，

1934）。后来，杨懋春也认为，"集镇地区的边界系由交通和运输的条件及地区的自然界限而定。两个集市区之间可能会有一些重合区，……但总的说来，尽管没有明确的分界线，每个集市都会有一个确定的被认可的区域，它把某些村的村民当作它的基本顾客，这些村的村民也把它认作是他们的集镇"（Yang，1965）[190]。

基层的集市是中国乡间经济社会的载体，人们通过周期性的集市来进行区域经济活动，维持社会经济的运行。基层集市的空间结构是基于成人一日往返集市与村庄之间的步行距离形成的，后来又拓展为骑自行车的距离，但赶集行为是一种周期性活动，三五天或者一周、十天为一个集市的周期。这是长期形成的一种时间与空间的市场结构。就空间而言，太近与太远都会存在问题——太近则辐射的村庄过少，无法形成一个稳定的人口规模，集市无法形成；太远则一日往返存在问题，不利于日常物品的购置。而定期集市的时间性市场行为，决定了赶集行为是有周期的，并非日日如此。这一空间与时间的特点，决定了集市的空间范围，决定了其辐射的周边人口规模。

与此相似，基层的学校也需要一定的人口规模，需要辐射周边的村庄，但上学主要是一种儿童的日常行为，是一种几乎日日需要进行的通勤行为，因此其空间范围往往会小于成人赶集的市场范围。但无论是杨庆堃还是施坚雅的研究，其时间与空间背景都是20世纪30—40年代的中国平原的集市空间，当时人口的密度与步行的交通行为，与现有的道路、交通方式存在巨大的差距，现在基层集市的人口规模与空间范围都扩大了。在步行的区域之内，集市还留在原来的空间区域中，但在汽车与电动三轮车可到达的范围内，其腹地与范围已经今非昔比了。因此，在一些人口密集的区域，学校与基层市场可能完全重叠，但在人口较少的乡村区域，学校的布点会远多于基层集市，以缩短儿童上学的距离。

对比成人的基层市场与儿童的学校的空间范围，可以更加清楚地看到儿童上学距离的特点，也可以发现儿童的上学行为受制于生理年龄，受制于一日一往返或两往返的频率限制，学校的空间分布特点直观明确。

第七节 北方团村与学校

村庄的空间结构影响着学校的空间布局，在出行方式以步行为主的时期，这一影响尤为巨大。

一、北方村庄的空间结构

在北方的平原地带，容易出现聚居的居住形式，形成团村聚落。这样的聚落形式可能与历史上匪盗猖獗有关，也可能是因为平原地形平坦，村庄周边所有的土地都可以耕作，而且干燥而平坦的平原上交通便利，四通八达的路网使得居民点到达可耕地的时间距离小。可耕地范围较大，就可以养活更多人口，容易形成大型的团村。德芒戎在其早期研究中就发现，小型居民点是丘陵和山地地带人口的主要居住形式，而村庄是平原地带人口的主要居住形式，一旦出现地表缓斜而连续的平原，村庄就回来了，因此他认为，平坦的地面便于聚居，地形崎岖与分散成小块的土地则以散居为主（德芒戎，2011）[152-155]。

与南方丘陵或者山地、平原上有江湖水溪阻隔不同，北方的平原交通更加便利，易形成陆路的网络，理论上更容易形成团村。村庄的周围是耕作的田地，而村庄位于田地的中央，周边田地与居民点的距离大致相同，形成了一个环形的可耕地空间。这样便于村民下田耕作，也降低了收成的搬运成本。

历史上，在小农经济社会，村庄的土地大多数是高度分散的，土地兼并与集中并不明显。在北方平原地带的小麦产区，团村模式成了主流，村庄较大，一般一个村庄的人口在1000—2000人，甚至会达到3000人以上。在华北一带的省份，河南省的行政村以大型村庄为主，超过千人的村庄所占比重最高；山东省与山西省大中小型的行政村所占比重大致相当，而河北省则以大型、中型村庄为多。北方大型行政村所占比重较高，其中东北三省及河南省大型行政村占比高，而山东、山西、河北三个省份则相对均衡，具体数据如表10-4所示。

表 10－4 北方行政村的三种类型及自然村与行政村数量之比值

省份	行政村（个）	500人以下行政村占比（%）	500—1000人行政村占比（%）	1000人以上行政村占比（%）	自然村（个）	自然村与行政村数量之比值
河南	42069	6.8	21.3	71.9	183556	4.36
山东	63856	30.3	35.0	34.7	88863	1.39
河北	44432	22.5	33.2	44.3	66013	1.49
山西	21004	27.9	34.8	37.3	43305	2.06
辽宁	10765	3.6	13.0	83.4	47489	4.41
吉林	9100	14.1	23.3	62.6	39038	4.29
黑龙江	8918	12.2	19.5	68.2	34491	3.87
平均	28592	16.8	25.7	57.5	71822	2.51

注：由于计算时四舍五入，部分百分比之和为 99.9%。
数据来源：《2020年城乡建设统计年鉴》。

在华北三省中，团村所占比重较大而自然小村落相对较少，如山东省、河北省的大部分村庄皆是行政村，形成"合二为一"的空间结构。三种类型的村庄所占比重如图 10-5 所示。

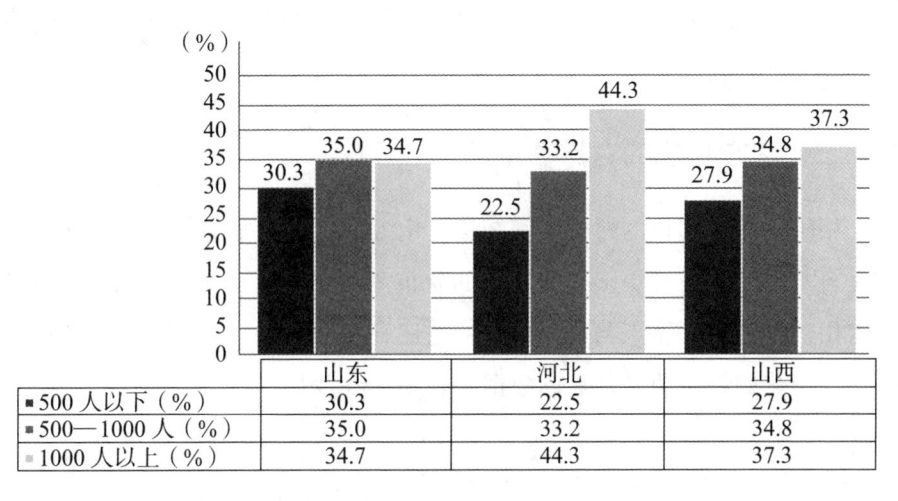

	山东	河北	山西
500人以下（%）	30.3	22.5	27.9
500—1000人（%）	35.0	33.2	34.8
1000人以上（%）	34.7	44.3	37.3

图 10-5 北方三省份三种类型的村庄所占比重

从表 10-4 和图 10-5 可以看出，三种类型的村庄在北方省份所占比重存在较大差异，其中东北三省、河南省主要以 1000 人以上的大型的行政村为主，其所占比重一般在 60%—85%，而小型的 500 人以下的行政村所占比重在 15% 以下，辽宁省、河南省不足 10%，吉林省和黑龙江省分别为 14.1% 和 12.2%，四省中型村庄所占的比重在 20% 上下。而在山东省、山西省，三种类型的村庄基本呈"三分天下"的局面，河北省则是大型、中型的村庄稍占优势，小型的村庄所占比重为 22.5%。

再联系表 10-4 之中行政村与自然村的比值，山东、河北、山西三省的比值分别为 1.39、1.49、2.06。在三省之中，行政村与自然村的数量比较接近，说明了三省之中自然村与行政村基本上"合二为一"，许多自然村同时也是行政村。这与南方的省份截然不同。而东北三省、河南省自然村与行政村数量的比值在 4 左右，相当于一个行政村辐射 4 个左右的自然村。东北三省的行政村辐射的自然村较多，一则在于大型行政村占比过高，二则由于耕地范围大而人口密度小，为了接近耕地，居民点会相对小型化，因此村屯较小。河南省行政村辐射自然村较多的原因一则在于人口规模大而行政村相对较少（少于山东省和河北省），二则在于其南部及山区自然村分散，造就了大型化的行政村。

学校的布局过去是一村一校，现在基本上出现了一所学校辐射周边 2—5 个村庄的局面。

二、南方村庄的对比性空间

相较于北方团村的村落空间结构，南方的村庄更加分散和小型化，特别是自然村庄的数量更多，居民点的分布范围更广，空间上更加孤立与接近农田。这些空间特点与华北地区的村庄存在较大差异。一些南方省份行政村大型化的趋势明显，具体数据如表 10-5 所示。

表 10-5　南方行政村的三种类型及自然村与行政村数量之比值

省份	行政村（个）	500 人以下行政村占比（%）	500—1000 人行政村占比（%）	1000 人以上行政村占比（%）	自然村（个）	自然村与行政村数量之比值
浙江	16377	8.0	25.0	67.0	74292	4.5
福建	13327	10.3	25.1	64.6	64147	4.8
江苏	13632	1.6	5.5	92.8	121935	8.9
江西	16905	6.7	18.5	74.7	157792	9.3
湖北	22110	8.0	26.0	66.0	115574	5.2
湖南	22159	3.5	15.7	80.8	111052	5.0
安徽	14794	4.4	10.0	85.6	180976	12.2
平均	17043	6.1	18.0	75.9	117967	6.9

注：由于计算时四舍五入，部分百分比之和为 99.9%。

从表 10-5 可以看出，南方大型行政村所占比重远比华北高，大部分省份在 70%—90%，而小型行政村所占比重在 6% 上下，中等规模的行政村所占比重在 20% 左右，这与东北三省及河南省类似。但南方的自然村落较多，平均一个行政村辐射 6.9 个自然村落，这远远高于山东省、河北省及山西省，也高于河南省及东北三省的均数。

村庄的小型化造成了人口分散居住的空间格局，这些自然村落的平均户籍人口数在 275 人/村；而北方自然村落的户籍人口数为 464 人/村，山东、山西和河北三省的自然村落户籍人口数更达到了 602 人/村。[1] 对比以上数据可以看出南方自然村分散、小型化的特征，以及北方村庄多为大型化的团村的特点。

---

[1] 根据《2020 年城乡建设统计年鉴》计算得出。

三、北方村落空间中的学校分布

在河北省、山西省和山东省，村庄的规模显著大于南方水稻产区的自然村落。同时，北方村庄多为多姓村、杂姓村，一般宗族势力比较小，便于村小的布局调整。在平原地带，学校选址相对方便，一般会位于村落的边缘地带，或者处在几所村庄的中间地带。在一个乡镇的范围之内，一般在乡镇有中心小学，而村小呈多点布局，如图10-6所示。

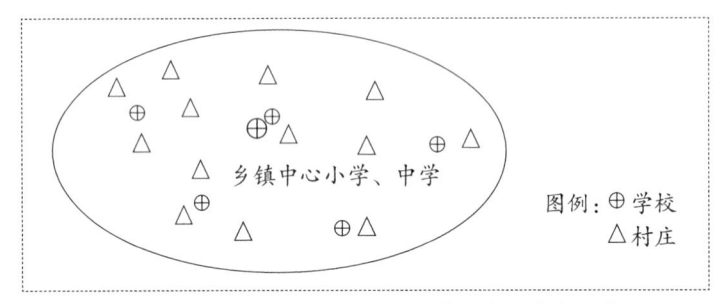

图10-6 北方平原地带一个乡镇范围之内的学校布局

以上几种人类聚落的分布情况，难以反映现实中复杂的聚落分布、宗族势力等社会因素对乡镇范围之内学校的布局的影响，但我们可以从中看出学校布局与人类聚落分布之间紧密的关联。教育政策的调整和学校布局的规划都需要相应的人类聚落分布的意识。

第八节 路队：一个应运而生的本土概念

我国地域辽阔，各地县域地形千差万别，其人口分布不同，聚落的形式不同，经济发展阶段不同，社会文化不同……。因此，每个县域都面临着不同的教育问题和困难。但在一个由中央统一领导的国家之内，政策与制度的环境是统一的，一些政策在产生的过程之中往往会忽略地域与空间的差异，形成一个覆盖所有县域空间的政策环境。这些无空间差别的政策，就是所谓"一刀切"的刚性政策，往往容易忽略基层社会、文化与地域空间的差别，使基层与地方缺乏独立解释的空间，难以留下变通的余地。这样的政策，在执行时往往是"自上而下嵌入基层社会"的，难免出现偏差，产生所谓"水土不服"的现实问题。

但基层教育具有自我修复和自我调整的能力，会在执行过程之中产生"首创"做法，在刚性的政策空间之中添加新的柔性空间。基层会面对现实的问题，提出地方性的解决方案，以适应区域空间的实际情况，并且不违背上级政策的主旨与本意。当基层具有自主空间时，其往往会创造出个体性的、区域性的解决问题的路径，兹举一例来说明这一点。

一、路队制度的诞生

在近十几年的学校布局调整之后，基层学校数量大幅下降，大部分县域学校数量都下降了60%—70%，从过去村村办学的局面转变为现在的集中联村办学的局面。随着上学距离的增加，在县域农村社会出现了一种新型的管理制度——路队制度。

教育政策文件之中并无与路队相关的规定，也没有全国性的做法，这一制度是部分地方自发形成的管理惯例。根据不完全统计，路队在南方的一些省份，如江苏省、安徽省、江西省等地存在，在北方则几乎稀见。这一则可能由于南方河网密布，上学路途有一定的风险，借助路队的管理制度能在一定程度上规避上学与放学途中的溺水、交通事故等危险；二则可能由于这种管理方式与相关制度主要在地方传播与扩散，北方并无此惯例与传统。

路队制度是学校为了应对学生上学距离远而形成的一种制度，学校将周边自然村的学生集结成一个小组，放学时排队结伴而行。这保证了学生在路上的基本安全。笔者2010年在安徽省利辛县就发现了这样一种制度，2016年在江西省弋阳县调研时也发现了这样非常完善的路队制度。

二、一个路队的案例

2016年下半年，笔者在江西省弋阳县一所乡村小学——园竹小学调研时，发现了其完备的路队制度。根据当地人的说法，这一路队制度已实行了近15年。笔者倾向于认为这是学校空间布点调整之后的产物，过去一村一校的学校布点可能并不需要路队制度。

学校的路队是以自然村落为基础形成的。在园竹小学周边，自然村的分布比较广泛，一所小学辐射了周边几十个小型村落。从村庄的名字可以想见，这些自然村主要在单姓村的基础上形成，大部分为一村一姓的宗族村庄。这是南方村落的一个典型的特点，也反映了宗族、家族势力的影响。

弋阳县乡村小学的路队制度，是为应对小学阶段的学生上学半径较大而产生的一种地方性方案，在中学阶段就不会产生这样的制度。在稍微大一点的城市小学，因就近入学与家长接送的现实惯例，小学生独自走读的现象基本消失了，也就不会产生这样一种应对策略。

园竹小学的路队制度具有完善的内部文件规范。该校有178名学生，分成10个路队，每一个路队都有专门的教师负责监督，学校与每位教师签订了责任状，提升教师的责任感。此外，每个路队由2—3名年长的学生充任路队长，负责协助低年级的儿童排队从家安全到校，放学后会把他们送回家。这一制度低成本的特点和相互帮助的教育意义都十分明显，也是地方解决上学半径偏大的问题的一种因应策略。

路队制度增加了教师教育管理的职责，需要教师承担教育的相关责任，学校还制定了安全责任书，由校长和教师签订责任状，来督促教育职责履行到位。

路队制度需要相关的制度文件，也需考虑路队如何划分等问题，弋阳县园竹小学建立了完备的档案制度，相关材料、物品都保存得很好。这一完善的制度形式保证了路队的良好运行。路队的划分基本上以自然村和邻近的自然村为基础，形成了一个由不同年龄段的儿童组成的地域小组。

笔者在调研中发现，路队基本上是在以家族为基础的自然村的基础上形成的，例如，潘家路队的学生都来自潘家村，而新建路队主要由新建、冷水坞两个自然村的学生组成，只是人数稍多。但两个路队都是将不同年龄段的学生混合编班，这样便于相互照应，也保证了安全。一般而言，大的路队的学生人数在 16—20 人，小的路队一般在 5—10 人。在这样一个小的儿童团体中，成员彼此之间形成了一种相互照应的关系，从教育学上而言也具有一定的意义。

路队在乡间运行了十几年，已形成了十分完备的制度体系，除了文字材料，还有写有路队名称的牌子（见图 10-7）、路队长证件等，这足以证明这一制度的正规性、完备性和有效性。

图 10-7　路队的牌子和路队长的证件

图片来源：笔者 2016 年 11 月在当地调研时拍摄。

在路队的基础上，学校还调整了作息时间，大部分学生中午在校吃饭，下午提前上课，适当提前放学，以因应这一制度变化。在园竹小学，大部分学生中午不回家，在校可以吃午饭，下午一点半开始上课，放学时间提前到四点。这样，学生基本上可以在天黑之前安全到家。弋阳县港口镇的上坊小学也采取了类似的方式。

三、路队的深层含义

路队与学校的空间分布具有关联性，它是乡村学校空间布点大量萎缩的产物。在过去一村一校的空间格局下，农村小学的路队并无存在的必要。而在中学阶段，学生的自理能力大幅提升，也没有组成路队的必要。

路队是在地的，是自下而生的，具有自发性与本土内生性。一旦基层社会具有一定的自主性和空间，就可以应对在地的社会变化，解决现实中的问题与困难。路队制度就是这样一种自发产生的教育管理制度实践，但现实之中并没有上升到中央政府的层面，它是自发生长的地方性做法，具有地域性。在南方丘陵或自然村广布的地区，上学路途较远而路上水塘等隐患较大，路队是保证学生步行上学安全的一种方式。

路队是县域农村社会的首创，是基层应对学校布局调整的一种制度创新，一种因应教育布局变化的管理实践。这也表明基层的教育行为是因地制宜的，需要适应现实环境并进行变通。在管理制度实践之中，若给予县域和基层社会独立运作的政策空间和自主性，它将在自身的空间之内生成新的教育行为与教育策略。

路队制度提醒我们，那些来自远方的、自上而下的嵌入性政策，在其执行过程中需要地方性的实践再造，需要考虑基层的地方性，需要与在地的实践相结合。这就需要在刚性的政策环境之下，给地方教育留下一些政策冗余的空间。在中国这样一个大国，各地的殊异性程度非常高，若一切教育政策和指令都来自遥远的决策中心，如地市、省级或者顶层政府部门，它们与政策的执行地距离遥远，很难很快听到基层的声音，那么，政策供给在应对现实中出现的问题时往往就会是滞后的——不仅是信息的滞后，问题的药方往往也会偏离现实的病症。因此，将会出现大量的"嵌入性政策"，出现许多"政策飞地"——政策的实践效果不显著，它与基层实践之间产生了鸿沟，被外界自上而下地植入教育实践之中，但其实并没有被基层社会所接纳与认同，会产生所谓的政策失真现象。

教育之中多数重大决策主要出自顶层的国家机构和组织，而基层的教育政策是对顶层政策的转译、细化与翻拍。但如果决策链条过度延长，决策者与现实之间的空间距离日益遥远，两者之间信息沟通的频率大幅衰减，就可能会出现大量的"一刀切"教育政策。这些政策文本覆盖全国所有的地域空间，但很可能缺乏对空间的差异性的重视，忽略地方性、适应性。因此，在教育决策之中，需要平衡决策的空间适应性，做好政策的地方性权变，使得政策的产出符合现实，并且具有可执行性。保留教育政策的"空间余量"，赋予地方一定的自主性，这或许是应对基层教育问题所需要的政策思维模式，也是教育决策思维应做出的转向。

结语

一个研究者，注定无法阅尽世间所有的学校空间分布的地图，也难以收集所有类型的县域学校分布的信息，只能根据有限的资料进行归纳与分析，尝试在了无头绪的碎片化信息之中，努力找出一些所谓的规律性的雪泥鸿爪。当将所有这些充满歧异性且多变的学校分布信息置于一本研究著作之中时，人又往往会迷失于这些千姿百态的万象丛林，找不出一条清晰的林中之路，以通向阳光明媚的目的地。当探险者迷失于山野、沟壑、荒漠抑或丛林之时，总要找出一条返回之路，最终在没有足迹的地方与领域，形成一条个人独自探索的轨迹，一条属于自己的路径。这便是探险者留下的"道"，一条独特的探索的印迹与社会"地图"。

教育研究需要新的视野，拓展研究的领地范围，并以开放的态度吸纳新鲜的理论空气。过去那些不言自明的理论假定与准则，教育领域中"一切坚固的东西"，也许在新的理论视域之中将会烟消云散。那些一向被我们奉为圭臬的坚固信念，那些常常被认为是科学的结论与亘古不易的规律，需要再度接受反思与省察。在新的理论透镜之下，这些惯常的领域也许会出现新的知识图景与视野。

本书将学校分布与人类聚落联系起来进行考察，将学校的空间分布放在历史变迁的背景之下，根据县域、乡镇与村落三类人类聚落的分布，描述中国基层学校分布的特点，探讨学校的空间分布，探讨学校分布在自然或者非自然的状态下的演变过程。

本书的重点在于研究县域空间之下学校空间布局的调整。对学校的空间分布的基本原理，学界缺乏基本的理论供应与储备，也缺乏对学校辐射的半径的理论解释。汉语中的"学校"，在英文之中可能涵盖了kindergarten、school、university等不同的概念，其分布与辐射的空间范围差异极大。本书在理论的建构方面并没有特别的企图，但试图解释学校辐射的空间范围及服务的半径。通过对学校生源地的分析与描述，笔者提出了一个描述学校的空间辐射范围的新型概念——生源圈，试图在历史的纵向坐标与共时性的横向空间之中，描绘出一幅学校空间范围的图谱，解释其复杂的空间辐射的半径与范围，解释生源地的范围的变迁。

　　理论的解释效力需要被放置在一个空间范围内，即一个拥有明确的边界的地理范围之内进行验证，以从经验上证实或者证伪。在中国本土的大地之上，县域是最合适的一个行政区划的范围，一个兼具微型空间范围与宏观视野的社会单元。本书试图在一个县域的空间范围之内对所提出的理论与解释进行分析、验证并接受经验的挑战。

　　笔者在研究县域空间时，将地理空间概念渗透到研究的细微之处，尝试建立县域空间的类型，这似乎超越了教育研究者的专业性疆界。笔者通过详细的基础空间数据，尝试区分"胡焕庸线"两侧的县域空间类型——平原标准县与西部标准县，并将之作为中国县域空间的两大基本模型。这两类县域，一类是基于中东部平原的理想型县域，另一类是基于西部牧区的理想型县域。在描述了两类理论上的县域模型之后，笔者描述了这些县域之中学校的空间分布特征，力图解释两类空间模型之下的学校空间分布。在这两类理想型的空间之中，一边是牧区县域地广人稀的大尺度空间，它直接影响了学校的空间分布，形成了乡镇寄宿制学校；另一边是中东部的平原标准县，县域人口密集且空间范围小，这造成了县城学校与生源集中化的态势，学校空间分布与县城位置、县域的面积和空间轮廓等直接相关。

　　理论上，这两类理想型的空间模型是基于不同的人类生计模式而形成的，即分别基于农业区与牧区的两种不同的生产方式。但理论的空间模型只提供了一种可能的解释，它难以覆盖千差万别的现实之中的情况。现实总是呈现出丰富与多元的一面，在理论与现实之间，在想象与实际之间，在应然与实然之间，总会产生一系列的不连续性，现实之中总会出现许多断裂线，这让理论的乌有乡之中的想象不断遭遇现实之中的"黑天鹅"。在遇到现实的阻隔之后，理论研究者不得不持续进行修订与"改道"，发展出新的具有解释力的概念，重新覆盖现实之中"混乱的丰饶"。

因此，在两类理想型的县域之外，笔者还力图呈现一些特殊的地域空间之中学校的分布情况。这些特殊类型的县域空间，可分为同心圆模型、条状县域、海岛县、飞地空间等。这些偏离了理想型县域的空间类型，将县域学校空间布局的影响因素更加鲜明地呈现出来了，空间因素也更加突出地显示在学校空间分布的背景之中。所有的普遍性，都是隐藏于个案的独特性之中的，而特殊的空间类型，将普遍性的规则凸显出来了。这些特殊的空间类型，可以作为参照系与现实的反光镜，将具有特殊性的县域空间类型与普遍性的光谱进行对照，从中可以看出一种近似于圆形的理想型县域空间之中学校布局的鲜明特征。

在本书中，笔者试图从空间类型与不同人类聚落的空间特点入手来探索学校分布的奥秘。在县域空间之外，我们将视角继续向下延伸到更加微观的人类聚落空间，并探讨其对学校分布的影响，如乡镇与村落对学校空间分布的制约与影响。笔者发现，乡镇的空间类型总体上也受到县域空间类型的影响，农业区与牧区呈现出两种完全不同的乡镇空间类型。西部大型空间的乡镇人口规模反而小，东部小型空间的乡镇则人口密集，而空间类型与人口规模直接与乡镇的学校分布相关联。东部地区的省份，其行政区划大小不一，内部出现了人口与幅员的歧异性，从而对学校的空间分布造成了直接的影响。

学校的空间分布并不是自然自发形成的，而是多种力量联合造成的一种现实格局。学校的空间分布是在特殊的历史条件下不断演变，在空间之中生长或萎缩，不断地与外界进行互动的。学校的空间分布不仅受制于儿童的生理特征，而且受制于人类聚落的分布，受制于家校之间的交通方式与时间距离，受制于地形区，受制于教育政策背景与管理制度，受制于人口密度、生计模式，甚至受制于地方的文化与宗族等民间力量。这些复杂的社会因素与自然条件形成了一种合力，影响并塑造着现实之中学校的空间分布格局。

在考察了学校空间分布之后，依然可以发现时间性无所不在。空间是时间之中的空间，它在时间之中展开，存在于时间的历时性维度之中，并受制于时间无所不在的影响。在不同的阶段，时间之中万物流变，学校的空间分布会呈现出不同的样态与格局。同时，时间也弥散在空间之中，它通过无时不在的外界因素影响着空间里的事物，影响着事物之间的空间关系与社会联结。

学界对于时间的考察似乎已无所不及，时间受到的重视无以复加，但空间维度的缺失依然如故。在社会科学的理论研究之中，空间性应该是一个基本的维度，而不应被认为是不重要的一个琐屑细节（萨克，2010）[76-77]。空间是教育世界的内在的特性，它往往隐身于复杂的、显性的、可感的事物的底层，持续发挥着影响力，但它往往被无视或忽略了。教育领域往往存在一种冷淡的空间意识。人们倾向于认为空间的因素均匀、无差别地分布在世间万物之中，如空气一样令人"无感"地、似有似无地存在着。考察教育研究之中的空间维度，并将之重新显影于教育研究之中，重新置于学术研究的领地之中，也是本书的目的之一。空间性作为一个认识世界的基本的角度，需要被重新审视。

学校布局日益远离村落之后，其地方性属性与色彩日渐褪去，愈发成为一个无地方空间，一个与本土居民更加缺乏联系的组织。但随着空间的日益隔离，就如帕克曾经观察到的那样，"大城市的人口流动性强，十分不稳定。一个家庭的父母与孩子通常在城市中相距甚远的地方工作；成千上万的人长期毗邻而居，相互间的关系却赶不上一些泛泛之交"，于是"在这样的城市中，初级群体中应有的亲密关系削弱了，附着于其上的道德秩序也逐渐解体了"。（帕克 等，2016）[33]

学校空间布局日益远离村落空间之后，其正规化的趋势在加强。村庄的人群日益流散到外部的城市空间，乡间人与人之间的陌生感与异质性在生长。此时的人们会遇到当年帕克提出的疑问："在城市生活的这种瓦解作用之下，我们的大多数传统机构，如教会、学校与家庭，都发生了极大的改变。比如说，学校已经承担起家庭的某些功能。"（帕克 等，2016）[33]村小，是否就如当年芝加哥的学校那样，承担起了家庭育养的功能？随着儿童在校时间的延长，随着所谓的延时服务的供给，学校不可避免地会被深度卷入或深刻地影响儿童的成长。

20 世纪 20 年代，美国正处于完全实现城市化的前夜——与我们当前城乡剧变的时代背景大致相似，其城乡关系及学校的空间演变也处在急剧的变迁之中。芝加哥的社会学家观察到，"现在的公立学校十分关心孩子的德育发展与身体成长，在这里，我们可以看到一种类似于新邻里精神和新社区精神的东西开始形成"（帕克 等，2016）[33]。我们希望学校可以弥补与承担日益弱化的家庭教育的责任。鉴于父母外出造成的空间隔离、村落人际关系的陌生化与宗族的社会联系的减弱，学校可以承担起一部分原本属于村落与家庭的教育责任，将被空间隔离的邻里与宗族的一部分教育责任承接过来。学校需要不断深入人们的生活空间，真正融入这一社会，而非随着学校空间被压缩而退回更遥远的城市世界之中，退回更远离民间社会、脱离民俗底色的那些充满异域符号、观念的世界和象征性空间。

参考文献

阿坝县地方志编纂委员会，1993.阿坝县志[M].北京：民族出版社.

白亮，万明钢，2011."经济理性"还是"价值公平"：农村学校布局调整政策的取向分析[C].农村教育国际学术研讨会.

蔡博峰，2009."飞地"图谱[J].地图（4）：34-43.

蔡继乐，周玲玲，2006.北京密云实现义务教育优质均衡发展［EB/OL］.（2006-03-29）［2021-04-20］.https://www.edu.cn/zhong_guo_jiao_yu/shi_ye/news/200603/t20060329_170310.shtml.

曹锦清，2017.郡县中国与当代国家治理[J].华东理工大学学报（社会科学版）（5）：1-2.

曹锦清，刘炳辉，2016.郡县国家：中国国家治理体系的传统及其当代挑战[J].东南学术（6）：1-16.

曹正汉，2017.论郡县制国家的强大与脆弱：中国古代学者的观点[J].华东理工大学学报（社会科学版）（5）：2-5.

陈丽君，黎青慧，2011.珠三角地区"镇教办"、"教办主任"等"名亡实存"的现象初探[J].吉林省教育学院学报（6）：49-51.

陈明星，李扬，龚颖华，等，2016.胡焕庸线两侧的人口分布与城镇化格局趋势：尝试回答李克强总理之问[J].地理学报（2）：179-193.

陈瑛，汤建中，2001.市县同城：从分治到合并：以常州和武进为例[J].城市问题（5）：58-60，19.

丹尼尔斯，布莱德萧，萧，等，2014. 人文地理学导论：21世纪的议题 [M]. 邹劲风，顾露雯，译. 南京：南京大学出版社.

德芒戎，2011. 人文地理学问题 [M]. 葛以德，译. 北京：商务印书馆.

丁钢，2016. 讲学方式与空间组构演变的教育意蕴 [J]. 探索与争鸣（2）：94-99.

丁钢，2017. 转向屏风：空间、图像及其叙事中的教化 [J]. 湖南师范大学教育科学学报（4）：1-5.

丁月牙，2016. 行动者的空间：甲左村变迁的教育人类学研究 [M]. 桂林：广西师范大学出版社.

杜安尼，普雷特－兹伯格，斯佩克，2016. 郊区国家：蔓延的兴起与美国梦的衰落 [M]. 苏薇，左进，译. 南京：江苏凤凰科学技术出版社.

杜能，1986. 孤立国同农业和国民经济的关系 [M]. 吴衡康，译. 北京：商务印书馆.

段义孚，2018. 恋地情结 [M]. 志丞，刘苏，译. 北京：商务印书馆.

范先佐，2006. 农村中小学布局调整的原因、动力及方式选择 [J]. 教育与经济（1）：26-29.

范先佐，郭清扬，2009. 我国农村中小学布局调整的成效、问题及对策：基于中西部地区6省区的调查与分析 [J]. 教育研究（1）：31-38.

冯天瑜，2007. "封建" 考论 [M]. 2版. 武汉：武汉大学出版社.

格蒂斯A，格蒂斯J，费尔曼，2013. 地理学与生活：插图第11版 [M]. 黄润华，韩慕康，孙颖，译. 北京：世界图书出版公司北京公司.

格蒂斯A，格蒂斯J，费尔曼，2017. 地理学与生活：全彩插图第11版 [M]. 黄润华，韩慕康，孙颖，译. 北京：北京联合出版公司.

葛剑雄，1994. 统一与分裂：中国历史的启示 [M]. 北京：生活·读书·新知三联书店.

戈列奇，斯廷森，2013. 空间行为的地理学 [M]. 柴彦威，曹小曙，龙韬，等译. 北京：商务印书馆.

顾炎武，1983. 顾亭林诗文集 [M]. 2版. 北京：中华书局.

国家统计局农村社会经济调查司，2018a. 中国县域统计年鉴2017：县市卷 [M].

北京：中国统计出版社.

国家统计局农村社会经济调查司，2018b. 中国县域统计年鉴2017：乡镇卷 [M].
北京：中国统计出版社.

韩茂莉，2017. 十里八村：近代山西乡村社会地理研究 [M]. 北京：生活·读书·新知三联书店.

韩艳红，陆玉麒，2012. 教育公共服务设施可达性评价与规划：以江苏省仪征市高级中学为例 [J]. 地理科学（7）：822-827.

何瀚林，蔡晓梅，2014. 国外无地方与非地方研究进展与启示 [J]. 人文地理（6）：47-52，31.

侯明辉，2008. 基于GIS的基础教育均衡性评估方法研究：以北京市宣武区小学为例 [D]. 北京：首都师范大学.

胡焕庸，1935. 中国人口之分布：附统计表与密度图 [J]. 地理学报（2）：33-74.

胡俊生，2010. 农村教育城镇化：动因、目标及策略探讨 [J]. 教育研究（2）：89-94.

胡俊生，司晓宏，2009. 农村教育城镇化的路径选择："平原模式"与"柯城模式"浅析 [J]. 北京大学教育评论（3）：180-187.

胡思琪，徐建刚，张翔，等，2012. 基于时间可达性的教育设施布局均等化评价：以淮安新城规划为例 [J]. 规划师（1）：70-75.

华伟，2001. 县制：乡土中国的行政基础 [J]. 战略与管理（6）：54-64.

怀特，2016. 小城市空间的社会生活 [M]. 叶齐茂，倪晓晖，译. 上海：上海译文出版社.

黄永聪，2019. 浅谈附郭县地名文化遗存：以广东南海、番禺为例 [J]. 中国地名（4）：17-19.

黄宗智，2000. 华北的小农经济与社会变迁 [M]. 北京：中华书局.

霍洛韦，赖斯，瓦伦丁，2008. 当代地理学要义：概念、思维与方法 [M]. 黄润华，孙颖，译. 北京：商务印书馆.

吉尔兹，2004. 地方性知识：阐释人类学论文集 [M]. 王海龙，张家瑄，译. 北京：中央编译出版社.

吉祥，2010."城—乡"交互视角下附郭县的历史审视：以《邗江县志（1988—

2000)》为样本的附郭县政区志分析[J].中国地方志（8）：45-49.

吉云松，2006.地理信息系统技术在中小学布局调整中的作用[J].地理空间信息（6）：62-64.

贾勇宏，周芬芬，2008.农村中小学布局调整模式的分析和探讨[J].河北师范大学学报（教育科学版）（1）：13-18.

蒋廷黻，2017.蒋廷黻回忆录[M].长沙：岳麓书社.

克拉瓦尔，2007.地理学思想史：第3版[M].郑胜华，刘德美，刘清华，等译.北京：北京大学出版社.

克里斯塔勒，2010.德国南部中心地原理[M].常正文，王兴中，等译.北京：商务印书馆.

孔云峰，李小建，张雪峰，2008.农村中小学布局调整之空间可达性分析：以河南省巩义市初级中学为例[J].遥感学报（5）：800-809.

兰林友，2002.华北村落的人类学研究方法[J].中央民族大学学报（6）：18-23.

雷尔夫，2021.地方与无地方[M].刘苏，相欣奕，译.北京：商务印书馆.

雷万鹏，徐璐，2011.农村校车发展中的政府责任：以义务教育学校布局调整为背景[J].中国教育学刊（1）：16-19.

李景汉，1933.定县社会概况调查[M].北京：中华平民教育促进会.

李景汉，2005.定县社会概况调查[M].上海：上海人民出版社.

李若晖，2011.郡县制时代：由权力建构与社会控制论秦至清的社会性质[J].文史哲（1）：5-18.

李书磊，1999.村落中的"国家"：文化变迁中的乡村学校[M].杭州：浙江人民出版社.

李小敏，2003.村落知识资源与文化权力空间：永宁拖支村的田野研究[M]//丁钢.中国教育：研究与评论：第5辑.北京：教育科学出版社.

李欣，王先文，2018.河南省县级行政区划空间形态特征分析与优化[J].测绘工程（6）：69-76.

列斐伏尔，2021.空间的生产[M].刘怀玉，等译.北京：商务印书馆.

临洮县志编纂委员会，2001.临洮县志[M].兰州：甘肃人民出版社.

临洮县志编纂委员会, 2010. 临洮县志: 1986—2005[M]. 兰州: 甘肃人民出版社.

刘炳辉, 2017. 历史与使命: 从郡县国家到超级郡县国家[J]. 华东理工大学学报（社会科学版）(5): 12-13.

柳宗元, 2008. 封建论[M]// 柳宗元. 柳河东集. 上海: 上海古籍出版社.

龙川县地方志编纂委员会, 2012. 龙川县志: 1979—2004[M]. 广州: 广东人民出版社.

隆德县志编纂委员会, 1998. 隆德县志[M]. 银川: 宁夏人民出版社.

卢晓旭, 陆玉麒, 袁宗金, 等, 2010. 基于可达性的城市普通高中生源区研究[J]. 地理科学进展(12): 1541-1547.

吕毅, 2005. 城市小学校可达性评价: 以长沙市雨花区为例[D]. 武汉: 武汉大学.

罗杰斯, 沃尔特斯, 2017. 议会如何工作: 第7版[M]. 谷意, 译. 桂林: 广西师范大学出版社.

麦肯齐, 2016. 研究人类社区的生态学方法[M]// 帕克, 等. 城市: 有关城市环境中人类行为研究的建议. 杭苏红, 译. 北京: 商务印书馆.

密云县志编纂委员会, 1998. 密云县志[M]. 北京: 北京出版社.

宁陕县地方志编纂委员会, 1992. 宁陕县志[M]. 西安: 陕西人民出版社.

牛儒仁, 1994. 偏关县志[M]. 太原: 山西经济出版社.

诺克斯, 迈克卡西, 2009. 城市化[M]. 顾朝林, 汤培源, 杨兴柱, 等译. 北京: 科学出版社.

帕克, 伯吉斯, 2016. 城市: 有关城市环境中人类行为研究的建议[M]. 杭苏红, 译. 北京: 商务印书馆.

戚伟, 刘盛和, 赵美风, 2015. "胡焕庸线"的稳定性及其两侧人口集疏模式差异[J]. 地理学报(4): 551-566.

秦玉友, 2010. 农村学校布局调整的认识、底线与思路[J]. 东北师大学报（哲学社会科学版）(5): 150-155.

秦玉友, 宋维玉, 2018. 农村学校布局调整的"经济"与"不经济"[J]. 南京社会科学(1): 144-149, 156.

瞿同祖, 2003. 清代地方政府[M]. 范忠信, 晏锋, 译. 北京: 法律出版社.

任若菡，王艳慧，何政伟，等，2014. 基于改进的两步移动搜寻法的贫困区小学教育资源空间可达性分析：以重庆市黔江区为例 [J]. 地理信息世界（2）：22-28.

萨克，2010. 社会思想中的空间观：一种地理学的视角 [M]. 黄春芳，译. 北京：北京师范大学出版社.

沈立人，2001. 江苏撤县建区带来的思考 [J]. 决策（6）：36-37.

施坚雅，1998. 中国农村的市场和社会结构 [M]. 史建云，徐秀丽，译. 北京：中国社会科学出版社.

施坚雅，2000. 中华帝国晚期的城市 [M]. 叶光庭，徐自立，王嗣均，等译. 北京：中华书局.

史建云，2004. 对施坚雅市场理论的若干思考 [J]. 近代史研究（4）：70-89，315.

史密斯，2021. 不平衡发展：自然、资本与空间的生产 [M]. 刘怀玉，付清松，译. 北京：商务印书馆.

石人炳，2004. 国外关于学校布局调整的研究及启示 [J]. 比较教育研究（12）：35-39.

石艳，2010. 现代性与学校空间的生产 [J]. 教育研究（2）：22-27.

司洪昌，2009. 嵌入村庄的学校：仁村教育的历史人类学探究 [M]. 北京：教育科学出版社.

司洪昌，2018. 学校分布与人类聚落的关系：空间的视角 [C]. 华东师范大学教育高等研究院"教育文化研究的回顾与前瞻"学术论坛.

司洪昌，2019. 中国县域学校分布研究：空间维度的审视 [M]// 丁钢. 中国教育：研究与评论：第23辑. 北京：教育科学出版社.

宋小伟，楚成亚，2004. 村庄内生秩序、国家行政嵌入与乡村秩序重建 [J]. 中共天津市委党校学报（3）：49-52.

谭其骧，1988. 历史上的中国和中国历代疆域 [J]. 中国边疆史地研究导报（3）：1-9.

谭其骧，1991. 简明中国历史地图集 [M]. 北京：中国地图出版社.

唐竞瑜，葛新斌，孙洪凤，2010. 珠三角镇教办为何"撤而不销" [J]. 教育理论与实践（2）：27-29.

万明钢，白亮，2010. "规模效益"抑或"公平正义"：农村学校布局调整中"巨型学校"现象思考 [J]. 教育研究（4）：34-39.

王笛，2010. 茶馆：成都的公共生活和微观世界，1900—1950[M]. 北京：社会科学文献出版社.

王昀，2012. 向世界聚落学习 [M]. 北京：中国建筑工业出版社.

王振波，2009. 建国以来中国县域可达性历史演变及特征总结 [C]. 中国地理学会百年庆典学术大会论文摘要集.

王振波，徐建刚，朱传耿，等，2010. 中国县域可达性区域划分及其与人口分布的关系 [J]. 地理学报（4）：416-426.

巫鸿，2018. "空间"的美术史 [M]. 钱文逸，译. 上海：上海人民出版社.

吴晓燕，2007. 基层市场与乡村社会研究：历史与趋势 [J]. 社会主义研究（2）：88-91.

邬志辉，2010. 中国农村学校布局调整标准问题探讨 [J]. 东北师大学报（哲学社会科学版）（5）：140-149.

邬志辉，史宁中，2011. 农村学校布局调整的十年走势与政策议题 [J]. 教育研究（7）：22-30.

希弗尔布施，2018. 铁道之旅：19世纪空间与时间的工业化 [M]. 金毅，译. 上海：上海人民出版社.

徐璐，2012. 农村中小学校车发展政策研究 [D]. 武汉：华中师范大学.

徐阳，司洪昌，2009. 新式学堂的设立和乡村社会的抗拒 [C]. 纪念《教育史研究》创刊二十周年论文集.

徐勇，2007. 政权下乡：现代国家对乡土社会的整合 [J]. 贵州社会科学（11）：4-9.

雅各布斯，2006. 美国大城市的死与生 [M]. 金衡山，译. 2版. 南京：译林出版社.

杨念群，2001. 民国初年北京的生死控制与空间转换 [M]// 杨念群. 空间·记忆·社会转型："新社会史"研究论文精选集. 上海：上海人民出版社.

杨庆堃，1934. 邹平市集之研究 [D]. 北平：燕京大学.

杨庆堃，1980. 都市社区结构与科学技术发展的关系 [J]. 社会科学辑刊（6）：10-15.

杨有庆，2011. 城市化与空间的生产：列斐伏尔哲学思想"空间转向"探析 [J]. 兰州交通大学学报（5）：13-16.

叶敬忠，2012.农村中小学布局调整的社会宏观背景分析[J].中国农业大学学报（社会科学版）（4）：5-21.

叶敬忠，孟祥丹，2010.对农村教育的反思：基于农村中小学布局调整影响的分析[J].农村经济（10）：3-6.

余双燕，2011.基于可达性角度的基础教育资源空间优化研究：以南昌市为例[D].南昌：江西师范大学.

于杨，2012.县域内农村学校布局调整研究：以华北J县为例[D].北京：中国人民大学.

原广司，2003.世界聚落的教示100[M].于天祎，刘淑梅，马千里，译.北京：中国建筑工业出版社.

张京祥，葛志兵，罗震东，等，2012.城乡基本公共服务设施布局均等化研究：以常州市教育设施为例[J].城市规划（2）：9-15.

张彦聪，2018.讲堂与宿舍的空间矛盾：宋代太学"斋"的空间重构及其历史意义[C].华东师范大学教育高等研究院"教育文化研究的回顾与前瞻"学术论坛.

赵彪，2018.1954年以来中国县级行政区划特征演变[J].经济地理（2）：10-17.

赵丹，2012.农村学校布局调整的过程、问题及结论：基于GIS的分析[J].教育与经济（1）：13-16.

赵旭东，1997.历史中的社区与社区中的历史：读《社区的历程：溪村汉人家族的个案研究》[J].民俗研究（3）：89-98.

赵逸才，2017.附郭县两千余年的历史变迁[N].中国社会科学报，2017-11-27（5）.

赵逸才，2019.中国市县空间隶属关系的历史启示与改革优化[J].地理研究（8）：2058-2067.

中西部地区农村中小学合理布局结构研究课题组，2008.我国农村中小学布局调整的背景、目的和成效：基于中西部地区6省区38个县市177个乡镇的调查与分析[J].华中师范大学学报（人文社会科学版）（4）：121-127.

钟准，2018.铁路改变世界[J].读书（12）：151-159.

周振鹤，1998.中国历代行政区划的变迁[M].北京：商务印书馆.

周振鹤，2010. 中国历代行政区划的变迁 [M]. 北京：中国国际广播出版社.

周振鹤，2014. 中国地方行政制度史 [M]. 2 版. 上海：上海人民出版社.

周振鹤，2019. 体国经野之道 [M]. 上海：上海人民出版社.

朱有瓛，1986. 中国近代学制史料：第一辑：下册 [M]. 上海：华东师范大学出版社.

ARGÜELLES J, ARGÜELLES M, TRUNGPA C, 1972. Mandala [M]. Boulder: Shambhala.

SKINNER G W, 1964. Marketing and social structure in rural China, Part I [J]. The Journal of Asian Studies, 24(1): 3–43.

YANG M C, 1965. A Chinese village: Taitou, Shantung Province[M]. New York: Columbia University Press.

出 版 人　郑豪杰
责任编辑　吴安琪　王晶晶
版式设计　孙欢欢
责任校对　翁婷婷
责任印制　米　扬

图书在版编目（CIP）数据

中国县域学校分布与空间探析／司洪昌著．—北京：教育科学出版社，2024.6
（教育文化研究丛书）
ISBN 978-7-5191-3562-1

Ⅰ.①中… Ⅱ.①司… Ⅲ.①县—学校—分布—研究—中国 Ⅳ.① G472.1

中国国家版本馆CIP数据核字（2023）第186686号

教育文化研究丛书
中国县域学校分布与空间探析
ZHONGGUO XIANYU XUEXIAO FENBU YU KONGJIAN TANXI

出版发行	教育科学出版社		
社　　址	北京·朝阳区安慧北里安园甲9号	邮　　编	100101
总编室电话	010-64981290	编辑部电话	010-64989363
出版部电话	010-64989487	市场部电话	010-64989009
传　　真	010-64891796	网　　址	http://www.esph.com.cn

经　　销	各地新华书店		
制　　作	北京大有艺彩图文设计有限公司		
印　　刷	河北盛世彩捷印刷有限公司		
开　　本	720毫米×1020毫米　1/16	版　　次	2024年6月第1版
印　　张	20	印　　次	2024年6月第1次印刷
字　　数	272千	定　　价	90.00元

图书出现印装质量问题，本社负责调换。